融媒体服务模式与技术

王永滨　洪志国　曹轶臻　著

中国传媒大學出版社
·北京·

目 录

CONTENTS

前　言

党的十八大以来，以习近平同志为核心的党中央深刻把握时代发展大势和信息化趋势，做出了推动传统媒体和新兴媒体融合发展的重大决策部署。从党的十八届三中全会首次提出媒体融合发展重大任务，到《中共中央关于制定国民经济和社会发展第十四个五年规划和二〇三五年远景目标的建议》中明确提出推进媒体深度融合、实施全媒体传播工程、做强新型主流媒体、建强用好县级融媒体中心。媒体融合不仅是媒体行业生存的路径，是主流媒体牢牢掌握舆论场主动权和主导权的迫切需要，更是新闻舆论工作未来发展方向。

媒体融合本身是由技术创新引发的，如今5G、大数据、云计算、物联网、人工智能等新兴技术不断被应用于新闻传播领域的各个方面。新技术会进一步触发媒体生态的改变，全程、全息、全员、全效媒体的出现使得信息无处不在、无所不及。媒体传播正经历从“专业化传播主体”向“多元化传播主体”转变，从“单一媒介新闻采编的孤立状态”向“多媒介渠道融合实现联合运作”转变，从“信息主动获取”到“爆炸式传播”转变。

本书致力于通过对融媒体服务过程中多样化的传播主体、多元化的传播渠道、多模态的传播内容和差异化的受众需求进行抽象和概括，厘清融媒体服务的具体特征与形式，建立融媒体服务模式的表示、分类、建模和评估方法，并从体系结构视角，加强融媒体服务模式的顶层设计，构建开放互通、协同演化的融媒体体系结构和相关技术支撑，形成一个适应信息传播技术发展与媒介环境变化的融媒体服务模式理论框架，指导各级各类媒体优势互补、各展所长，差异化发展、协同性融合，从而实现资源互通、内容兼容、宣传互融、利益共融。

本书作者多年来从事网络新媒体技术研究，承担了国家重点研发计划课题“融媒体技术支撑及服务模式研究（2019YFB1406201）”，子课题“融媒体服务应用示范（2019YFB1406204）”。在课题研究过程中，作者收集、分析了大量融媒体服务过程中的案例，并在对融媒体服务模式与相关技术分析研究的基础上，结合在媒体融合领域的科研积累编写了本书。

本书共五章内容。第一章首先分析新媒体的定义和特点，并以互动新闻、视频智能合成、在线社交网络的竞争性信息传播为例分析新媒体服务的互动特性，以个性化广播电台为例分析新媒体的推荐服务特性，然后分析融媒体的定义和特点，并针对我国西部地区县级融媒体建设，从“轻资产、重实效”角度分析可行的应对策略。

第二章通过对融合媒体服务过程的抽象和概括，定义了融媒体服务模式的六元组表示，并举例说明典型融合媒体服务模式的表示方法和融媒体服务模式对服务效果的影响。接下来，作者从多模态、多主体、多渠道角度构建融媒体服务模式空间，并对高维模式空间采用 LSH 方法进行聚类，形成一种融媒体服务模式的分类方法。最后，作者利用通信系统演算 CCS(Calculus of Communicating Systems), 给出了融媒体服务模式的形式化表示与分析方法，并基于决策树和粒神经网络方法分别对融媒体服务模式中合作主体对媒体融合效果的影响进行了评估。

第三章从行业需求、典型案例、信息技术发展方向出发，以服务的可用性、公平性、可信性为目标，提出了一种层次化、开放的融媒体体系结构构建方法，包括多主体融合的体系结构和多渠道融合的体系结构，为媒体融合过程中实现协作共享提供了一个基本的参考框架。

第四章以“中央厨房”为研究对象进行抽象建模和理论验证、分析，包括开发了一款针对融媒体服务模式的 Petri 网分析仿真工具，分析了“中央厨房”模式的工作流程，进一步基于 Petri 网进行建模和简化，通过关联矩阵、可达树的方法对模型进行分析，证明模型的可行性、安全性、有界性和无死锁、冲突。最后本章基于 Petri 网对“中央厨房”汇聚部分进行建模，并根据工作流 Petri 网建立最大流 Petri 网模型，计算了“中央厨房”的聚合能力。

第五章从传统音频广播的融媒体实践出发，围绕节目制作、编排和播出的核心环节，探讨了大数据平台的构建及其在音频内容统计分析、音乐编单推荐等应用中的具体技术；通过对音乐情感、流派的分析和音乐指纹识别技术的研究实现音频智能分析与自动标引；在满足传统电台节目制作需求的基础上，为制作和编单系统开发新功能、新应用；在播出环节应用形式化开发方法对关键模块进行规范化描述、代码实现与测试，以满足“安全播出”的一贯要求；开发手机 App、网站及桌面程序，实现多种形式的互联网收听与互动。

全书由王永滨主持完成。章节内容分工如下：王永滨完成了第一章、第二章和第三章内容，洪志国完成了第四章内容，曹轶臻完成了第五章内容。

感谢中国传媒大学出版社的阳金洲编辑，在她的不断推动下，本书得以最终完成和出版。本书得到了国家重点研发计划项目（2019YFB1406200）的资助，感谢项目团队从案例、文献到资金上的支持和帮助。

对融媒体服务模式的研究才刚刚开始，研究内容、研究方法、技术路线仍处在探索中。由于作者的认识水平和学科跨度的限制，不论是书的结构还是表述都会存在片面、模糊等问题，敬请专家和读者批评指正。媒体融合是一个飞速发展的研究领域，我们将在吸取大家的意见和建议基础上，不断修改、完善和提高。

第一章　新媒体与融媒体

推动传统媒体和新兴媒体融合发展，打造具有强大影响力、竞争力的新型主流媒体，牢牢掌握网上舆论主导权，是以习近平同志为核心的党中央做出的重大决策部署。作为国家战略的媒体融合，不仅关系到媒体生存与发展，关系到意识形态安全、文化安全，更是关系到国家治理、社会治理、基层执政的现实课题。2019 年 1 月 25 日，习近平总书记在中共中央政治局第十二次集体学习时，首次提出了“全程媒体”“全息媒体”“全员媒体”“全效媒体”的概念。“四全媒体”是对当下媒体形态发展的高度概括和抽象，是对媒体发展特质的精准提炼，也是媒体融合的必然发展趋势。

本书内容是关于融媒体服务模式与相关技术的。融媒体服务模式繁多，技术支撑复杂多样，需要从宏观层面构建整体模型，以期厘清融媒体服务的具体特征与形式，形成一个适应信息传播技术发展与媒介环境变化的理论框架，并基于技术发展的趋势进一步预测。我们首先从新媒体和融媒体的概念谈起。

一、新媒体

从字面上看，媒体即介质，或者说是信息表示和传播的载体。通俗地说，就是宣传的载体或平台。媒体是有价值取向的，否则就成了围观平台。新媒体即基于新介质的文化信息传播载体，可以呈现出新的媒体形态，例如新闻网站、网络社区、微博、微信、脸谱网、推特、手机电视、IPTV 与数字电视、数字报纸、App 等。相对于报刊、户外、广播、电视四大传统意义上的媒体，新媒体被形象地称为“第五媒体”。

学术上，新媒体指一切具有自由交互特征及数字化分布属性的数字媒体，这一关于新媒体的描述，已被部分新媒体工作者接受。新媒体将传统的单向定时广播变为互动按需服务。原来专业机构制作发布内容，现在用户可以自制内容、自行发布，内容可以分散存储在网络的各个部分。

新媒体打破了媒体间的壁垒，消除了传统媒体介质之间的边界；受众不再被地理或政治边界所限制，而是被生活形态、心理和代沟等因素限制；受众将变成重要的内容提供商和制造商；传统产品增加了多媒体形式。

新媒体与传统媒体最本质的区别是“互动”。这里的“互动”指具有如下特征之一。

（1）受众具有对信源的选择权

哪个信源，什么内容，什么接收方式（如快慢、清晰度等）。

（2）受众具有对信源的发布权

哪个信源，什么内容，什么发布方式。其中信源可以是面向群体传播和人际传播的社交媒体。

（3）新媒体服务系统能够了解用户行为和需求并按需服务

可以采用算法推送方式，为受众提供个性化服务。

很多人认为，新媒体一般依托互联网，实际上，依托双向机顶盒和同轴电缆的有线电视也具有这里描述的新媒体的互动特征，也是新媒体。从媒体发展依托的介质来看，报纸的介质是纸，广播电视的介质是电子和电磁波，当前的新媒体的介质是互联网或双向有线电视网，可以称其为网络媒体，未来的新媒体可能是基于物联网的实时全息媒体，可以实现万物皆媒，可以称其为物联网媒体。

下面我们以“互动新闻”为例[1]分析新媒体服务。

（一）互动新闻

互动新闻的一个普适概念是“为用户提供互动体验的新闻”。互动新闻中“互动体验”的主体是新闻受众，即报纸新闻的读者、广播新闻的听众、电视新闻的观众以及其他数字新闻媒体的使用者。同时，“互动体验”不仅包括受众与传播者之间的互动，还包括受众与新闻作品本身的互动，并且后者正逐渐成为互动新闻的主流互动形式。需要注意的是“互动新闻”并不都是新媒体新闻。

1. 广播互动新闻

可以将广播互动新闻的概念表述为：传受双方以直播为通道，连线为纽带，热线电话、手机短信等为平台，通过互动交流，共同构建的具有新闻价值的事实。互动新闻中包括多向互动：观众与主持人、记者的互动，主持人与记者的互动，主持人、记者与当事方的互动，甚至包括观众与当事方的互动。由此可见，在前互联网时代，对于纸媒与广播电视等传统媒体的新闻创作实践者来说，互动新闻的判断依据即是否存在人与人的交互，而交互的方式可以是面对面交互，也可以是借助信件、电话、手机短信等通信载体的交互。

这种早期互动新闻中的互动理念具有参与权和参与感的双重局限，只有一小部分参与互动的新闻受众才有可能获得互动体验，大多数新闻受众只是纯粹的旁观者，这类互动新闻无法赋予更多受众以参与权。另外，即使是参与到互动新闻内容创作过程中的那些“幸运”受众，他们对于作品的呈现状态也没有太大的影响，因此这类互动新闻无法提供给受众充分的参与感。

显然广播互动新闻的自由交互特征不突出，鲜有数字化分布属性，即新媒体的特征不明显，不是新媒体新闻。

2. 互动新闻类型

目前常见的互动新闻依互动方式可分为三种：数据控制型互动新闻、场景控制型互动新闻以及内容控制型互动新闻。

数据控制型互动新闻通常借助数据新闻常用的交互时间轴、交互表单、交互地图等视觉元素来构建与用户进行互动的方式。从互动的目的来看，这类互动新闻旨在为用户提供有价值的信息，用户可参考这些信息做决策，或借此获得有趣有益的各类知识。显然这种互动方式自由交互特征明显，受众可以选择信源，具有新媒体特征。

场景控制型互动新闻通过使用鼠标、VR 头盔等虚拟现实设备来控制新闻用户主视角的变换，从而实现人与新闻场景的互动。从互动的目的来看，这类互动新闻强调“情感卷入”和“体验真实”，旨在为用户创造“在现场”的沉浸感，其愿景是为用户提供精确而完整的新闻图景，令用户获得特定的感受、体验乃至情绪，进而使新闻事件对用户的心理产生影响。显然这种互动方式自由交互特征突出，具有数字化分布属性，受众可以选择接收信息的方式，具有新媒体特征。

内容控制型互动新闻通常是采用鼠标点击内容板块来进行互动，其会为用户提供独立的按键入口，对应着文字、图片、音频、视频等各种形式的内容，当然这些内容之间存在着有机的关联性，用户通过点击选择不同新闻内容来构建属于自己的新闻故事脉络，新闻作品通过为用户提供响应式的内容来满足用户个性化的阅读需求。此时形式上的互动不再是新闻作品追逐的主要目标，选题的重要性凸显，作品越来越朝着深度报道的方向发展，专业性和权威性不断提升。显然，这种互动方式为受众提供了信源的选择权，具有新媒体特征。

下面我们给出用于说明“信源的选择权”的我们开发的视频智能合成系统。[2]

（二）视频智能合成系统

针对自媒体时代受众或用户对海量视频素材进行自动快速创作与编辑，从而实现个性化发布的现实需求，我们基于深度学习，结合传统视频和图像处理技术，研究视频镜头分割、目标追踪、智能标注、语义检索、自动创作剪辑等核心算法与关键技术，构建碎片化视频素材库，实现视频素材的智能化标注。我们还研发用户脚本驱动的视频作品智能生成与编辑系统，为普通用户搭建视频智能创作平台，并以足球比赛类电视节目制作为应用场景，提升现有体育节目创作的智能化水平，适应人民群众更趋多元、多变、多样的精神文化和信息需求。

如图 1.1 所示，系统根据用户的节目脚本，检索与之相关的大量素材，采用基于上下文关系的脚本合成算法，经过选择、取舍和组接，最终智能生成一个连贯流畅、含义明确、有艺术感染力的作品呈现给受众。

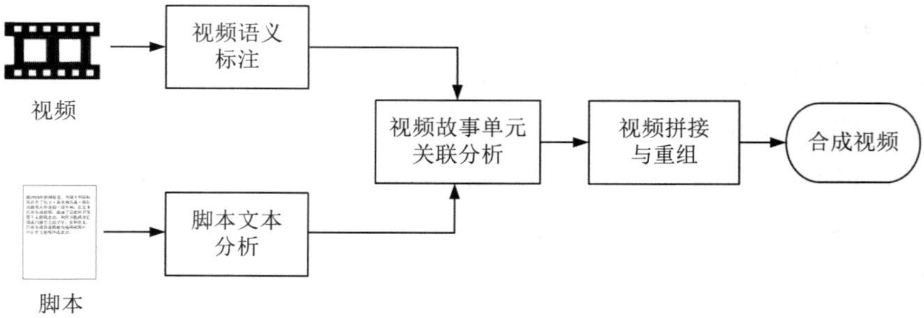

图 1.1　基于上下文脚本的视频智能合成系统

（三）信源的发布权

微博、微信、脸谱网、推特等给受众提供了自由发布内容的平台，即受众可作为信源的发布者。因为受众可能具有多种价值取向，与主流价值观也不一定一致，所以存在不同类型信息的竞争性传播，可能会形成不同的舆论场。用一种信息去抑制另一种信息的扩散传播，可以提高信息的传播力、引导力、影响力、公信力，形成网上网下同心圆，从而实现主流媒体更加有效的舆论引导效果。

下文我们提出了一个通用的信息传播模型，[3]将多种信息中的观点的相互作用和传播联系起来，研究观点竞争信息扩散的动力学。我们以传染病动力学中的 SIR 模型为基础，考虑到 I 节点的多样性，丰富了 I 节点状态属性，构建了新的网络信息传播模型 SNIIR。我们通过研究复杂网络和社交网络的关系，模拟出了小世界社交网络、开放社交网络和随机社交网络，将其作为信息传播的底图，构建 SNIIR 模型传播规则，模拟传播过程，并通过对参数的讨论，进一步分析其传播过程。结果显示，应对舆情的管控可以针对不同社交网络产生不同策略。例如，真实消息通过开放式网络中的意见领袖传播能达到更好的观点传递。在小世界网络中迅速辟谣比在其余两种网络中能达到更好的效果。

1. 模型传播过程

我们根据人们对信息的反应，将节点分为对立观点节点和沉默者节点，构建 SNIIR 模型，其中 S 为易感者，N 为沉默者，I_1 为观点持有者，I_2 为对立观点持有者。

这里的信息传播模型存在如下传播规则：信源节点以概率 P 产生观点 I_1 节点，并以概率 P 影响关联节点。I_1 节点在信息传播过程中，由于信息量不断增大，其观点被撼动，以概率 δ 转换为沉默者 N 节点。I_1 节点在信息传播过程中对信息丧失兴趣，并以概率 ω 转换为信息免疫者节点 R。I_2 节点传播路径与 I_1 同理。此外，易感节点 S 以概率 λ 产生沉默者节点 N，由于沉默者效应，N 节点的信息传播能力远小于 I_1、I_2 节点，仅为转化节点。N 节点虽然信息传播能力小，但并非等同于信息免疫节点 R，由于在信息传播过程中信息量增大，N 节点保持中立的态度可能被改变，以概率 p、q 转换为 I_1、I_2 节点，加入到信息传播的路径中。N 节点在信息传播过程中，逐渐对信息丧失兴趣，以概率 μ 转换为信息免疫节点 R。

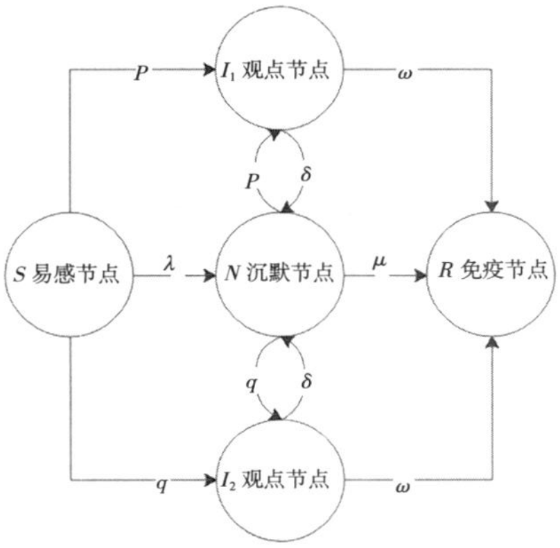

图 1.2 SNIIR 模型的节点转换过程

2. 模型的构建

假设在一定时间 t 内，在线社交网络用户总量保持不变，即网络总节点数不变，网络结构不变。我们用 $S(t)$、$I_1(t)$、$I_2(t)$、$N(t)$、$R(t)$ 分别表示在 t 时间段内，易感节点 S、I_1 节点、对立观点 I_2、沉默者 N 节点、对信息丧失兴趣的免疫节点 R 的数量。设节点总数为 P, 则有 $S(t)+I_1(t)+I_2(t)+N(t)+R(t)=P$。对应各类节点转换公式如下。

$$\begin{cases} S^i + I_1^j \xrightarrow{p} I_1^i + I_1^j \\ S^i + N^j \xrightarrow{\lambda} N^i + N^j \\ S^i + I_2^j \xrightarrow{q} I_2^i + I_2^j \\ N^i \xrightarrow{p} I_1^i \\ N^i \xrightarrow{q} I_2^i \\ I_1^i \xrightarrow{\delta} N^i \\ I_2^i \xrightarrow{\delta} N^i \\ I_1^i \xrightarrow{\omega} R^i \\ I_2^i \xrightarrow{\omega} R^i \\ N^i \xrightarrow{\mu} R^i \end{cases}$$

其中 p、q、δ、λ、ω、μ 均为图 1.2 中节点转换概率。

根据 SNIIR 模型的动力学机制，可用如下微分方程组描述。

$$
\begin{cases}
\frac{dS(t)}{dt} = -pI_1(t)S(t) - qI_2(t)S(t) - \lambda N(t)S(t) \\
\frac{dI_1(t)}{dt} = pI_1(t)S(t) + pN(t) - \omega I_1(t) - \delta I_1(t) \\
\frac{dN(t)}{dt} = \lambda N(t)S(t) + \delta I_1(t) + \delta I_2(t) - \mu N(t) - pN(t) - qN(t) \\
\frac{dI_2(t)}{dt} = qI_2(t)S(t) + qN(t) - \omega I_2(t) - \delta I_2(t) \\
\frac{dR(t)}{dt} = \omega I_1(t) + \omega I_2(t) + \omega N(t)
\end{cases}
$$

$$
\frac{dS(t)}{dt} + \frac{dI_1(t)}{dt} + \frac{dN(t)}{dt} + \frac{dI_2(t)}{dt} + \frac{dR(t)}{dt} = 0
$$

$S(0)=P-3$，$I_1(0)=1$，$I_2(0)=1$，$N(t)=1$，$R(t)=0$ 为初始值，即除了 3 个各类初始节点外，其余都是易感节点。当 $\delta=\lambda=q=0$ 时，模型与 SIR 模型相同。

3. 模型实验分析

常见的在线社交网络可分为三类：一是以微信为代表的小世界社交网络；二是以微博为代表的开放式社交网络；三是以 Soul 为代表的随机社交网络。

以微博为代表的开放式社交网络的网络度分布符合幂律分布，网络建模为无标度网络，简称 BA 网络；以微信为代表的熟人社交网络的网络度分布接近小世界网络，简称 WS 网络；除此之外，我们还发现了以探探、Soul 等为代表的具有随机性的社交网络，网络匹配模式为地区范围内的随机匹配，简称 ER 网络。在模拟仿真实验中，我们以上面三种复杂网络作为传播底图，构建 SNIIR 模型传播规则，模拟模型传播过程。

我们生成 WS 网络、BA 网络和 ER 网络分别模拟微信朋友圈、微博以及陌生人社交 Soul 的在线社交网络底图，通过模拟模型传播过程，在每一时步统计各类节点在网络中所占数量，分析不同网络上 SNIIR 信息传播模型的传播力、节点的分布情况及其性能指标。

WS 网络节点分布均匀，具有高聚类系数，与熟人社交平台为代表的微信类似。BA 网络节点分布不均匀，影响信息传播的枢纽节点为 hub 型节点，与开放式社交平台微博类似，即同一微博账号被关注人数通常符合幂律分布，例如某明星微博关注人数（粉丝数）超过 1 亿。ER 随机网络节点分布不均，服从泊松分布，与陌生社交平台 Soul 类似。为不失一般性，这里实验均进行 100 次，取平均值。假设网络是有向无权网络，网络参数设置及其度分布见表 1.1。

表 1.1　三种复杂网络的参数设置

类型	节点数	边数（平均值）	平均度	聚类系数
WS 小世界网络	1 000	9 837.36	5	0.23620
BA 无标度网络	1 000	6 362.04	3	0.03641
ER 随机网络	1 000	7 946.84	3.73	0.0923

参考基于传染病模型的在线社交网络相关文献中参数设定的统计结果，参数设定如下：随机选取节点，以 0.03 的概率分别选取节点 I_1、I_2、N，余下节点均设置为易感节点 S。易感节点转换为观点 I_1 节点的概率为 0.37，易感节点转换为沉默者节点 N 的概率为 0.44，易感节点转换为观点 I_1 节点的概率为 0.19。I_1、I_2 节点转换为沉默者节点 N 的概率为 0.19，转换为免疫节点 R 的概率为 0.3，节点 N 转换为免疫节点 R 的概率为 0.46。我们共模拟出 100 时步下的传播状态，分别统计 SNIIR 模型在 WS 小世界网络、BA 无标度网络、ER 随机网络下的各类节点分布情况。

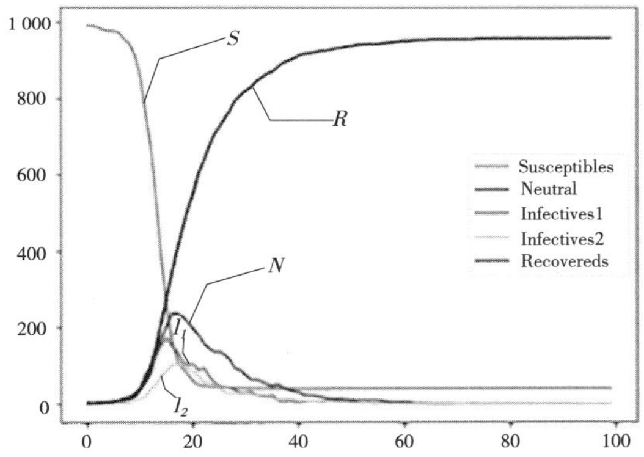

SNIIR 在 ER 网络的传播效果

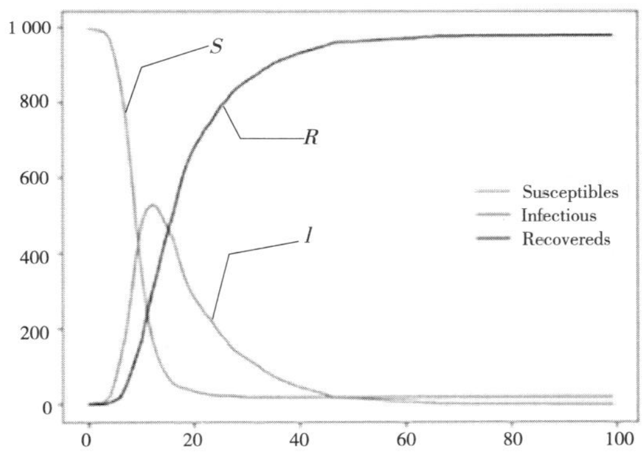

SIR 在 ER 网络的传播效果

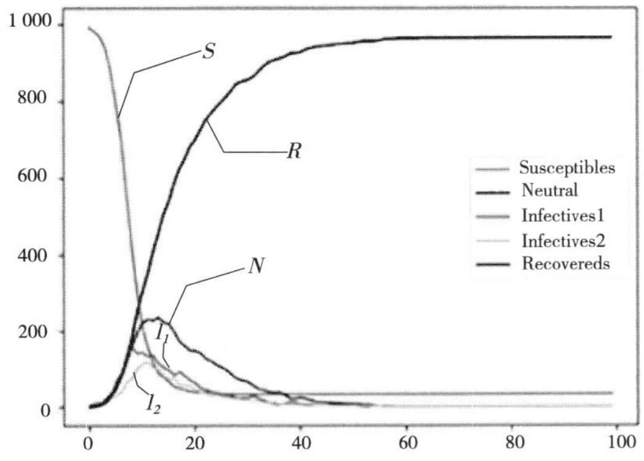

SNIIR 在 WS 网络的传播效果

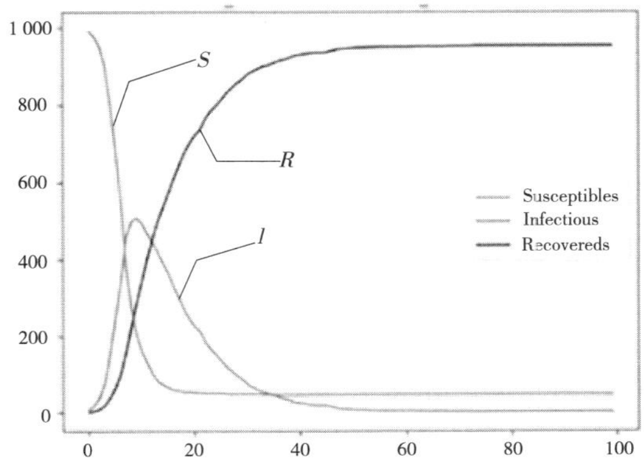

SIR 在 WS 网络的传播效果

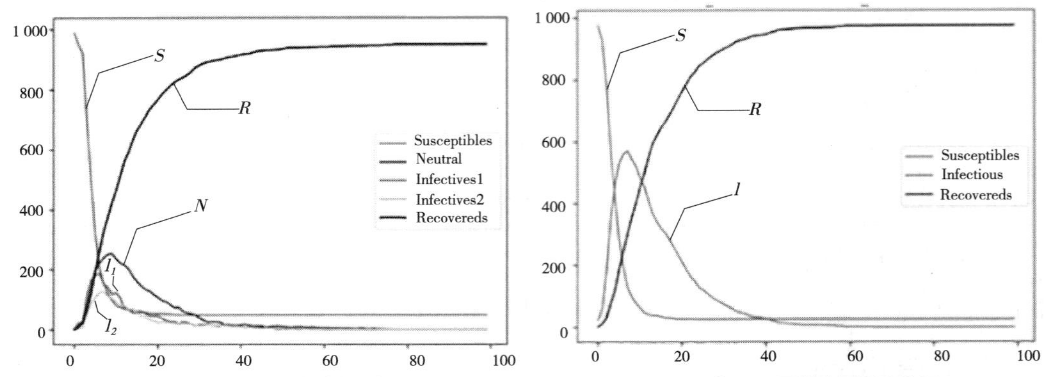

SNIIR 在 BA 网络的传播效果　　　　SIR 在 BA 网络的传播效果

图 1.3　SNIIR 与 SIR 在三组复杂网络下的传播效果

如图 1.3 所示，SNIIR 模型与 SIR 模型在 S 易感人群和 R 免疫人群中的图像变换趋势相似。通过计算，曲线分别在 WS 小世界网络、ER 随机网络和 BA 无标度网络的每一时步的 S、R 人数的相关系数分别为 0.9797245、0.82286182、0.86821897，相关系数均大于 0.8，为强相关关系。计算公式如下：

$$r(X,Y)=\frac{Cov(X,Y)}{\sqrt{Var[X]\,Var[Y]}}$$

其中，$\mathrm{Cov}(X,Y)$ 为 X 与 Y 的协方差，$\mathrm{Var}[X]$ 为 X 的方差，$\mathrm{Var}[Y]$ 为 Y 的方差。可以验证 SNIIR 模型中 S、R 的传播规律符合 SIR 模型中 S、R 的传播规律，其传播过程是有效的。

图 1.3 中 SNIIR 模型的传播效果都在 60 时步内达到稳态。在前 20 时步，BA 无标度网络传播速度明显更快，说明只要出现初始节点，BA 无标度网络能更快地传播信息，这与其网络性质，临界值较小，网络度的分布不均匀相关。在 20 时步至 60 时步，WS 小世界网络能更快达到稳态，但其 R 节点的数量少于 BA 网络与 ER 网络，说明 WS 网络感染节点达到一定规模后，其免疫效果同步发生，但由于网络的度的限制，信息未能得到充分扩散。三幅图的对立观点 I_2 传播峰值的出现均明显晚于观点 I_1，体现出信息传播过程中，对立观点与原观点传播的博弈；沉默者峰值均高于观点 I_1 及对立观点 I_2，有明显的沉默者效应。

我们修改网络感染方式，随机选取节点度最大的十节点之一进行感染。如图 1.4 所示，当感染网络最大节点时，WS 网络、BA 网络和 ER 网络感染速度均有提高，其中，BA 网络中 N、I_1、I_2 节点更快达到峰值，三峰值的时间间隔缩短到 3 步长，体现出意见领袖作用。WS 网络峰值到达速度没有明显变化，其到稳定状态后仍有部分节点未感染。ER 网络与 WS 网络的表现情况相似，这说明了在不同社交网络环境下，意见领袖在不同网络的信息传播的影响力从大到小排序，分别为 BA 网络、ER 网络、WS 网络。

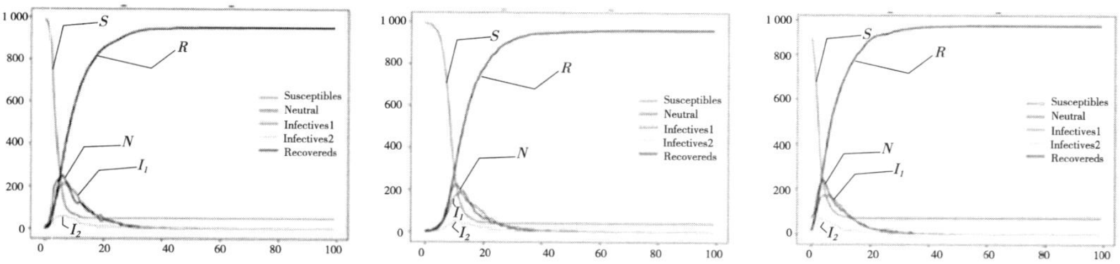

SNIIR 在 ER 网络的传播效果　SNIIR 在 WS 网络的传播效果　SNIIR 在 BA 网络的传播效果

图 1.4　选取最大节点度后 SNIIR 在三组复杂网络的传播效果

4. 模型参数分析

针对 SNIIR 模型参数 δ，即观点 I_1、I_2 转换为沉默者节点 N 的概率，我们将 δ 分别设置为：0.0、0.3、0.6、0.9。

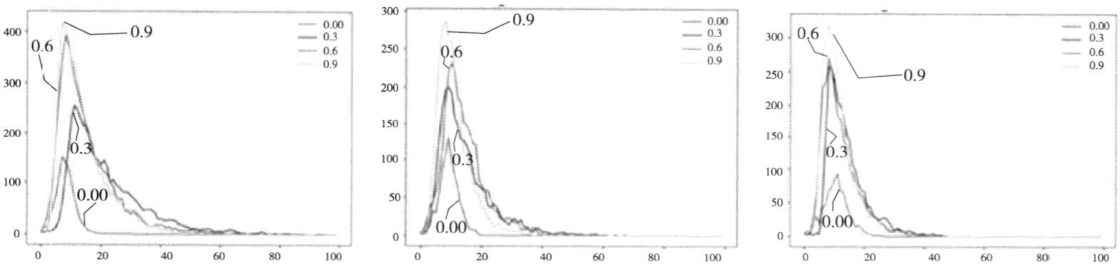

SNIIR 在 ER 网络的传播效果　SNIIR 在 WS 网络的传播效果　SNIIR 在 BA 网络的传播效果

图 1.5　不同 δ 的三组复杂网络传播效果

如图 1.5 所示，参数 δ 的升高会导致沉默者节点峰值数升高，同时，三者到达稳态的时步均延长。说明提高参数 δ 能增强在线社交网络的信息传播能力，增大信息覆盖率。参数 δ 的升高在真实在线社交网络中一方面反映为权威部门对信息真实性的验证，增加了信息的客观程度，导致狂热传播者对所持观点丧失兴趣，另一方面也表现为信息所影响的观点的碰撞程度激烈，说明舆论对信息传播具有增强作用。

针对 SNIIR 模型参数 p，即观点 I_1 的转换概率，我们将 p 分别设置为：0.0、0.3、0.6、0.9。

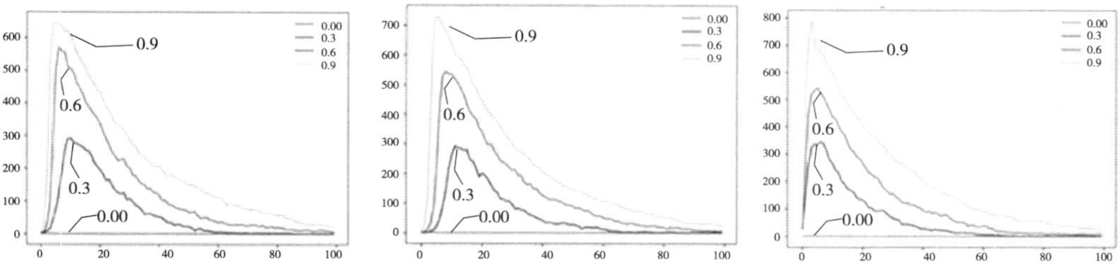

SNIIR 在 ER 网络的传播效果　SNIIR 在 WS 网络的传播效果　SNIIR 在 BA 网络的传播效果

图 1.6　拥有不同 p 的三组复杂网络传播效果

如图 1.6 所示，当参数 p 为 0 时，WS 网络、BA 网络和 ER 网络均没有 I_1 节点产生。当参数 p 增大时，BA 网络的峰值来临最早，也最早进入稳定状态，其峰值数最大，WS 网络峰值数最小。这说明随着 p 增大，信息更真实准确，在 BA 网络中的传播效果变为最好，在 WS 网络的传播效果稍差。当参数 p 为 0.9 时，模型近似 SIR 模型。实验表明，客观、真实、准确的信息在 BA 网络中的传播效果最好。

5.SNIIR 模型的在线社交网络信息控制

实验中 SNIIR 模型在 WS 网络、BA 网络、ER 网络中的传播过程，S、R 人数的相关系数均大于 0.8，与 SIR 模型的 S、R 有强相关关系，符合一般性基于传染病的信息传播模型，在传播表现上，符合 WS 网络、BA 网络、ER 网络对应真实社交网络的信息传播速度具有差异性、信息传播具有主观情绪、社交网络存在观点博弈现象、社交网络中存在大量沉默者的四条规律。

实验结果表明，在 BA 网络中感染意见领袖所能达到的传播效果最佳。真实性和客观性强的信息在三个网络中均能产生良好的网络传播效果，并在 BA 网络中表现最佳。

二、个性化电台

算法推荐服务是新媒体相对于传统媒体的一个显著进步，它使内容自寻受众成为可能，实现了按需服务，可以克服互联网无功流量和信息垃圾多的缺点。下面以我们开发的个性化广播电台[20]为例说明算法推荐的基本原理。

（一）用户行为信息采集方案设计

1. 显式用户行为信息的采集

显式行为是用户在使用系统过程中的主观操作或反馈。本系统收集的显式用户行为信息如下：

（1）用户个人信息

用户个人信息在用户注册或初次使用电台时被收集。电台允许用户通过用户名、密码进行注册，或者直接采用新浪微博账号登录本系统。用户不管是用哪种途径初次使用个性化电台，都需要完成“收听口味测试”页面，才能进入直播。

口味测试内容如下：

1）性别 / 年龄。“性别”为男、女、其他；“年龄”选择出生年月。

2）职业类型。如学生、教育工作、工程师、医疗健康、市场、文职、离退休等。

3）感兴趣的节目类型。有新闻、体育、戏剧、外语、财经、生活 / 城市、交通、综艺、音乐、教育等。

其中，节目类型设计参考了国内各大广播电台，尤其参考了中国广播网的直播电台的节目分类，另外也参考了国际上流行的无线数据广播系统（Radio Data System，简称RDS）的分类，该广播系统的节目类型共包括31种，主要通过音乐流派进行分类（如乡村、爵士、民间等），为了适应国内电台的应用场景，做了一定程度上的合并。

（2）用户操作节目的信息

对于一个电台节目而言，最重要的考量是用户是否收听，及收听时长，但也应允许用户对节目表达自己显式的、主观的态度和评价，如允许用户收藏非常喜爱的节目，以便再次收听。本电台允许用户对节目进行的交互操作包括：

1）收藏。对节目进行收藏，用户可以在“我的收藏”列表中查看该节目。

2）评分。对收听的节目进行星级评分，共5颗星，表示从不喜欢到喜欢的程度。

3）分享。将该节目分享到新浪微博，以使自己感兴趣的节目得到传播，也是用户直接表达喜爱的一种方式。

2. 隐式用户行为信息的采集

与显式操作对应的是隐式行为。显式行为需要用户的额外操作，个性化电台的用户的初衷是收听自己感兴趣的节目，如果用户与电台互动需要进行过多的显式操作，且电台在收听质量和节目上并不令用户满意，那么用户的留存率会大大降低。另一方面，很大一部分用户并不喜欢主观对节目评级或进行其他操作，电台通过对用户隐式行为信息的收集分析，为用户和节目之间架起桥梁，也在一定程度上解决了稀疏性问题。

借鉴Nichols D M[4]提出的隐式评分获取方式，并结合开发个性化电台的初衷，我们开发的电台系统采集的重要的用户行为数据包括：

（1）收听时长

表示为：用户ID，节目ID，收听开始时间，收听结束时间。

（2）收听次数

表示为：用户ID，节目ID，收听次数。

说明：如果用户对某个节目连续地播放、暂停、播放，则该节目此次播放记为收听次数1次，收听时长是这几段播放时长的和，但“收听时长”中的记录仍分条表示，以精准获取用户在什么时间段更喜欢或更有时间收听节目。

（二）用户微博内容数据采集方案的实现

个性化电台和一般的推荐系统类似，一大问题是所谓的冷启动问题，即为适应用户，系统首先需要知道用户喜好什么节目类型或者主题。为此，显然我们既可以让用户在注册时回答一些人口统计学以及收听口味等方面的问题，也可以直接向这些新用户推荐系统播放量TopN的某些节目，但如果能有途径不需要新用户的额外操作即可自动获取其过去的兴趣点，那么一定会对新用户节目单的生成有帮助。

新浪微博作为一个基于用户关系的分享、获取及传播信息的平台，除非用户主动进行隐私设置（如定向发布微博），一般情况下已登录的微博用户通过网页版、WAP版、手机客户端等可以查看其他普通用户的所有微博内容。每个微博账号都有唯一的UID，在微博网址后拼接该UID后即可访问对应用户的全部微博，格式为：

（1）WAP版：http://weibo.cn/uid。

（2）网页版：http://weibo.com/uid。

（3）手机版：http://m.weibo.cn/uid。

可以在获取微博用户的UID之后，通过该UID拼接微博内容页网址，然后对网页HTML结构进行解析，以得到微博内容。此种方法不需要微博API的过多介入，给程序开发带来更多方便。

微博数据采集流程如图1.7所示。

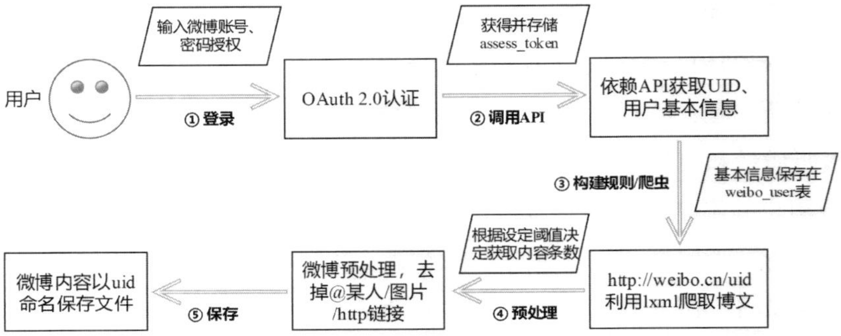

图1.7　微博数据采集流程

在图1.7所示流程中，OAuth，即开放授权，是一个开放标准，允许第三方应用在用户许可（如提供一个令牌）的前提下访问用户在其他服务平台上的某些特定信息，而用户无须将个人账号和密码提供给第三方应用。流程中要分析微博页面结构，获得原创微博的相应HTML标签，制定规则，并分页爬取指定内容，然后将获取的微博内容保存到文本中，格式如图1.8所示。

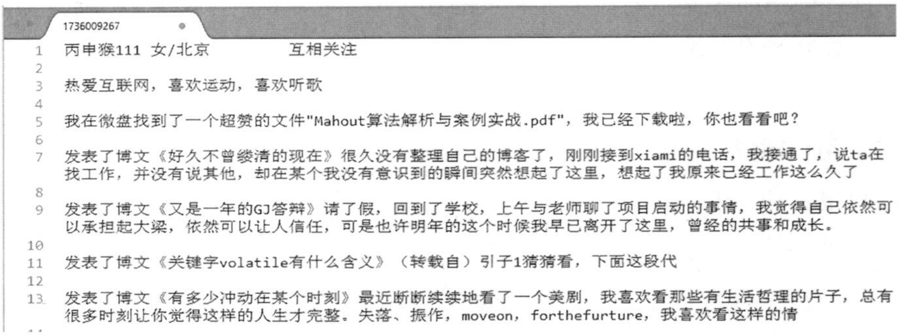
1736009267

丙申猴111 女/北京 互相关注

热爱互联网，喜欢运动，喜欢听歌

我在微盘找到了一个超赞的文件"Mahout算法解析与案例实战.pdf"，我已经下载啦，你也看看吧？

发表了博文《好久不曾缕清的现在》很久没有整理自己的博客了，刚刚接到xiami的电话，我接通了，说ta在找工作，并没有说其他，却在某个我没有意识到的瞬间突然想起了这里，想起了我原来已经工作这么久了

发表了博文《又是一年的GJ答辩》请了假，回到了学校，上午与老师聊了项目启动的事情，我觉得自己依然可以承担起大梁，依然可以让人信任，可是也许明年的这个时候我早已离开了这里，曾经的共事和成长。

发表了博文《关键字volatile有什么含义》（转载自）引子1猜猜看，下面这段代

发表了博文《有多少冲动在某个时刻》最近断断续续地看了一个美剧，我喜欢看那些有生活哲理的片子，总有很多时刻让你觉得这样的人生才完整。失落、振作，moveon，forthefurture，我喜欢看这样的情

图1.8　微博内容文本

（三）基于注册信息的用户画像模型

在个性化推荐、服务的用户模型开发中，首要的起点是为各个用户及群体画像。基于注册信息表征的用户信息如下所示。

$user: \{sex, age, occupation, program: (type_1, type_2, \cdots, type_N)\}$

其中节目（*program*）的类型偏好可以是一个或多个，故可用数组或列表来表示。此用户画像模型系统将一个新注册用户表示为：

张三：{男，20—25岁，学生，节目：（新闻，音乐，教育）}

得知该信息后，系统便依据用户偏爱的类型为用户推荐节目，依据用户所属的职业类型确定什么时间段适合推荐该类型节目，在用户偏爱的节目类型中系统又可以依据用户性别、年龄、职业的相应收听模型来对候选的节目进行评分排序。

（四）基于微博内容的新用户兴趣主题模型

获取的微博内容以简洁的文字表达用户的主观感受，内容可以涉及很多方面，如日常琐碎、文学、求职招聘等。在海量的微博信息中，并非每条微博内容均能反映用户的口味偏好，需要分析微博内容时进行进一步的阈值或规则限制。

1. 基于主题词出现频率的兴趣表示方法

考虑到微博内容的多变性和多样性，以及针对新用户粗粒度推荐的需求，我们采用如下表达式来表征微博用户的兴趣偏好。

$preference: \{(subject_1: count), (subject_2: count), \cdots, (subject_N: count)\}$

其中主题（*subject*）对应的*count*是指该用户微博内容中属于该主题的微博条数。主题出现次数的Top N排序，可以一定程度反映用户的兴趣特征。但使用该表达式的前提是确定合适的主题词类型。接下来我们介绍选择主题大类的方案。

（1）主题词的范围选择

广播电视音像资料叙词表[5]收集了与广电行业音像节目资料相关的自然词语，重点描述广电编目规范[6]中的“主题”元数据项。叙词表描述的主题范畴分类见表1.2。

表1.2　叙词表主题大类

主题范畴分类												
A 政治	D 法律	E 军事	F 经济	G 文化教育 人文宗教	H 体育	J 文学 艺术	K 历史 地理	N 科学 技术	P 医药 卫生	R 城乡建设 与环境	S 社会	T 休闲 娱乐

该主题范畴被分为13个基本大类，在参考该分类标准的基础上，我们调研了国内市场上一些中文语义开放平台，如玻森数据、腾讯文智等。其中腾讯文智中文语义平台，基于千亿级互联网语料数据，利用并行计算平台实现机器学习和文本挖掘，对外提供

的语义 API 接口已成功为微信、QQ 等数十个产品提供每天 100 亿级的 API 调用服务。因此，我们将结合其文本分类 API 来对微博内容进行处理，以期快速得到内容主题分类。

腾讯文智文本分类 API 支持的文本主题类别包括 97 个，见表 1.3。

表 1.3 腾讯文智文本的分类主题

分类主题									
未知	健康	天气	环境污染	心灵鸡汤	敏感政治 / 意识形态	宗教	智能化	银行	排球
旅游	医药	情感	疾病疫情	其他社会类	色情资源	文化	股票	保险	游泳
游戏	商铺	广告	金融安全	其他政治类	违法犯罪 / 网络黑产	环球	期货	电影	健身
人物	财经	群体聚集	敏感政治	色情广告	违法犯罪 / 毒品	宠物	理财	电视剧	高尔夫
体育	汽车	自然灾害	贪腐	色情从业	违法犯罪 / 赌博	互联网	互联网金融	综艺节目	田径
音乐	房产	交通事故	非法组织	色情文学	娱乐明星	数码	外汇	戏剧	历史
影视	动漫	刑事犯罪	反动言论	广告子类 / 营销类	星座	手机	投资	篮球	其他
软件	教育培训等	暴力执法	先进事迹	幽默搞笑	亲子	软件	基金	足球	
文学	科技	求职招聘	领导人活动	敏感政治 / 六四	女性	网络安全	宏观经济	乒乓球	
美食	军事	食品安全	政策方针	敏感政治 / 领导人	招聘广告	科学	债券	羽毛球	

（2）主题词大类的确定

结合叙词表，我们对表 1.3 中的主题进行过滤与合并，最终确定 30 个主题类型，见表 1.4。

表 1.4 个性化电台主题类型

主题类型					
01 旅游	02 游戏动漫	03 人物	04 体育运动	05 音乐	06 影视综艺
07 文学	08 美食	09 健康	10 房产商铺	11 财经	12 汽车
13 教育	14 科技	15 军事	16 情感	17 政治	18 交通
19 法律	20 求职招聘	21 心灵鸡汤	22 幽默搞笑	23 娱乐明星	24 星座
25 亲子	26 女性	27 宗教	28 文化	29 环球社会	30 宠物

2. 兴趣模型的构建

微博兴趣模型基于腾讯文智文本分类 API 进行构建，该 API 提供接口的输入参数为 content（正文内容）；输出参数为分类结果 list，调用结果为 code。其中分类结果用（class，class_num，conf）来表示，class 为具体类型（如软件），class_num 为该类型编号（如 21），conf 为该分类的置信度（如 0.35）。依托该分类结果设计的微博兴趣模型构建算法伪代码如下所示。算法 1 是主方法，读取保存用户微博内容，最终生成（主题：次数）的格式，保存在 MySQL 数据库中，供系统生成节目单时调用。算法 1 处理单条微博内容的主题时将调用算法 2。算法 2 调用文本分类 API 接口，并对得到的结果进行过滤和预处理。

算法 1. Get_subject_of_weibo_texts (file_path)

输入：*file_path* 是微博内容的文件存储路径

输出：返回插入数据库表的执行结果

```
▷ subject_dict 以字典的形式保存分析后的微博主题（主题：主题出现次数）
subject_dict ← {}
file ← open(file_path)
for line in file do
    ▷调用腾讯文智文本分类 API 接口获取该条微博的主题
    subject ← wenzhi_usage().get_subject(line)
    for id in subject do
        subject_dict[id] ← subject_dict[id] + 1
    end for
end for
▷对 subject_dict 字典按照 key 的 value 值（主题出现次数）降序排序
sorted_subject ← sorted(subject_dict, reverse = true)
▷按照设定的阈值截取字典的前 CACULATE_COUNT 个主题
subject_list ← list(sorted_subject)[0: CACULATE_COUNT]
value ← [ uid, uname, str(subject_list)]
▷调用 mysql 处理接口将主题信息写入相应用户表
MySQLHelper.insert_weibo_subject(value)
```

算法 2. Get_subject (text)

输入：*text* 是要处理的内容，即单条微博博文

输出：返回该文本的主题，如：[文学，教育，心灵鸡汤]

```
▷ subject_list 以列表的形式存储微博主题
subject_list ← []
subject ← 文本分类 API 接口方法（text）
length ← len(subject)
for i in range(0,length) do
    key ← subject[i][‘class_num’]
    conf ← subject[i][‘conf’]
    ▷主题占比超过设定的阈值才记录到主题列表。过滤占比较少的主题
    if conf >= SUBJECT_CONF and key != 0 then
        subject_list.append(key)
    end if
end for
return subject_list
```

（五）基于隐式行为的节目收听模型

除了新用户的节目偏好，编单时我们还需要考虑受众群的作息时间和生活规律，确定不同节目的播出时间。与此同时，某一类型或主题的节目数量可能相当庞大，优先选择哪些节目来编排，是采取简单暴力的随机规则，还是基于节目在用户所属的年龄段、职业中的流行程度来排序，方法的不同，可能会影响用户的使用。简而言之，节目单的编排不仅要考虑节目内容，还要考虑节目的播出时间。

1. 用户群体热门节目模型

电台基于用户的隐式收听行为，如节目收听次数，结合性别、年龄、职业这三个特征，预测用户喜欢收听的节目。为了构建节目收听模型，首先要完成基于节目收听次数的统计，见表 1.5。

表 1.5　节目收听次数统计表

节目 ID	年龄区间	年龄—收听次数	职业分类	职业—收听次数	性别	性别—收听次数
program_id	age	count_1	occupation	count_2	sex	count_3

基于表 1.5 的统计结果，某节目 j（program_id = j）的收听总次数为：

$$count(j) = \sum_{sex=0}^{2} count\_3 \ , \qquad sex\text{:}\langle 0\text{: 男}|1\text{: 女}|2\text{: 其他}\rangle$$

因根据年龄、职业分类产生的类别都较多，而按性别分类最简单，所以我们选择了依据性别来计算某节目的总收听次数。

具有某种特征 f_i 的群体，其对某节目 j 的偏好程度表示如下：

$$p(f_i, j) = \frac{count\_i}{count(j) + \partial}$$

其中 f_1 指按年龄区间区分特征，f_2 指按职业分类区分特征，f_3 指按性别区分特征。为避免出现热门节目在各个类型区间的收听次数都较高的情况，上式中 $count(j)$ 被放置在分母位置，如果节目在所有类型中的流行度都较高，则 $count(j)$ 值较大，计算出来的 $p(f_i, j)$ 结果将在原来基础上变小，惩罚了热门节目的影响。[7] 同时，为了解决数据稀疏的问题，避免一个节目在某特征群体中被收听了 10 次，而在所有特征群体中总共也只被收听了 10 次，导致 $p(f_i, j)$ =1，即该节目在该特征群体中流行程度最高，我们在上述表达式的分母上加了一个参数 ∂，∂ 可以是一个很大的数，可调整，从而避免出现这样的节目产生较高的预测值。

2. 职业—时段区间—节目偏好模型

电台节目的播出时间一般应该适应受众的作息时间，广播具有传播的特性，大部分用户处于“半收听”状态。[7] 而作息时间多受职业类型的影响，如公务员一般下午16:30左右下班，因此17:00—18:00时段可能在回家途中，注意力较分散，可以播出一些相声、娱乐新闻等吸引用户；而对于IT人员，下班时间较晚，17:00可能仍在工作，那么对于公务员的节目单可能不适合该类人群。因此，我们将依据职业来确定时段区间的粗粒度节目类型。

首先可对用户收听行为日志进行统计处理，得到职业类型和该职业听众收听时段的节目类型、主题的收听次数统计，见表1.6。

表1.6 职业—是否工作日—时段—节目收听情况统计表

职业ID	工作日	时段	节目类型	类型收听次数	节目主题	主题收听次数
occupation_id	workday	period	program_type	type_count	program_subject	subject_count

对于从事职业 O 的用户，其在工作日（ $workday=1$ ）的某时段 T 对节目类型的偏好表示为：

$$type(O,T)=type\_count/\sum_{program\_type} type\_count$$

同样，从事职业 O 的用户，其在工作日（ $workday=1$ ）的某时段 P 对节目主题的偏好表示为：

$$subject(O,T)=subject\_count/\sum_{program\_subject} subject\_count$$

综合上面两个表达式，即可以得到从事职业 O 的用户在工作日各时段对节目类型和主题的偏好。如果需要计算休息日用户的偏好，则只需统计workday=0的情况下这两个表达式的结果。

3. 单用户—时段区间—节目偏好模型

前面我们阐述了按照职业、性别、年龄这三个特征来预测用户对节目的偏好程度，以得到某特征群体的热门节目，以及根据职业来确定这些热门节目所属的类型应该在工作日或者休息日的哪些时段播出比较合适。这两种模型策略都有助于新用户节目单的科学编排。

但是，对于个性化电台，在系统观察到新用户的口味后，应该逐步减少其他用户（即具有一类特征的用户群体）的权重错误，[8] 用户长期使用该系统后，其收听操作行为将会彻底决定节目的选择及编排顺序。因此，需要分析用户的收听行为，挖掘单个用户在不同的时段偏爱收听的节目类型或主题。

隐式用户行为的一个收集指标是节目收听时长，某用户 U 对某节目 P 的某次收听行为表示为：

$$\{(U,P,start\_time,end\_time,id\ \ No),num=1,2,\dots\} \tag{1.1}$$

多条用户节目收听记录用 id 参数来标识，这些记录属于某节目 P 的一次收听（如暂停、播放、暂停）或是多次收听，id 从 1 开始递增。例如，id 为 1，表示用户 U 第 1 次收听节目 P；id 为 2，表示用户第 2 次收听；$MAX(id)$ 作为 id 的最大值，表示用户 U 对节目 P 的收听总次数。$No.$ 表示 id 次收听的第几段的收听记录，从 1 开始递增。

节目收听总次数 $MAX(id)$ 在某种程度上可以表示用户对该节目的偏好程度。考虑某种情况，描述见表 1.7，其中 $start\_time$ 简记为 s， end_time 简记为 e。

表 1.7　某用户对于节目 A、B 的收听行为日志

节目	总时长	$MAX(id)$	收听时间	收听时长
A	60min	1	(s = 08:00, e = 08:10, $No.$= 1), (s = 09:00, e = 09:05, $No.$ = 2)	15min
B	60min	1	(s = 15:00, e = 15:40)	40min

从该表可以看出，节目 A 和节目 B 的总时长均为 60 分钟，用户对这两个节目分别收听了 1 次，如果从收听总次数来看，该用户对 A 和 B 的偏好程度是相同的。然而从收听时长上来看，用户对节目 B 收听了 40 分钟，占该节目播出时长的 2/3，对节目 A 收听了 15 分钟，占节目 A 播出时长的 1/4。因此，若同时考虑收听时长，用户对节目 B 的偏好程度应该明显大于节目 A，显然这种方式更加合理。

对表达式 1.1 进行统计，我们得出用户 U 对节目 P 的单次收听时长占比，表示如下，其中 $duration$ 为节目 P 的总时长。

$$\sum_{No.=1}^{N}\frac{(end\_time-start\_time)}{duration}\text{，}N\text{ 为 }No.\text{ 的最大值} \tag{1.2}$$

综合表达式 1.1 和 1.2，用户 U 在时段 T 对节目 P 的偏好程度表示为：

$$p(U,T,P)=\sum_{id=1}^{MAX(id)}\sum_{No.=1}^{N}\frac{(end\_time-start\_time)}{duration} \tag{1.3}$$

用户对单个节目的偏好程度计算出来后，依据该节目所属的类型或者主题，便可以计算出用户在某时段对某节目类型或者主题的偏好程度，见表 1.8。

表 1.8　用户—时段—节目偏好表

用户 ID	工作日	时段	节目类型	类型偏好	节目主题	主题偏好
user_id	workday	period	program_type	type_prefer	program_subject	subject_prefer

（六）综合显式和隐式行为的用户—节目—评分矩阵模型

传统的推荐系统在用户和物品的二维空间运行，基于用户对物品的主观评分进行推荐。Adomavicius G[9] 曾提出，下一代的推荐系统应该基于多个标准的评分进行推荐，例如对餐馆的评分，可以综合三个标准，如食物、装饰和服务。这些推荐系统构建用户对物品的评分时，将用户对每个标准 $c(c=1,2,\ldots,k)$ 的评分 R_1，R_2 … R_k 进行整合，而整体评分 R_0 则作为可选因子[10]。如下表所示：

$$R = Users \times Items \to (R_0) \times R_1 \times R_2 \times \cdots \times R_k$$

我们可以综合用户的显式行为（如收藏、分享等）和隐式行为（收听时长等），按照某种适合的加权方案，更准确地确定用户对于某个节目的最终评分。首先，确定用户 U 对某节目 P 的评分所依赖的标准有：用户对某节目是否进行了收藏、用户对节目所打的星级（1 星到 5 星）、用户是否将某节目通过微博等途径分享给好友、用户的隐式收听情况所表征的对节目的偏好程度。将这些标准用形式化的方法表示，见表 1.9。

表 1.9　评分标准定义

评分标准、术语定义	解释
P_i	第 i 个节目，对应节目 program 的 id
U_j	第 j 个用户，对应用户 user 的 id
权值系数 1、2、6	该权值用来处理各评分标准对总评分的贡献程度
$Score_{U_j}^{P_i}$	第 j 个用户对第 i 个节目的偏好打分，取值范围 [0.1,15]
$IsCollect_{ij}^{d}$	第 j 个用户在 d 天内是否收藏过第 i 个节目，取值范围 [0,1]
$IsShare_{ij}^{d}$	第 j 个用户在 d 天内是否分享过第 i 个节目，取值范围 [0,1,2]
$Star_{ij}^{d}$	第 j 个用户在 d 天内对节目 i 所打的星级，取值范围 [1,2,3,4,5]
$Lister\_conf_{ij}^{d}$	第 j 个用户在 d 天内对节目 i 的收听偏好，即表达式 1.3

需要说明的是，表 1.9 中隐式行为的偏好程度体现在 $Lister\_conf_{ij}^{d}$ 参数中，由表达式 1.3 计算出来。显式行为中，用户对节目的收藏行为只存在收藏或者没有收藏两种情况，因此是布尔属性，结果为 0 或 1；而对于分享行为，单个用户可以对单个节目分享 1 次到多次，为了量化标准，我们将分享行为评分的取值范围定为 0 到 2，即分享 1 次记 1 分，分享 2 次或以上均计为 2 分，没有分享计 0 分。分享行为评分的最大值为 $\max Share = 2$。

用户对节目的偏好的评分定义如下：

$$Score_{U_j}^{P_i} = 1 \times \frac{IsShare_{ij}^{d}}{\max Share} + 2 \times IsCollect_{ij}^{d} + 6 \times \frac{Lister\_conf_{ij}^{d}}{\max\limits_{j} Lister\_conf_{ij}^{d}} \times \frac{Star_{ij}^{d} - 1}{2} \tag{1.4}$$

在表达式 1.4 中，基于收听行为 > 收藏行为 > 分享行为，这三项的权值分别被定义为 6、2、1。

尽管某用户对节目 $P1$ 进行了收藏，并且分享到了微博，但是其对该节目的偏好程度仍应该小于 $P2$，哪怕该用户对 $P2$ 并没有收藏、分享或者评分的记录，只要该用户的收听偏好占比超过一定比例。这突出了收听时长占比对评分的决定性作用。

表 1.10 某种情况下用户对某节目 P1 和 P2 的评分情况

节目	收藏	分享	收听偏好	星级	总评分 Score
$P1$	1 次	1 次	无	无	2.5
$P2$	无	无	0.5	无	3

对节目的星级评分建立在用户收听该节目的前提下，对于没有收听过的节目，用户没有权限评分。因此在表达式 1.4 中，并没有将星级评分单独作为一个权重，而是将其作为隐式分析收听偏好的修正参数。如果某用户 U 播放了节目 P，但是并没有进行星级评分，则默认该节目的星级评分为 3 星，即表达式 1.5 为 1；如果星级评分为 5 星，则表达式 1.5 等于 2，即收听偏好占比将双倍放大；而如果星级评分为 1 星，则表达式 1.5 等于 0，在该情况下，要对总评分加上 0.1 进行修正，以便和未评价或收听的节目进行区分。

$$星级评分修正因子（取值 0,0.5,1,1.5,2）：\frac{Star_{ij}^{d}-1}{2} \quad (1.5)$$

（七）协同过滤推荐算法

推荐系统基于用户本身和系统中其他用户的显式、隐式偏好来推荐物品。目前常用的推荐算法有协同过滤推荐、基于内容的推荐、基于知识的推荐和混合推荐方法。如果有足够的用户行为日志或历史记录，协同过滤算法在业界的应用更为广泛，如亚马逊、当当网、脸谱网等。协同过滤算法完全基于用户对项目的评分，而忽略他们各自的属性信息，因此该算法对物品或用户的冷启动问题并不敏感。[11]

协同过滤推荐（Collaborative Filtering，简称 CF），是一种基于近邻的推荐算法，能否得到邻域，取决于相似性度量方式。

系统根据用户对物品的评分按照一定的度量方式计算用户相似性，获取和该用户最相似的群体作为近邻。针对近邻有偏好评分但该用户没有评分行为的物品，系统通过邻域和该用户的相似性以及近邻对物品的评分，预测该用户对该物品的评分，系统按照降序排序，即可为该用户生成最合适的推荐列表。

使用协同过滤推荐为用户推荐物品的算法流程如下所示：

算法 3.get_recommendations_USER_CF(user_id, user_item_ratings)

输入：*user_id* 是待产生推荐的用户标识。*user_item_ratings* 保存用户对物品的评分字典

输出：返回推荐物品列表，如：[(物品 *a*：预测评分 *i*)，(物品 *b*：预测评分 *j*) …]

```
1: ▷ sim_sum 以字典形式存储针对某待推荐物品的邻域与用户 user_id 的相似度之和
2: sim_sum ← {}
3: ▷ totals 存储针对某待推荐物品的邻域评分与用户 user_id 的相似度的乘积
4: totals ← {}
3: for u in user_item_ratings do
4:     if u != user_id then
5:         similarity ← 采取相似性度量方式计算 u 和 user_id 的相似性
6:     end if
7: end for
8: user_neighbor ← 按相似度排序，获取最靠前的用户，即为邻域
9: for n_id in user_neighbor do
10:     for item in user_item_ratings[n_id] do:
11:         if item not in user_item_ratings[user_id] then
12:             totals[item] ← user_item_ratings[n_id][item] × (n_id 与 user_id 的相似度)
13:             sim_sum[item] ← sim_sum[item] + (n_id 与 user_id 的相似度)
14:         end if
15:     end for
16: end for
17: for item in totals do
18:     rankings[item] ← totals[item] ÷ sim_sum[item]
19: end for
20: rankings 按照预测值排序，并返回
```

算法 3 中第 18 步生成用户对物品的预测评分，可用公式描述如下：

$$r_{ui}=\frac{\sum_{v\in N_i(u)}w_{uv}r_{vi}}{\sum_{v\in N_i(u)}\left|w_{uv}\right|} \tag{1.6}$$

其中 r_{ui} 表示用户 u 对新物品 i 的预测评分，w_{uv} 表示用户 u 和 v 之间的相似度，$N_i(u)$ 指对物品 i 有过评分的用户 u 的近邻，r_{vi} 指近邻 v 对物品 i 的评分。

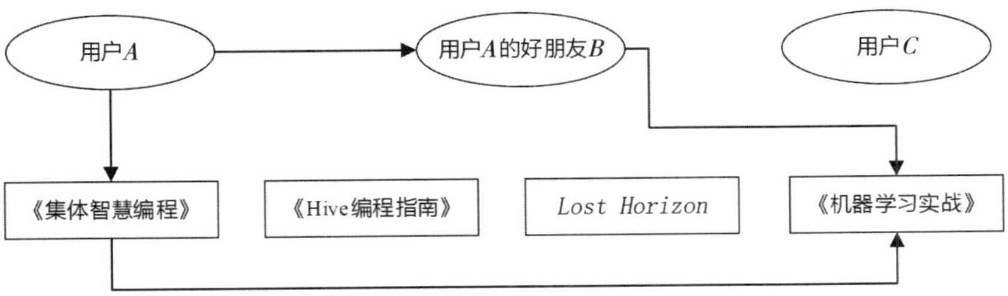

图 1.9　基于用户的推荐与基于物品的推荐对比

在图 1.9 中，基于用户的推荐表现在：用户 *A* 的好朋友（即近邻）*B* 喜欢《机器学习实战》这本书，因此系统将这本书推荐给用户 *A*，这里系统判断了用户与用户之间相似度。而基于物品的推荐表现在：用户 *A* 很喜欢《集体智慧编程》这本书，而与这

本书比较相似的是《机器学习实战》，所以系统会将该书推荐给用户 A，这里判断的是物品和物品之间的相似度。

基于物品的协同过滤算法，类比于公式 1.6，描述如下：

$$r_{ui}=\frac{\sum_{j\in N_u(i)}w_{ij}r_{uj}}{\sum_{j\in N_u(i)}\left|w_{ij}\right|}$$

其中 $N_u(i)$ 是指用户 u 已经评分且和物品 i 评分相近的物品。w_{ij} 指物品 i 和 j 之间的相似度。

选择基于用户还是物品的协同过滤，可以从如下几个方面对比考虑。

1. 用户与物品的规模

这里所指的规模会影响到数据集的稀疏性，当系统中用户间共同评分数量很少，如仅为个位数，表达式 1.6 中近邻的计算已经变得没有太大参考价值。经实验验证，[12] 对于稀疏数据集，基于物品的协同过滤推荐所得结果较基于用户的更为准确；反之，如果系统中的用户规模不大，但有较多待推荐的物品，则选择基于用户的协同过滤方法更为有效。

2. 系统的计算时间

从计算时间或效率上考虑，计算“用户—用户”间相似度还是“物品—物品”间相似度，仍取决于用户和物品的规模，此处只是换了一种衡量方式，当然，效率问题依赖于应用环境，即该推荐可以提前线下离线计算，或者必须考虑实时性。

3. 用户或物品的稳定性

在具体的应用场景中，如新闻推荐，新闻由于要求时效性，每隔几分钟就会有一批新闻出来，受话题的影响，昨天大家都关注的新闻头条，可能因今天出现了一个新的热门话题被彻底湮没，因此非常不稳定，在此种情况下，基于用户的协同过滤方法会更加可靠。

4. 推荐结果的解释

为了让用户理解为什么会产生某个推荐进而对系统更有好感，最好设置系统给出推荐结果的解释。一般认为基于物品的过滤方法解释推荐结果后产生的效果较基于用户的过滤方法更好，如 amazon.cn 的“经常一起购买的商品”。

（八）个性化推荐系统冷启动问题

冷启动问题可以分为两大类：用户冷启动和物品冷启动。用户冷启动是指对第一次注册使用某系统的用户的推荐问题，用户没有对任何物品评分的记录，系统无法为其推荐资源。物品冷启动问题的一个例子如：某图书馆，每隔一段时间会入库大量的图书、期刊等资源，这些新的资源可能是现阶段很多用户需要的，但由于目前没有被任何用户借阅或评分，系统单纯借助协同过滤算法无法将书籍推荐给合适的借阅者。

针对这两大类冷启动问题，存在两种解决方法。[11]

（1）不考虑内容的解决方法

这种解决方法相对而言比较简单直观。在不考虑物品内容的情况下，系统可以随机选取物品向用户推荐，然后根据用户的反馈，不断修正用户的偏好模型，但是这种随机推荐的方法准确率并不可观。另一种思路是，既然新用户或新物品对应的评分矩阵为空，那么可以通过一定的方式对该矩阵相应值进行填充，可借鉴平均值、众数等统计学相关知识，如用其他项目评分的均值或众数来填充，当然这种处理方式忽略了用户的个性化差异。

（2）综合用户或项目内容属性的解决方法

对在实际环境中的物品具有的特征或特性的专业描述，被称为“内容”。基于内容的推荐（Content-based Recommendation）是指根据用户选择的物品，推荐其他相似属性的物品。这种方法不需要大量的用户群体或评分记录，依赖于描述物品特征的详细列表（属性集、物品描述等）。

1. 个性化电台新用户节目单相关问题

根据节目单生成方式不同，新用户可分为两种。1）只能依赖注册信息产生节目单的新用户。电台用户数很少，现有的用户群体尚不能满足特征聚类，电台新用户初始节目单的生成需要完全依赖于用户的注册信息。2）可以同时依赖系统中新用户注册信息和用户群体偏好产生节目单的新用户。当电台用户达到一定规模，可以依据用户的特征形成相应用户群体收听类型或主题偏好模型，此时新用户节目单生成方式可同时基于新用户注册信息以及系统其他用户收听偏好。

基于注册信息的用户画像和基于微博内容的兴趣主题固然可以表示用户的口味偏好，但可能存在一些其他问题，如注册信息不真实、注册信息覆盖面窄等问题，导致用户兴趣的表征变得不总是正确或狭窄。在节目种类受限的情况下向用户做完美的推荐是没有意义的，尤其在用户使用个性化电台的早期阶段。因此，节目单的编排原则上应该考虑尽可能多的节目类型，如新闻、相声、交通等，这样，电台在满足新用户兴趣的同时，增加节目推荐结果的多样性和惊喜度。

2. 仅依赖用户注册信息的节目单生成算法

在个性化电台系统开放初始用户较少的情况下，新用户初次使用时的节目单完全依赖于用户的注册信息，节目单的生成流程如图 1.10 所示。

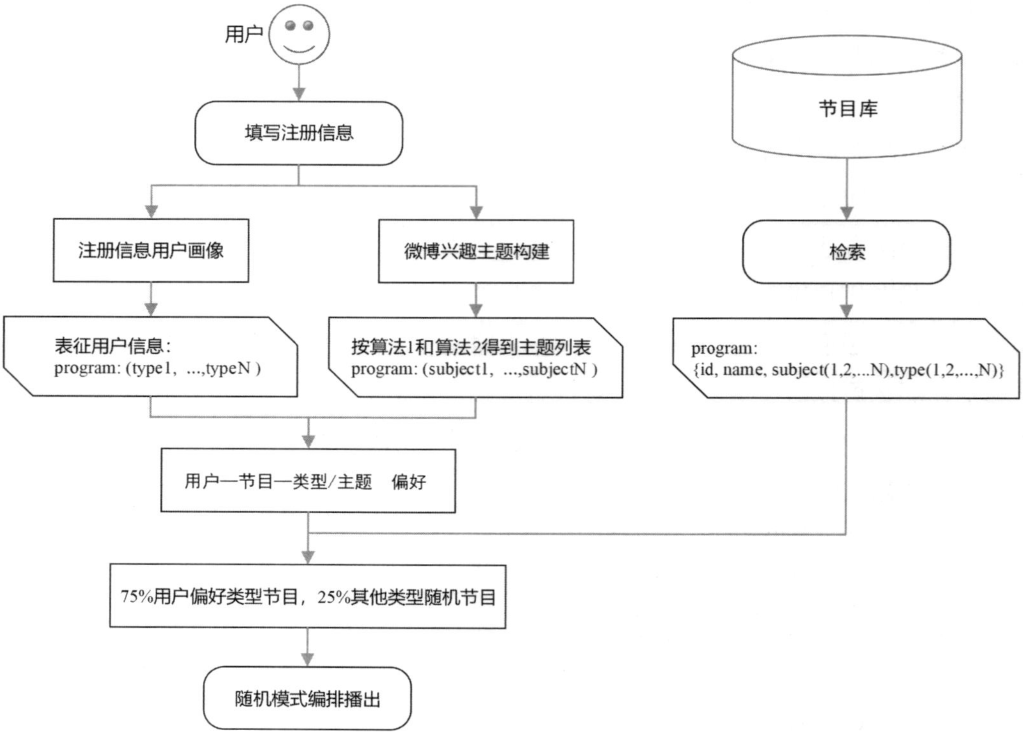

图 1.10 仅依赖注册信息的新用户节目单生成流程图

（1）用户注册时需要完成口味测试，即提供职业、性别、年龄等个人信息，以及完成对偏好的节目类型标签的选择。

（2）若用户用新浪微博账号登录，系统获取微博用户 ID 后，获取微博内容并建立微博兴趣主题模型，最终得到用户对节目主题的偏好列表。

（3）节目库中节目数据表的字段设计见表 1.11。在该表中，已经有节目类型或主题的标注信息。

（4）系统通过“类型 / 主题偏好”将用户与节目关联。系统将用户偏好的节目类型或主题的占比设为 75%，将数据库中的其他节目类型以 25% 的占比推荐给用户。这是为了保证节目类型的多样性，确保新用户能收听到多种类型的节目，并逐步发现及形成稳定的兴趣偏好。占比通过阈值来设定，依据系统用户状况进行调整。

（5）随机模式编排播出。

表 1.11 数据库节目表 Radio_Program Table 设计

字段名	类型	长度	主键	空值	描述
program_id	INT	11	是	否	节目标识
title	VARCHAR	255		否	节目标题

续表

字段名	类型	长度	主键	空值	描述
type	INT	11		否	类型
subject	VARCHAR	45			主题（逗号分隔）
block	VARCHAR	255			栏目（可选）
file_path	VARCHAR	255		否	保存路径
duration	INT	11		否	节目时长

3. 同时依赖新用户注册信息和系统用户群体偏好的节目单生成算法

在个性化电台用户数量达到一定规模时，新用户注册使用本系统，系统处理流程如图 1.11 所示。

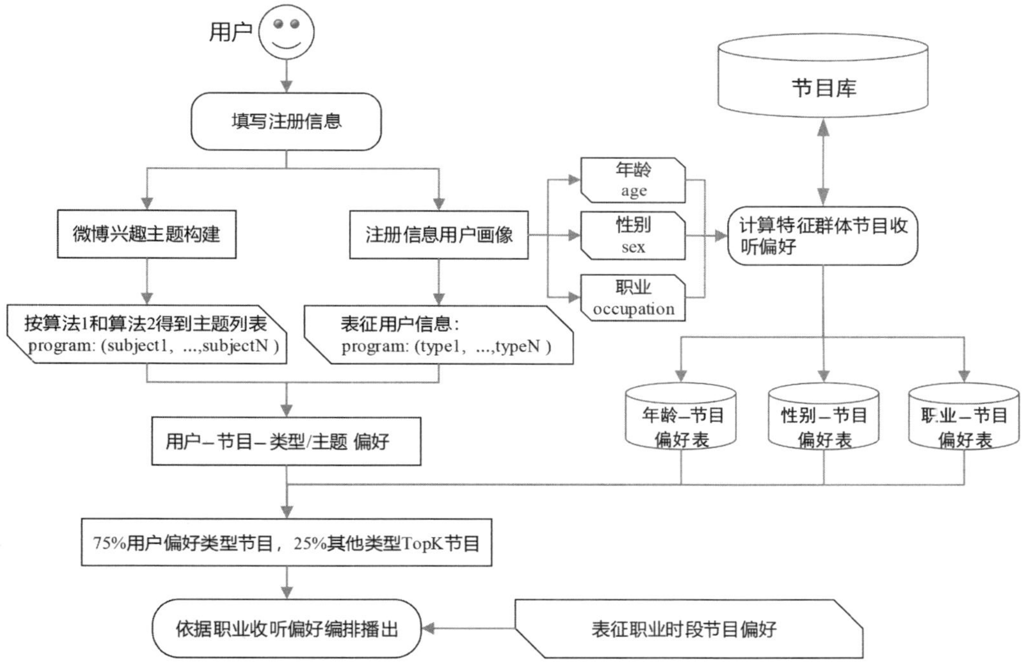

图 1.11　同时依赖新用户注册信息和系统用户群体偏好的新用户节目单生成方式流程图

将用户的偏好模型和电台节目相关联，无须直接检索节目库。系统已经提前通过离线计算的方式生成了相关表：年龄—节目偏好表，从中可以根据年龄查询该年龄段的用户最喜爱收听的节目；性别—节目偏好表，可以依据男性、女性或其他来查询该特征群体的节目偏好；职业—节目偏好表，可以查询到新用户所属职业的其他用户最喜欢的电台节目。

系统从注册信息用户画像中取得该用户的年龄、性别和职业等相关信息，然后将该用户喜欢的节目类型或主题从对应的离线计算好的三张相关表中查询检索出来，对其中符合条件的节目列表进行权重相加，即得到最终的推荐节目。需要注意的是，在该种情况下，系统仍对用户偏好的节目以 75% 的占比呈现，而另外 25% 的节目则可从上述三张离线表中选择其他类型偏好值为 Top K 的节目。

最后，对于节目单中节目的编排播出方式，系统不采用图 1.10 所示的随机模式，而是依据职业—时段区间—节目偏好模型，对不同的节目类型或主题，按照当前登录用户所属的职业群体的收听习惯进行编排播放，以取得更好的用户体验。

三、新媒体面临的挑战

（一）面临的问题

1. 内容监管

难点是受众 / 用户作品的内容审查。而基于人工智能技术的计算机内容审查系统的开发还需要技术突破。

2. 舆论引导

受众可以自由发布内容，容易与主流媒体形成两个舆论场。如何开发面向新闻传播的技术，支撑媒体保持正确舆论导向，目前仍是难点。

3. 带宽与无功流量

互联网“拉”的模式、新媒体内容向长短视频及可视化方向快速发展、互联网大量的无功流量，都导致对网络带宽要求越来越高。

4. 信息茧房

算法推荐在实现所谓的按需服务的同时，也会限制受众获取信息的范围，误导受众的认识。

5. 信息安全

新媒体很多是受众可以参与的开放平台，网络攻击、数据或内容窃取等信息安全问题依然严重。

（二）研究路线

1. 与新闻传播学结合

例如，研究自媒体领域跨平台的自媒体联盟、意见领袖的内容生产规律、传播规律和基于网络拓扑技术的信息传播模型，包括基于框架理论研究自媒体内容框架特征，基于议程设置理论、行动者网络理论研究影响信息传播的可计算因素，基于意见领袖与二级传播理论、反沉默螺旋理论研究节点传播能力的测量与分析等，从而提高舆论引导能力。

2. 与未来网络结合

随着高速度、低延迟、低能耗、高安全的 5G 的广泛覆盖，网络带宽增加，将出现基于连通万物的物联网的实时全息媒体，并形成万物皆媒局面。例如，基于内容寻址与路由技术的未来网络，将解决互联网无功流量、内容难找等问题。面向服务的寻址与路由技术，[13]将使互联网成为具有内容存储、信息计算和数据转发功能的服务池，而不是简单的数据传输通道。面向服务的寻址与路由技术依据服务分类形成层次化的服务标识，服务标识代替 IP 地址实现路由，从而支持跨时空的媒体采编播业务。支持主动防御的网络安全技术，将改善网络信息安全状况。

3. 与云计算、大数据、人工智能结合

创新多种推荐算法解决信息茧房问题，例如基于粒计算分析内容产品各要素的权重，从而进行价值评估，实现对受众的最优性价比推荐。研究应用各种深度学习技术，提高内容产品组成对象的识别准确率和实时性，改进内容监管效果。主流媒体要打造基于大数据的智能云平台，更好地把握舆论导向。

四、融媒体

随着技术的发展，目前，形成了主流媒体、政务媒体、自媒体三分天下局面，而推动现有社会发展是它们一致的目标。从交互、互动到 UGC（User Generated Content），媒体机构与用户（受众）一体化正在形成，在微博、微信、抖音、快手等平台上，机构与用户具有平等地位。总之，媒体融合生态渐成，趋势明显。

（一）什么是融媒体

所谓融媒体，美国新闻学会媒介研究中心主任 Andrew Nachison 将其定义为：“印刷的、音频的、视频的、互动性数字媒体组织之间的战略的、操作的、文化的联盟”[14]。2003 年，美国西北大学教授 Rich Gordon 归纳美国已出现的五种媒体融合类型：[15]（1）所有权融合，即大型传媒集团自建平台，并在其中设立不同类型的媒介，以此保证这些媒介相互内容推荐与资源共享。（2）策略融合，指机构不同、所有权不同的媒介在内容上实现共享。（3）结构融合，主要指媒介机构内部新闻采集流程融合。新闻内容在这一融合类型中被认为是一种产品，经过专业团队打造后，以打包形式出售给其他媒体机构。（4）信息采集融合，主要指在新闻生成层面的技术融合，指从业者以使用多种媒体模态的方式完成新闻采编工作，这也是目前多数媒体机构在实践层面的一种融合形式。（5）新闻表达融合，指新闻生产出来后，从业者会借助多种媒体平台将内容传播出去。随着社交网络的发展，依托社交媒体形成的传（播者）受（众）融合，表现形式是媒体通过搭建协作平台实现专业新闻和市民新闻的结合，把市民新闻作为专业新闻的补充。进一步的传受融合的表现形式是嵌入平台的构建，此时，传者已经将受者定位为信息生产者，并直接将其嵌入自己的新闻报道过程中，实现无缝对接。在整个新闻报道策划和设计中，采用众包的形式分配和装配，更加接近现场、接近时效、接近受众。[16]

根据上面对媒体融合的描述，可以概括出融媒体的特征是：（1）内容多模态；（2）采集、发布多渠道或多平台；（3）组织多主体。满足其中一条就可以认为该媒体是融媒体。

这里的内容多模态，有别于多媒体内容，是与采集、发布多渠道或多平台相伴随的，所以后面我们将围绕多渠道（平台）或多主体开展对融媒体的讨论。

从国家媒体融合战略目标出发，我们将从主流媒体供给侧的角度研究媒体融合与融媒体服务。

（二）县级融媒体

县级融媒体肩负着联系群众、服务群众、引导群众的重任，同时发挥着坚守基层舆论阵地，维护主流意识形态的政治导向作用。目前，我国县级融媒体建设在全国范围内已经取得了长足进步，正处于单一部门独立发展到融媒体中心协同调度，各媒体部门协同工作的重要阶段。这一阶段旨在突破单一媒体及媒体浅层融合的媒体内容传播界限，完成基于多个媒体部门融合协作的媒体内容供给建设。

1. 县级融媒体中心建设[17]

县级融媒体中心应整合县级媒体资源，巩固壮大主流思想舆论，不断提高县级媒体传播力、引导力、影响力、公信力。总体要求如下：

（1）应按照移动优先的原则，利用移动传播技术，形成渠道丰富、覆盖广泛、传播有效、可管可控的移动传播矩阵；

（2）应按照“媒体+”的理念，从单纯的新闻宣传向公共服务领域拓展，增强互动性，从单向传播向多元互动传播延伸，将媒体与政务、服务等业务相结合，为用户提供多样化综合服务，满足用户多样化的需求；

（3）应开展综合服务业务，面向用户提供政务服务、生活服务、社交传播服务、教育培训服务等。

县级融媒体中心系统架构如图 1.12 所示。

县级融媒体中心应优先利用省平台资源，结合实际情况进行部署，已建设的系统应逐步对接到省平台。

宜利用省平台进行部署的功能模块包括：

1）采集和汇聚功能中的用户数据、互联网内容、其他数据模块；

2）策划指挥功能中的通联协作模块；

3）数据分析功能中的舆情热点、传播分析模块；

4）综合服务功能中的党建、政务、民生、文化、教育、增值服务模块；

5）融合发布功能中的网站、微信微博等模块。

县级融媒体中心在充分利用现有设施的基础上，宜在本地部署的功能模块包括：

1）采集和汇聚功能中的远程回传、记者外采、信号收录、应急广播消息等模块；

2）策划指挥功能中的信息呈现模块；

3）内容生产功能中的新闻演播室、新闻制作、广播电视综合节目制作、内容管理、生产协同等模块；

4）融合发布功能中的广播、电视、报刊和大喇叭等模块；

5）运行维护模块，监测监管模块；

6）网络安全模块。

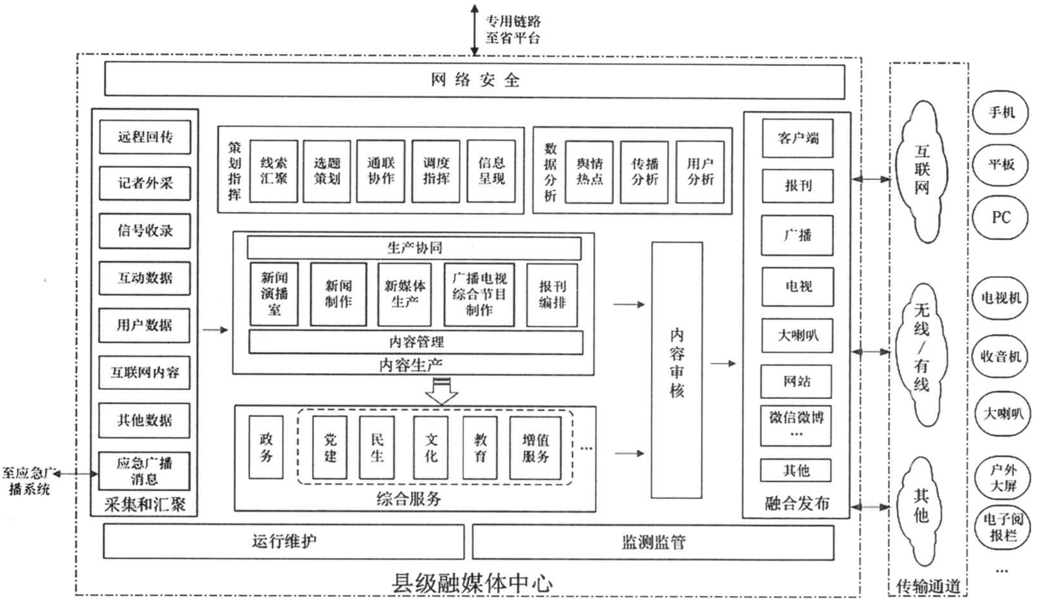

图 1.12　县级融媒体中心系统架构

2. 县级融媒体的西部策略——轻资产、重实效

要整合与利用传统媒体与新兴媒体的优势，使单一媒体的竞争力变为多主体、多渠道媒体的竞争力，实现资源通融、内容兼容、宣传互融、利益共融。习近平总书记强调，推进媒体融合要坚持先进技术为支撑、内容建设为根本。目前，在传统媒体与新兴媒体融合的过程中，无论在内容产品、生产方式、传播手段、服务模式和盈利模式方面都面临着诸多挑战。对于西部地区，由于资金的缺乏，其面临的挑战更大，“轻资产、重实效”应该是一种可行的应对策略。下文给出实现“轻资产、重实效”的四个策略。

（1）充分利用互联网的开放资源

互联网上开放的图片库、视频库、音频库，搜索引擎，公有云等可以为融媒体的低成本、高效率采编播提供支持。

例如，制作一篇新闻，计算机可自动分析出其所有的人物、地点、机构等，然后调用搜索引擎得到相关图片，并配以推拉摇移升降甩等效果，也可以再加入部分短视频，形成 H5 或视频文件后将其发布到公有云上。

下面介绍我们开发的“融媒体新闻快速生成系统”。

针对融媒体新闻，语音合成、音频分析等技术，可方便用户快速编辑，并发布多种类型的新闻，用户只需将文稿输入系统，将图片拖拽到指定位置，选择图片的动画效果，即可生成 H5、视频、有声 PPT 等多种形式的新闻。

图 1.13　新闻发布

用户先选择要处理的文稿，选中后进行文本编辑。然后，系统将文稿的每一个段落自动生成一页（n 个段落就生成 n 页），其中，每一页都自动添加语音合成后的朗读音频，并根据文本信息，系统自动分析出关键词，并在互联网上自动搜索相关图片，然后人工挑选图片（如果有版权问题，则此图片可以作为拍摄或从其他途径获取图片的参考）。每一页都处理好后，系统对融媒体新闻进行全局配置，最后生成三种类型的新闻，在不同平台上发布。

步骤有如下几步。

1）打开软件，选择好对应信息，然后点击浏览。

2）选择文本。选择将要处理的新闻文稿，txt 格式。

3）文本展示及修改。可在此界面下对原文稿进行修改。

4）页面修改。系统将文稿的每一个段落自动生成一页，其中，每一页都自动添加语音合成后的朗读音频。同时，根据对本段文本分析获得的关键词（人名、地名、单位名等），系统从互联网自动搜索相关图片，然后人工选择图片（实践表明，可以找到关键词相关图片的大约占 70%）。

5）分析音频波形。点击波形，可以生成音频的波形。

6）自动识别段落。点击显示段落，系统进行音频分析，自动分辨出段落；点击波形，系统会定位到相应的文字上。

7）根据段落调整图像的显示时长，比如对应前两句话，要显示第一张图片，那么就可以把第一张图片拖动到第二句话结尾的位置并对齐。

8）设置图片的出场方式。

9）填写融媒体发布信息，进行发布。

（2）用技术手段提升各单位间的协作能力

县级融媒体中心建设要求将新闻舆论与县域治理融合，采用内容 + 服务，内容 + 政务的手段，实现引导群众，服务群众的目的。县域智慧治理需要信息互通，包括新闻宣传、舆论引导、用户数据等。县域内各个行政信息孤岛通过县级融媒体中心连接起来，这样政务与用户联通，实现种瓜得豆种豆得瓜。难点是如何低成本地集成全县各部门的管理信息系统（MIS）。统一数据、元数据编码，时间长、工作量大。可以采用异构数据源集成技术减少工作量和时间成本，其中的难点是解决语义异构。下面简单介绍我们的语义异构数据集成方法。[18]

假设表 1.12 和表 1.13 是两个单位独立开发的电影数据库，我们需要找到两个数据库的表及其字段的对应关系。

表 1.12 电影数据库 A

表名	字段名		
movie	movie_id	movie_name	movie_type
actor	actor_id	actor_name	actor_sex

续表

表名	字段名		
director	director_id	director_nam	
has_actor	movie_id	actor_id	
direct	director_id	movie_id	

表 1.13　电影数据库 B

表名	字段名			
film	id	name		
player	id	name	sex	age
director	id	name		
cinema	Id	name	address	
hasplayer	film_id	player_id		
direct	director_id	film_id		
releasein	film_id	cinema_id		

数据库模式是一种特殊的轻量级本体，可通过本体映射系统实现模式转换和模式集成。基于词向量获取概念相似度，并结合相似度传播算法，这种方法取得了比其他传统的单独匹配器方法更好的映射效果。

映射过程如图 1.15 所示。本体映射系统的输入为两个使用 owl 描述的本体文件。系统首先对本体文件进行解析，解析成三元组的形式，然后根据本体的三元组信息，获取本体文件所包含的结构关系和概念的名称，如图 1.14 所示。概念的名称是一个字符串，字符串有单词、缩写、前后缀等部分，通过空格、下划线等连接或者直接连接起来。而语料库中很少或者没有与此类字符串相关的文本数据，所以语料库难以通过训练直接获得概念名称字符串的向量，概念的名称必须通过分词转化成文本片段。

因为使用文本语料库进行训练获取词向量，所以分词同样以语料库作为字典。具体分词步骤如下。

1）统计语料库中出现次数超过 5 次的单词和由两个单词组成的词组，获取单词和词组字典。

2）使用单词字典对概念名称字符串进行分词，获得候选的切分方案。

3）根据候选方案的平均单词长度和词组字典对候选方案进行筛选。

分词之后，获得组成概念名称的单词序列。然后是计算概念相似度，系统采用了 skip-gram 模型，将维基百科英文文本作为语料库，对出现次数超过 5 次的单词进行训练，获取 60 维的连续词向量（设定词窗口的大小为 3）。

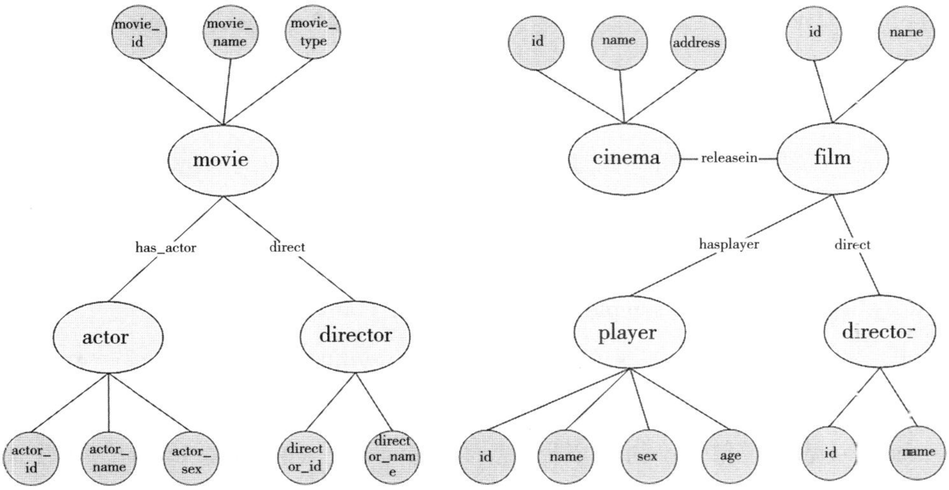

图 1.14　两个本体

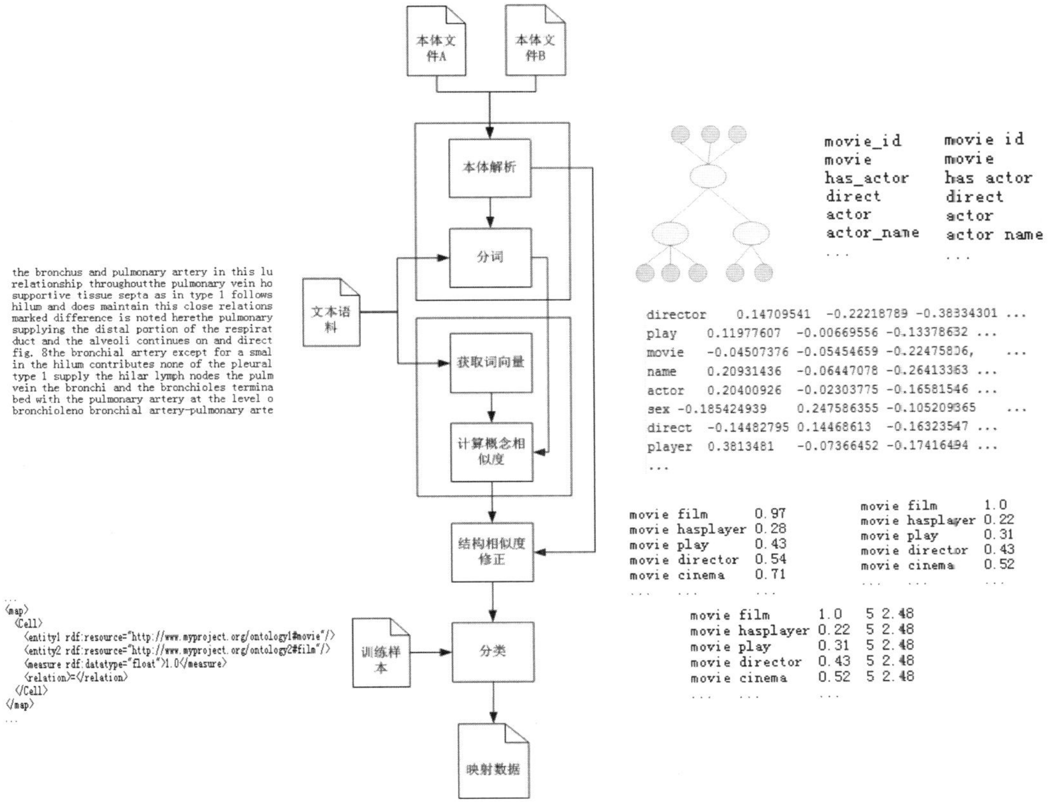

图 1.15　两个本体的映射过程

词语向量化是指每个词都用向量来表示，例如“戏曲”表示为 [–0.062, 0.165, 0.175, 0.162, 0.269, …]，其基本理念是一个词的语义可以通过大量语句中出现在该词前后的若干个词的语义获得。2013 年，Google 公司开发了一款开源工具 Word2vec 来训练语言模型，Word2vec 可以通过训练将每个词语用指定的 N 维向量来表示。Word2vec 包含两种训练方法，cbow（continuous bag-of-words）和 skip-gram（continuous skip-gram model）。在 cbow 方法里，训练目标是给定一个目标单词的语境，预测该单词出现的频率；在 skip-gram 方法里，训练目标则是给定目标单词，预测该单词的语境频率。

我们输入对 word.txt 文档进行语料训练的命令：

./word2vec -train word.txt -output wordvectors.bin -cbow 0 -size 60 -min-count 5 -window 3 -negative 0 -hs 1 -sample 1e-3 -threads 12 -binary 1。

其中 -train word.txt 表示输入的训练文件是 word.txt，-output wordvectors.bin 表示输出文件是 wordvectors.bin。-cbow 0 表示不使用 cbow 模型，系统使用 skip-gram 模型。-window 3 表示窗口大小为 3，即训练时参考了每个词的前面 3 个词语和后面 3 个词语，-size 60 表示词语训练的维度是 60 维，-min-count 5 表示训练的词语出现的频率不小于 5。

我们采用夹角余弦的方式计算两个向量之间的相关性，假设词向量的维数是 k，候选概念集中任意两个词 v_i 、v_j 的向量表示分别为 $(x_1,x_2,\cdots, x_k)$、$(y_1,y_2,\cdots,y_k)$，那么 v_i 和 v_j 的夹角余弦为：

$$\cos(v_i,v_j)=\frac{x_1y_1+x_2y_2+\cdots+x_ky_k}{\sqrt{x_1^2+\cdots+x_k^2}\sqrt{y_1^2+\cdots+y_k^2}}$$

概念的名称是一个包含多个单词的字符串，通过分词，概念的名称转化成单词序列或片段，所以计算概念名称之间的语义相似度就是计算片段之间的语义相似度。

基于单词相似度的片段相似度计算方法是，先通过 skip-gram 模型训练获取单词的词向量，然后通过余弦相似度计算单词之间的相似度；接下来把两个待计算相似度的词序列，看成两个点集，建立二分图，如图 1.16 所示，每个词代表一个节点，来自两个点集的边的权重为词与词之间的相似度；最后通过对带权二分图进行匹配，获取片段相似度，公式如下。

$$\mathrm{Sim}(s_1,s_2)=\frac{\sum_{i=1}^{L_m}\max_{j=1}^{L_n}\mathrm{WordSim}(w_{mi},w_{nj})}{L_m}$$

$$m=\arg\max L_i \quad i\in\{1,2\}$$

$$n=\arg\min L_i \quad i\in\{1,2\}$$

其中，

- s_1,s_2 为片段 1 和片段 2 的单词序列；
- w_{nj} 为单词序列 n 的第 j 个单词；
- L_n 为单词序列 n 的长度；
- $\mathrm{WordSim}(w_{mi},w_{nj})$ 为单词序列 n 的第 j 个单词与单词序列 m 的第 i 个单词之间的

相似度。

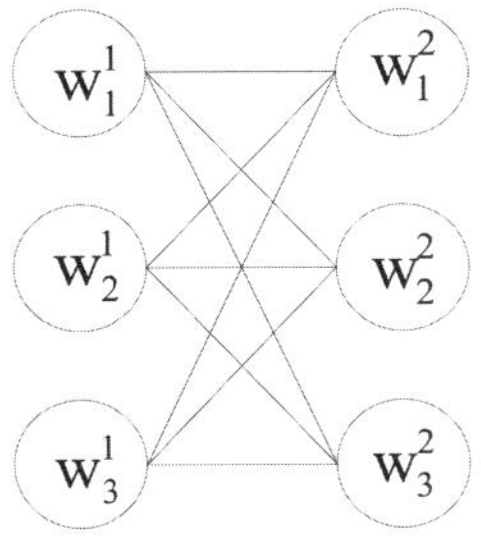

图 1.16　二分图

计算结构相似度采用的是应用广泛的相似度传播算法，是基于图的匹配的算法。算法利用结构信息，对相似度进行修正。算法如下：

●把本体转换成带标记的有向图，图中的每条边用三元组（*S*，*P*，*O*）表示，*S* 和 *O* 分别表示边的开始节点和目标节点，*P* 表示边；

●在有向图基础上构建对偶连通图和相似度传播图；

●对初始相似度进行迭代运算，直到相似度变化小于阈值，例如，欧式距离小于某个值，或者迭代到一定的次数，就终止迭代。

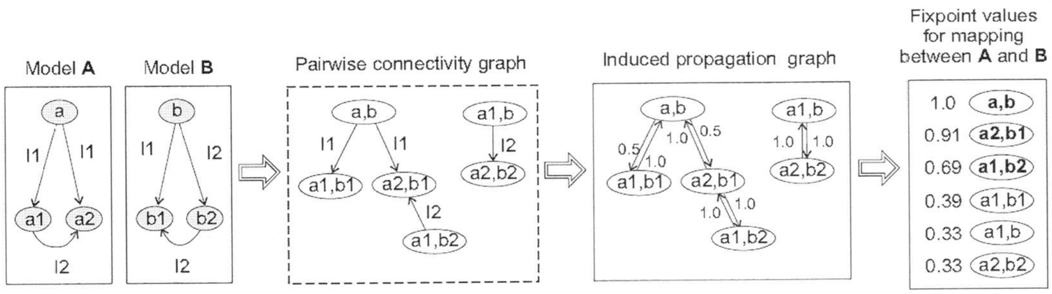

图 1.17　结构相似度计算示例

图 1.17 中的（a，b）节点，通过 l1 边与两个节点连接，所以传播系数为 1/2，而（a1，b1）通过 l1 边只与一个节点相连，所以传播系数为 1。

确定完传播系数，要进行迭代计算。将概念相似度作为种子相似度，然后根据传播系数进行迭代计算。每轮计算完之后，相似度都要归一化处理，再进行迭代。当迭代次数超过 15 次或者相似度变化方差不超过 0.02 时，迭代收敛，获取最终的相似度。

然后选择修正后的相似度，候选映射的数量以及修正后的候选相似度之和作为特征，选用径向基作为支持向量机的核函数，把特征空间映射到无穷维，训练获取决策边界。训练好的分类模型自动进行匹配预测。

（3）声音将连接一切

广播媒体的优势包括：成本低、制作快，适合快速及时的新闻报道，也适合小众文艺报道；伴听、安全，听广播的同时可以做其他事情；终端简便，覆盖广可移动，适合应急；互联网广播低带宽，可实时互动，适宜素材汇聚。

广播媒体的发展方向包括：

1）实现多维度融合

实现广播与政务、商务、教育、旅游等行业“跨界”融合。

例如：以京剧音频为核心内容，开发集收听收看、交流互动、演出资讯于一体的App，可让传统艺术唤发新的生命力，获得广泛传播。

2）实现特色发展

音频节目互动收听，用声音连接一切。全媒体制作，广播先行。场景化广播，满足个性化需求。智能化服务，浩翰文化，音频全覆盖。

3）创新方式方法

互动服务：实现听众与主持人、嘉宾零距离实时交流互动，让听众参与话题讨论、投票、抽奖，让听众更多地参与到节目制作中。

媒体融合：在互联网终端，广播围绕节目主题利用多种媒体展示内容，例如听众听节目的同时可以观看直播视频，可以参与弹幕讨论，由此让广播可听、可看（包括VR、3D等内容），变得更丰富更好玩。

全媒体制作，广播先行：基于新兴广播技术和新媒体技术，广播再造生产流程，实现全媒体资源的互通互融。

精准服务受众：通过手机等智能收听终端，广播电台收集用户的地理位置、驾驶习惯、收听习惯、节目偏好，打造个性化的广播电台，使每个人收听到的节目都不一样。

广播广告转型：广告与节目深度融合；分析节目受众，精准进行广告投放；制作品质精良的软广告，将之嵌入相关主题的节目中播放；在智能终端，听节目，看广告，互不影响。

（4）充分利用上级广电部门的广电设备和资源

广播电视行业多年的积累是新媒体发展的重要支持力量，广播电视基础设施，可以辅助基于互联网的新媒体改进功能和性能。例如，传统广电设施支持互联网新媒体分发。[19]

互联网上获取一个新媒体网页，一般需要6跳至26跳路由转接，分发网页平均跳数为12跳至14跳，排除视频，中文网页日增量小于100GB/天，单个10—40Mbps的卫星及地面转发信道，足以将当天全部新增中文网页向所有网民分发一遍。相关实验包括：新研DTMB-A，带宽49Mbps，提供全文；新研CDRadio，带宽100kbps，提供标题摘要。由于个人存储空间有限，我们可以采用内容按需过滤的办法，通过设计“内容命名”机制UCL（Uniform Content Label）只存储用户感兴趣的内容。

第二章　融媒体服务模式

习近平总书记2019年“1.25讲话”中强调：要统筹处理好传统媒体和新兴媒体、中央媒体和地方媒体、主流媒体和商业平台、大众化媒体和专业性媒体的关系，形成资源集约、结构合理、差异发展、协同高效的全媒体传播体系。

对于全媒体传播体系，中宣部副部长徐麟也明确指出：“在结构上，这个体系纵向覆盖中央、省、市、县四级媒体，横向包括主流媒体和商业平台。其中，商业平台主要是发挥渠道、技术等优势助力主流舆论传播。”

领导的讲话，从结构上阐明了融媒体应有的服务模式，即从主流媒体供给侧角度出发的，主流媒体肩负正确引导社会舆论的任务和商业平台主要承担渠道作用的，中央、省、市、县主流媒体、大众化媒体、专业性媒体等多主体的，主流媒体传播渠道、商业平台传播渠道等多渠道的融合服务。

一、融媒体服务模式的表示

“模式”一词在《现代汉语词典》中的解释是：某种事物的标准形式或使人可以照着做的标准样式。模式是解决某一问题的方法论。特色即模式、结构即模式、类型即模式、内在机理即模式。模式是在一定的发展阶段、技术环境、生产条件下较为理想的发展范式。

融媒体服务模式可以用两种方式表述：1）对融合媒体服务过程进行抽象或概括性描述；2）用融合媒体服务模式的典型案例表述。

大数据、云计算、物联网等前沿技术的广泛应用加快了信息传播格局与生态的重塑，推动了媒体服务范式更新。“中央厨房”、县级融媒体、四全媒体等都是融媒体时代产生的新的媒体服务模式。抽象分析这些新兴服务模式，有助于探索多方媒体的价值共创途径，实现各类媒体的协同发展。

融媒体服务模式可以简单地用一个六元组表示：

$$SM=(S,B,C,2,+,*)$$

其中，S代表资源，B代表各类媒体，C代表用户，2代表信息传递，+代表汇聚，*代表融合。

我国现有两种典型的融媒体形式，一是中央级融媒体，其常采取的两种服务模式为“中央厨房”和内容聚合分发；二是县级融媒体，其主要特点是省县联动、县政务和公共服务资源融入媒体。

（1）“中央厨房式”：“中央厨房”是面向受众、面向国际、面向未来的新一代内容生产、传播和运营体系，其理念为“一体策划、一次采集、多种生成、多元传播”。通过对多种新闻素材的全面开发，面对不同媒体予以相应输出，“中央厨房”能够充分整合各方面资源，大大降低资源浪费，并且能提升新闻产品产出效率。这种服务模式可描述为：

$$^{*}B\,2^{*}S\,2^{*}C$$

即在集中统一的生产调度平台上，将各类媒体、资源、用户进行融合，从而实现一次采集、多元编辑、多频道栏目播出。

（2）内容聚合分发式：这种模式是通过对优质媒体内容的汇聚、风控、分类和分级，全面提高内容产业从创作源头到内容消费场景全链条的效率，为自媒体、创作机构和其他社会创作力量提供内容聚合分发业务。这种模式则可描述为：

$$^{*}S2B2C$$

即立足内容的聚合分发，将资源进行融合后，传递给媒体和用户，助力全民共享内容红利，共建价值内容生态圈。

（3）县级融媒体式：县级融媒体充分整合基层媒体资源，发挥各类媒介的优势，盘活基层舆论文化阵地，使党和人民的联系更通畅，更紧密，县级融媒体平台可看作一种“全效媒体”。这种服务模式可描述为：

$$(^{*}B+^{*}C)2C$$

即支持省市级和县级媒体联动，融合用户，形成“政务+民生”的服务平台。

二、媒体服务模式对服务效果的影响

融媒体服务模式的服务机理主要体现在融媒体服务的动态过程中。分析服务机理，可以帮助我们了解融媒体服务模式的服务效果。下面我们以地方主流媒体网站和商业社交平台融合的新闻服务模式为例说明。

主流媒体和商业平台的目标是一致的，都是推动社会发展。商业社交平台因其充分的互动性，可以更好地吸引和黏住用户，主流媒体追求更多的新闻内容被用户阅读、点赞和转发，所以可以发挥商业平台渠道优势助力主流媒体新闻传播。

图 2.1 显示了地方主流媒体网站和商业社交平台合作进行新闻服务时，两种媒体对用户的总体新闻阅读量的影响。

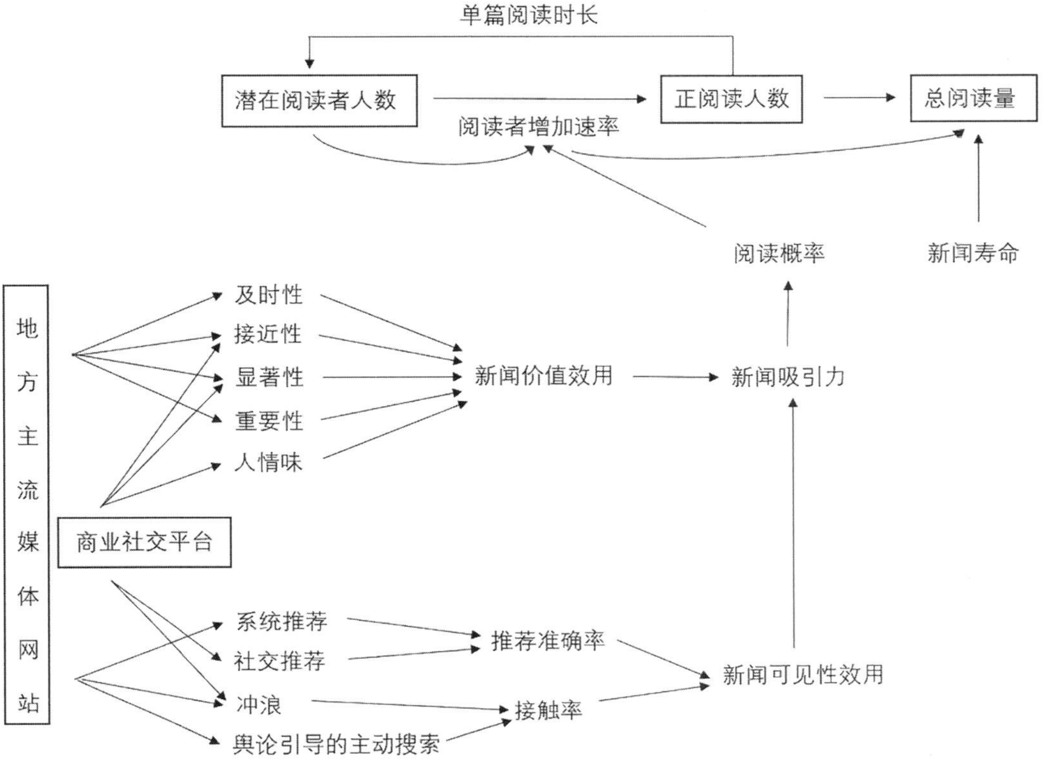

图 2.1　新闻服务融合主体与新闻阅读量关系示意图

东西方新闻传播学者普遍认为，新闻价值的要素主要包括及时性、接近性、显著性、重要性和人情味。及时性说明新闻是易碎品，昨天的新闻是今天的历史，只有当天的新闻才能吸引更多读者的目光。接近性说明新闻事件发生的地理位置越接近读者，新闻价值越大，接近性还指年龄、职业、性别、爱好、民族等的接近。显著性，例如因为名人自身的显著性，新闻事件更受瞩目。一个事件影响深远体现了它的重要性，重要的新闻首先是热点、焦点新闻。构成人情味的要素包括反常、冒险、冲突、两性，这类包含人情味的新闻人们总是百看不厌。

地方主流媒体能够及时发现本地热点事件、本地重要人物及相关单位的情况变动，快速获得中央和本地重要新闻线索和信息，发布的很多新闻都比较接地气。因此，地方主流媒体网站对新闻的及时性、接近性、显著性、重要性指标会有较大贡献。同时，商业社交媒体存在社交圈，在圈内发布新闻很好地体现了接近性；商业社交媒体对反常、冒险、冲突、两性和名人信息比较关注，其发布的相关新闻对显著性和人情味指标会有贡献。及时性指标还可以借助物联网采集、用户产生内容（UGC）、多模态记者采访等方式获得提升；重要性指标可以通过地方主流媒体与央媒合作以及监测国家主流媒体来提高；人情味、显著性、接近性等指标还可以通过互联网数据挖掘手段获得提高。

这里所说的新闻可见性即某时刻某篇新闻进入用户视野的可能性。用户可能通过浏览地方主流媒体网站和与其合作的商业社交平台发现新闻，还可能在各种场合受舆论引导而主动搜索发现新闻，用户也会因系统协同推荐或内容推荐，以及社交平台的社交推荐（如微信群、朋友圈）而发现新闻，这些系统或社交平台的新闻推荐的准确率对新闻可见性效用起重要作用。地方主流媒体一般具有新闻推荐功能并注重各种手段与途径的舆论引导，这些都能够提高新闻的可见性。同时，依靠线上社交圈的商业社交平台的新闻推荐，也可以提高新闻的可见性。

假设相对用户数量来说，新闻的供给量是充足的，不会出现某用户没有新的新闻内容阅读的问题。同时假设每篇新闻需要的阅读时间是一样的，固定为 r，每篇新闻有相同的寿命，例如一天、24 小时或 $3\,600\times 24$ 秒，用 l 表示，一般假设当天的新闻只有当天有效用、有读者。

地方主流媒体网站和商业社交平台融合后的用户数为：

n=| 地方主流媒体注册用户 ∪ 商业社交平台注册用户 |

潜在阅读者人数、正阅读人数、阅读概率都是时间 t 的函数，记为 $f(t)$、$g(t)$、$p(t)$，则

t 时刻，潜在阅读者人数 = 融合后的用户数 − 正阅读人数，即

$$f(t)=n-g(t)$$

下列指标都是对单篇新闻而言的：

新闻吸引力 = 新闻价值效用 + 新闻可见性效用；

新闻价值效用 = 及时性 + 接近性 + 显著性 + 重要性 + 人情味；

新闻可见性效用 = 推荐准确率 + 接触率；

推荐准确率 = 系统推荐 + 社交推荐；

接触率 = 冲浪 + 舆论引导的主动搜索。

阅读概率是由多篇新闻形成的指标，指 t 时刻单篇新闻吸引力的均值，用 $p(t)$ 表示。则

阅读者增加速率 = $f(t)\times p(t)$，表示 t 时刻正阅读人数增加的速度。

设在时刻 t 正阅读的人数为 $g(t)$，则

在时刻 $t+\Delta t$ 正阅读的人数为：

$$g(t)+f(t)p(t)\Delta t-\frac{g(t)}{r}\Delta t$$

即潜在阅读者按阅读概率变成正阅读者，而正阅读者按单篇阅读速度 $1/r$ 读完一篇新闻后变成潜在阅读者。

考察正阅读人数的变化率，有：

$$\frac{dg(t)}{dt}=\lim_{\Delta t\to 0}\frac{\left(g(t)+f(t)p(t)\Delta t-\frac{g(t)}{r}\Delta t\right)-g(t)}{\Delta t}$$

$$=f(t)p(t)-\frac{g(t)}{r}$$

$$=(n-g(t))\ p(t)-\frac{g(t)}{r}$$

$$=-\left(p(t)+\frac{1}{r}\right)g(t)+np(t)$$

下面求解微分方程：

$$\frac{dg(t)}{dt}=-\left(p(t)+\frac{1}{r}\right)g(t)+np(t)$$

首先求解其对应的齐次方程，有：

$$\frac{dg(t)}{g(t)}=-\left(p(t)+\frac{1}{r}\right)dt$$

则有，

$$lng(t)=-\int\left(p(t)+\frac{1}{r}\right)dt$$

即，

$$g(t)=ce^{-\int\left(p(t)+\frac{1}{r}\right)dt}$$，c 为常数

设原方程的解为：

$$g(t)=c(t)e^{-\int\left(p(t)+\frac{1}{r}\right)dt}$$

则有，

$$\frac{dg(t)}{dt}=\frac{dc(t)}{dt}e^{-\int\left(p(t)+\frac{1}{r}\right)dt}-c(t)\left(p(t)+\frac{1}{r}\right)e^{-\int\left(p(t)+\frac{1}{r}\right)dt}$$

代入原方程，有

$$\frac{dc(t)}{dt}e^{-\int\left(p(t)+\frac{1}{r}\right)dt}-c(t)\left(p(t)+\frac{1}{r}\right)e^{-\int\left(p(t)+\frac{1}{r}\right)dt}=-\left(p(t)+\frac{1}{r}\right)c(t)e^{-\int\left(p(t)+\frac{1}{r}\right)dt}+np(t)$$

则有，

$$\frac{dc(t)}{dt}=np(t)e^{\int\left(p(t)+\frac{1}{r}\right)dt}$$

则有，

$$c(t)=\int np(t)e^{\int\left(p(t)+\frac{1}{r}\right)dt}dt+\tilde{c}$$

所以，有

$$g(t)=e^{-\int\left(p(t)+\frac{1}{r}\right)dt}\left(\int np(t)e^{\int\left(p(t)+\frac{1}{r}\right)dt}dt+\tilde{c}\right)$$

当 t=0 时，$g(t)$=0，可以求得 $\tilde{c}$ 。

注意，此时 $p(t)\neq 0$，因为 t=0 时，已有一些新闻准备好。

最后求得：

$$总阅读量 = \int_0^l f(t)p(t)dt$$

假设 $p(0)=\frac{1}{10}$，r=10，n=1 000，则

$$e^{-\int\left(\frac{1}{10}+\frac{1}{10}\right)dt}\left(\int 1\,000\times\frac{1}{10}e^{\int\left(\frac{1}{10}+\frac{1}{10}\right)dt}dt+\tilde{c}\right)=0$$

则有，

$$100\int e^{t/5}dt+\tilde{c}=0$$

即，

$$\tilde{c}=-500$$

若 $p(t)=\frac{1}{10}$，则有，

$$g(t)=500\ e^{-t/5}\left(e^{t/5}-1\right)$$

我们可以称该例的服务模式为“地方主流媒体网站与商业社交平台合作的具有内容推送功能的新闻服务模式”。通过对该服务模式的服务机理的分析，我们可以建立融合地方主流媒体网站的行为、商业社交平台的行为与新闻总阅读量的定量关系，为两者的分工指明方向和手段。从该例可以看出，分析融媒体服务模式服务机理，能够指导媒体实现更好的融合。

前述分析假设新闻寿命期（l）内的新闻数量无限，实际上，因媒体机构新闻生产能力的限制，我们设新闻生产总量固定为 R。

假设在任意时刻 t，每篇新闻的新闻价值为 v。v 由 t 时刻所有新闻生产速度 $w'(t)$ 和 t 时刻之前已经生产的新闻量 $w(t)$ 决定，因为在某事件相关的新闻寿命期内，前面生产的新闻越多，后面生产出的新闻就越少得到关注，价值就越小。设 t 时刻每篇新闻的价值为 $v(w',w)$，则从初始时刻到 t 时刻的所有新闻的价值为：

$$\int_0^t v(w',w)w'dt$$

为简单起见，我们假设 $v(w',w)=\frac{w'(t)}{w(t)}$ ，即每篇新闻的价值与 $w'(t)$ 成正比，与 $w(t)$ 成反比。

要使新闻价值总值在整个新闻寿命期内实现最大化，可求解如下变分问题：

$$\begin{cases} max\int_0^l v(w',w)w'dt \\ w(0)=0, w(l)=R \end{cases}$$

令 $F(w',w)=\frac{w'(t)^2}{w(t)}$ ，

由求泛函极值必要条件的欧拉方程，且 F 中没有 t，有

$$F_w - w'F_{w'w} - w''F_{w'w'} = 0$$

两边乘 w' 后得

$$\frac{d}{dt}(F - w'F_{w'}) = 0\text{，或}\ (F - w'F_{w'}) = c$$

即

$$w'(t)^2 = cw(t)$$

$$\frac{dw}{\sqrt{w(t)}} = cdt$$

$$w = (c_1 t + c_2)^2$$

由 $w(0)=0$，$w(l)=R$ 得

$$c_2 = 0,\quad c_1 = \sqrt{R}/l$$

$$\text{所以，}\ w = Rt^2/l^2$$

$$\text{则有，}\ v = w'/w = 2/t$$

t 时刻所有新闻价值总和为

$$\int_0^t v(w',w)w'ds = 4Rt/l^2$$

则 t 时刻所有新闻平均每篇新闻价值为 $\overline{v} = \frac{4Rt}{l^2}/w = 4/t$

为简单起见，我们这里不考虑新闻可见性效用，又因 $l \geqslant t \geqslant 0$，而阅读概率 $p(t)$ 应该与 $\overline{v}$ 成正比，还因 $1 \geqslant p(t) \geqslant 0$，所以可以设

$$p(t) = c\frac{4}{t+1}$$

如果取常数 c 为 1/40，则 $p(0) = 1/10$。

三、融媒体服务模式的分类

组织模式与传播方式构成融媒体服务模式。其包括多主体，多渠道，有序多渠道，多渠道 + 多主体，有序多渠道 + 多主体。更进一步，可以考虑多模态、不同的业务模式和不同的技术模式，形成更细分的服务模式。

（一）服务模式空间

分析索贝案例库、北京智慧广电案例等，我们得到服务模式如下要素属性，可以构建服务模式数据库。

表 2.1 融合模式

多模态	文本、音频、视频、短视频
多渠道	纸媒、广播、电视、4K 电视、网络广播、IPTV、微博、微信、App、快手、抖音、网站、推特、脸谱网、OTT、网络电视、手机电视、视频网站、互联网直播、多渠道串联
多主体	传统媒体机构个数、新媒体机构个数、自媒体机构个数、政务媒体个数、企业媒体个数、商务主体个数、生活主体个数、娱乐主体个数、教育主体个数

表 2.1 中，“多渠道串联”指信息在一个渠道发布后，通过机构或受众转播，又被传播到另一个渠道。“多主体”中，为了降低复杂度，“个数”取“多”“少”“无”三种。

表 2.2 业务模式

策划	相关报道（国内、国外），用户反馈
采	汇聚（汇聚、网络抓取、接收广播），现场采访或拍摄（摄像机、手机、无人机、固定探头、跨网移动拍摄、高速拍摄、受众 UGC、带 AI 识别拍摄、多机拍摄）
存	实时、分布式、拆条
编	协同制作，实时制作，素材对应多产品（“中央厨房”）
播	可信发布、公平发布、推送、向大众发布、向群体发布、面向组织发布、P2P 分发、反馈控制播出
传	机构传播、社交传播、物联网人际传播
导	社交大 V 引导，议程设置（二次传播议程设置、协同议程设置、其他议程设置）
推	兴趣、性价比、供给侧协同
用户反馈	评论内容，评价，用户行为（浏览次数、点击、标记、转发）
经营	广告、内容付费、服务付费、互联网思维

表 2.3 中，“现场再现”指尽量将现场的包括环境信息在内的所有信息发送到远方，从而使远方受众有身临其境之感。可以认为这是一种全息媒体。

表 2.3　技术模式

共享	共享资源供给、共享技术支撑、共享数据应用、多租户、现场再现
技术	人工智能、大数据、云计算、海计算、区块链、微服务、虚拟现实、5G

案例与模式不同，例如，从融合角度，案例指出具体的融合机构名称，从而就有了规模、效益；而这里的模式则将具体的融合机构抽象为机构类型以及数量。

融媒体服务模式是融合组织模式与业务工作流模式及技术模式的各种组合。这种组合形成了一个高维模式空间。下面我们粗略估计一下该空间的大小，即粗略估计可以描述多少不同的服务模式。

粗略计算融合模式我们发现，有 4 个模态、20 种渠道、9 类主体（每类可取 3 值），因为至少有一种模态、一种渠道；而从主流媒体供给侧角度，至少有一个传统媒体机构或新媒体机构，所以组合出的融合模式数量为：

$$(C(1,4)+\ldots+C(4,4))\times(C(1,20)+\ldots+C(20,20))\times(3^9-1)$$
$$=(2^4-1)\times(2^{20}-1)\times(3^9-1)>2^{22}\times3^8>2^{30}$$

其中，$C(m,n)$ 为 n 中取 m 个的组合数。

业务模式即策划、采、存、编、播、传、导、推及用户反馈的各种组合的前后顺序比较固定的工作流。再加上经营，粗略计算，有 3 种策划、12 种采集方法、3 种存储类别、3 种编、8 种播、3 种传、4 种导、3 种推、3 类用户反馈、4 种经营，则可以组合出的服务模式的数量为：

$$2^3\times(2^{12}-1)\times2^3\times2^3\times(2^8-1)\times2^3\times2^4\times2^3\times2^4\times2^3>2^{37}$$

从共享与技术角度粗略计算，有 5 种共享、8 种新技术，则可以组合出的技术模式的数量最多为：

$$(c(0,5)+c(1,5)+\ldots+c(5,5))\times(c(0,8)+c(1,8)+\ldots+c(8,8))=2^5\times2^8=2^{13}$$

按这种抽象层次，融媒体服务模式的种类应该是融合组织模式与业务模式的组合，如果更细分，可以再组合技术模式，所以有多于 2^{80} 种，即模式数据库可描述多于 2^{80} 种模式。这种量级可以覆盖海量的模式。如果我们能获得足够的案例，就可以统计模式的性质或规律，如果案例达到海量，可能统计时还需要大数据技术。

如果考虑到把不同服务模式的并发算作一种新的服务模式，则融媒体服务模式细分后个数会更多。但因为是“融媒体”的服务模式，所以必须有多主体或者多渠道。

（二）融媒体服务模式的分类

1. 分类方法

根据“模式”的含义，我们可以按“解决某一问题的方法论”“较为理想的发展范式”

区分融媒体服务模式，也可以按特色、结构、类型、内在机理区分融媒体服务模式。可以按服务过程的抽象或概括性描述、服务模式的典型案例两种方式对其命名。

按“解决某一问题的方法论”“较为理想的发展范式”区分。为解决报纸的生存问题，早期的融媒体服务模式出现了“新闻门户网站模式”“报网合一模式”“广电纸媒融合模式”“手机报”“行业信息门户模式”“跨行业商务模式”等模式。为了联系、服务和引导基层群众，坚守基层舆论阵地，维护主流意识形态的政治导向作用，依据中宣部出台的《县级融媒体中心建设规范》，“县级融媒体模式”出现。该模式又可细分为“整合机构、聚合渠道、统合营销”的长兴模式[21]、“三用四融合”的蓝田模式[22]、“聚焦智慧化融合”的安吉模式[23]等。

直观上，在可以容纳前述 2^{80} 种融媒体服务模式的服务模式空间中，可以按融媒体服务模式之间的距离对融媒体服务模式进行分类。但是由表 2.1、表 2.2 可知，每一个融媒体服务模式实际上是一个高维向量，或者说是高维空间的一个点。由于高维灾难，这些点在该空间是稀疏的，无论选择哪种距离都难以依据模式的相似性进行聚类，可行的分类方法是按模式的一部分或者叫子模式的相似性进行分类。例如，按子模式“采”，“中央厨房”与“聚合分发”两种融媒体服务模式的采集方式不同，一种需要依托现场采访或拍摄，另一种主要是汇聚内容，不需要现场采访。所以按子模式“采”，这两种服务模式的距离比较远，可以认为不属于同一种类。县级融媒体服务模式，是一种混合模式，除传统的“报网合一”“广电纸媒融合”外，一般还包含“中央厨房”，又包含“聚合分发”，还增加了公共事务服务、政务服务，甚至电子商务，所以是另一种新的融媒体服务模式。

即使按子模式分类，有些子模式仍然维数不小，例如，多渠道直接的要素属性有 19 个。但融媒体服务模式是在主管部门指导下，媒体机构互相学习，再通过实践形成的，所以应该有许多模式可以分在同一类，即它们的距离不会太远。同时，19 维中的一些维有相关性，如电视与 4K 电视、两微一端经常同时出现。为了缓解高维灾难，提高聚类效率，可以采用局部敏感函数（Locality-Sensitive Hashing，LSH）实现分类。模式数据库中的模式聚合时，两两计算距离的计算量大，若采用哈希函数索引数据库，把放在同一个索引号下的模式确定为同一类，将大大减小计算量。在采用子模式聚类时，聚到一类的模式可以按子模式相关要素属性命名。例如，视频多渠道融合模式、音频多渠道融合模式、多渠道内容汇聚模式、多主体多手段现场采访模式等。

表 2.4 是由案例库整理出的多渠道子模式中的两个模式。每个模式用一个集合表示，1 表示同行元素在集合中，0 表示同行元素不在集合中。希望模式 1 集合与模式 2 集合距离较近时，聚为同一类；距离较远时，不会聚为同一类。

模式 1 集合、模式 2 集合用 S_1、S_2 表示，这里选 Jaccard 距离（$|S_1 \cap S_2|/|S_1 \cup S_2|$），

希望当两个集合（S_1、S_2）的 Jaccard 距离越近时，越可能映射到同一个哈希桶，聚为同一类；当两个集合的 Jaccard 距离越远时，越不可能映射到同一个哈希桶，不会聚为同一类。

表 2.4　集合的表示

行号 x	元素	模式 1（S_1）	模式 2（S_2）
0	广播	0	0
1	电视	1	0
2	4K 电视	0	0
3	网络广播	1	1
4	IPTV	1	1
5	微博	1	0
6	微信	1	1
7	App	1	1
8	快手	0	0
9	抖音	1	1
10	网站	1	1
11	推特	0	0
12	脸谱网	0	0
13	OTT	0	0
14	网络电视	1	1
15	手机电视	0	0
16	视频网站	1	1
17	互联网直播	0	0
18	纸媒	0	0

设 x 为行号，则模式 1 集合与模式 2 集合的 Jaccard 相似度为

$$\mathrm{SIM}(S_1, S_2)=|S_1 \cap S_2|/|S_1 \cup S_2|=8/10=0.8$$

模式 1 集合与模式 2 集合的 Jaccard 距离为

$$d(S_1, S_2)=1-\mathrm{SIM}(S_1, S_2)=0.2$$

任意一列的最小哈希值是在排列转换后的行排列次序下第一个列值为 1 的行的行号。表 2.4 是 S_1、S_2 经某行的排列转换形成的，该排列转换定义了一个最小哈希函数 h，有 $h(S_1)=1$、$h(S_2)=3$。这些最小哈希函数构成最小哈希函数族。可以通过例如 $x+1$ mod

19、$3x+1 \bmod 19$ 等哈希函数模拟行的排列转换。

令 $d_1<d_2$ 是定义在某个距离测度 d 下的两个距离值，如果一个函数族 F 中的每一个函数都满足下列条件，则其称为 (d_1, d_2, p_1, p_2)- 敏感的函数族：

（1）如果 $d(x, y) \leqslant d_1$， 那么 $f(x)=f(y)$ 的概率至少是 p_1；

（2）如果 $d(x, y) \geqslant d_2$， 那么 $f(x)=f(y)$ 的概率最大是 p_2。

采用最小哈希函数族并假设距离测度采用 Jaccard 距离。于是有：

任意 $d_1, d_2, 0 \leqslant d_1<d_2 \leqslant 1$，最小哈希函数族是 $(d_1, d_2, 1-d_1, 1-d_2)$- 敏感的。

这是因为，如果 x, y 的 Jaccard 距离 $d(x, y) \leqslant d_1$，那么 $\mathrm{SIM}(x, y)=1-d(x, y) \geqslant 1-d_1$，而 x 和 y 的 Jaccard 相似度等于最小哈希函数对 x 及 y 哈希之后结果相等的概率。

见表 2.4，设 $d_1=0.2$，$d_2=0.6$，则最小哈希函数族是 (0.2,0.6,0.8,0.4)- 敏感的。也就是说，如果 S_1 和 S_2 之间的 Jaccard 距离不大于 0.2 （即 $\mathrm{SIM}(S_1, S_2) \geqslant 0.8$），那么对于最小哈希函数而言，将 S_1 和 S_2 哈希到相同值的概率至少为 0.8；而如果 S_1 和 S_2 之间的 Jaccard 距离不小于 0.6 （即 $\mathrm{SIM}(S_1, S_2) \leqslant 0.4$），那么最小哈希函数将 S_1 和 S_2 哈希到相同值的概率至多为 0.4。

我们希望 Jaccard 距离不大于 0.2 的两个集合哈希到同一个桶的概率应该更接近于 1，而 Jaccard 距离大于 0.6 的两个集合哈希到同一个桶的概率应该更接近于 0。为此，对 (0.2,0.6,0.8,0.4)- 敏感的最小哈希函数族进行 4 次与构造，得到的新函数族是一个 $(0.2, 0.6, 0.8^4, 0.4^4)$- 敏感的函数族。然后再进行 4 次或构造，得到的新函数族是一个 $(0.2, 0.6, 1-(1-0.8^4)^4, 1-(1-0.4^4)^4$- 敏感的函数族，即 (0.2,0.6,0.8785,0.0985)- 敏感的。也就是说，从最小哈希函数族中任取 16 个哈希函数，分成 4 组，每组 4 个。如果 4 组中有一组的 4 个哈希函数均能将 S_1 和 S_2 映射到同一哈希桶，我们就将 S_1 和 S_2 聚为一类。

表 2.5　与构造和或构造

p	$1-(1-p^4)^4$
0.1	0.0004
0.2	0.0064
0.3	0.0320
0.4	0.0985
0.5	0.2275
0.6	0.4260
0.7	0.6666
0.8	0.8785
0.9	0.9860

从表 2.5 可知，当模式 1 与模式 2 的 Jaccard 距离不大于 0.1 时，则两种模式有超过 98.6% 的可能性聚为一类；当模式 1 与模式 2 的 Jaccard 距离不大于 0.2 时，则两种模式有超过 87.85% 的可能性聚为一类；当模式 1 与模式 2 的 Jaccard 距离不大于 0.3 时，则两种模式有超过 66.66% 的可能性聚为一类。而当模式 1 与模式 2 的 Jaccard 距离不小于 0.6 时，则两种模式只有小于 9.85% 的可能性聚为一类；当模式 1 与模式 2 的 Jaccard 距离不小于 0.7 时，则两种模式只有小于 3.2% 的可能性聚为一类；当模式 1 与模式 2 的 Jaccard 距离不小于 0.8 时，则两种模式只有小于 0.64% 的可能性聚为一类。

2. 融媒体服务模式的种类

（1）从融媒体结构的角度考虑

1）按融合方式分类

（A）媒体集团多部门协同

芒果传媒有限公司董事长吕焕斌将湖南广播电视总台的“芒果模式”的特点概括为：“全面融合、深度融合、市场化运作”。他认为，集中资源，以全台之力去办新媒体平台，就是“全面融合”的内涵；“深度融合”则体现为湖南卫视和芒果 TV 在内容采购、定制与播出的融合，视频节目播放渠道的融合，传统媒体和新媒体平台的全媒体平台融合，以及经营、管理上的融合；市场化运作，即指用互联网方法，市场化原则，资本化运作建设互联网平台。

对于芒果模式，吕焕斌还曾强调：“芒果模式的意义在于始终坚持政治家办网办台，充分发挥双平台优势，壮大主流舆论，新老平台构建起融媒大生态矩阵，带动地面频道和内容公司的系统性协同，而这种优势所形成的传播力、引导力、影响力、公信力是单平台无法比拟的。”

《南方都市报》总编辑曹柯总结，南都全媒体集群的盈利模式从之前各媒体的“种瓜得瓜、种豆得豆”的加减阶段，进入了做乘法阶段，实现了倍数级增长，其强调各媒体各平台相互嵌入而带来的综合效应，而南都融媒体集群在这个阶段取得了更大的品牌影响力、话语权、广告市场份额。下一个阶段，南都全媒体集群的发展强调通过各平台之间大规模、大范围组合，实现大而集中的规模经济与小而分散的范围经济，同时在这个平台上的投入，其收益是在另外一个平台上通过利益的补贴和交叉、捆绑来获得的，所谓“种瓜不一定得瓜而是得到更多的豆，种豆不一定得豆而是得到更多的瓜”，这就是做“乘方”，从而实现 N 次方的溢价。[24]

（B）多主体（机构）的动态联盟

县级融媒体模式是典型模式，参见第一章。

陕西广电网络依托“秦岭云”互动平台和正在加紧建设的 IDC 大数据中心，打造省平台建设、县级媒体“入驻”的“新闻 + 政务 + 服务”的综合运营体系。实现跨层级、跨地域、跨行业的资源整合与运作。

广西广电网络以“广电网络搭台、媒体机构唱戏”为目标，让媒体单位“拎包入住”，实现内容生产的“借船出海”，目前已接入几十家县级融媒体中心和市级台。

湖北“长江云”平台汇聚全省政务力量，深化政府数据和社会数据关联分析、融合利用，打造三级联动的长江云“政务大厅”。全省已有上千家各级政府部门分别入驻当地政务移动客户端，打通了市政、水务、公积金等几十类一百余项民生服务接口。

赤壁市融媒体中心依托长江云平台全力打造“云上赤壁”客户端，并将赤壁电视台、广播电台、《今日赤壁报》、赤壁网等 8 个媒体平台合而为一。

（C）多渠道聚合分发

内容聚合分发业务是人民网深度融合发展三年规划纲要中四层内容业务体系的重要一环，由人民网科技（北京）有限公司全面负责。人民网聚发业务做的是“内容批发市场”，人民网运用大数据与新一代人工智能技术，全面汇聚主流媒体、商业平台和社会创作力量的优质内容，面向全行业、全场景、全终端，打造涵盖精品内容分发、优质创作力量分发、价值服务分发的自主可控的“全球智慧聚发平台”。

人民网依托自有的智媒聚发、智能创作、全媒体池和商业运营等功能平台，构筑内容版权矩阵，面向 B 端、G 端等场景需求，为流量平台、各类终端及智能手机等智能产品提供精准的精品内容分发服务；为优质创作者与创作机构提供等级认证、创作赋能与商业赋能服务。人民网面向全网的内容生产者、传播者、使用者，提供全媒体内容资源聚合分发及其衍生的版权交易、运营培训、IP 孵化、创意营销、内容电商、广告代理、游戏联运、版权资产证券化等一体化“内容即服务（CaaS）平台”。

安徽广播电视台“海豚听听”App 以声音产品为主，突出原创性与地域特色，整合安徽省、市、县优质广播电视主持人资源，已经形成一定特色和规模。

（D）全媒体内容社会众创服务平台

人民智作平台是人民网主管，人民网科技（北京）有限公司主办的社会创作力量服务平台。平台致力于为创作者与创作机构提供创作指导、等级认证、版权交易、金融服务、推广运营及市场运作等一体化服务，制定社会创作力量运营标准，构建社会创作力量良性生态。平台将联合社会创作力量与党政、媒体、渠道、产业、行业等，驱动社会创作力量创作精品，助力国家净网强网，助力终端内容提质，助力产业行业发展，助力全民共享内容红利，共建价值内容生态圈。

平台主要涵盖三大中心。（a）创作者服务中心。平台依托人民网自有资源及合作资源，创建为创作者提供政策指导、素材供给、渠道传播、运营培训、内容创业等的资源服务中心，助力创作者创作有价值内容，向全网各类终端输送精品。（b）创作者数据中心。平台依托人民网深厚的内容积淀和权威的内容理解力、判别力，智能感知创作者内容生产、内容传播、用户互动的行为，智能识别内容价值，协助创作者更好地生产优质内容，提升内容市场价值。同时，该平台为每位优秀创作者提供不同等级的资质认证，发布创作者榜单及报告。（c）超级 IP 孵化中心。平台依托人民网的政策理解力、内容把控力及资源整合力，汇聚入驻平台的创作者与合作的渠道、产业、行业，共同孵化各类垂直领域的超级 IP，联运 IP，共掘 IP 价值，在 IP 新时代实现共赢。

（E）子模式融合产生的其他分类

例如，视频多渠道融合模式、音频多渠道融合模式、多渠道内容汇聚模式、主流媒体渠道串联社交媒体渠道的服务模式、长视频加短视频的服务模式、短视频加视频直播的服务模式、基于国外社交媒体渠道的主流媒体外宣模式等。

2）按技术支撑分类

（A）以云、大数据、5G、人工智能、区块链等作为关键词命名

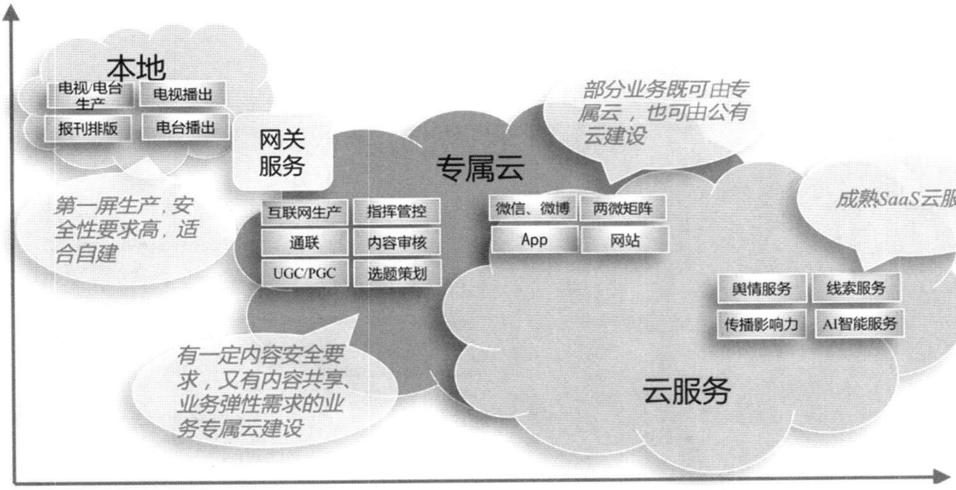

图 2.2 构建“云”+“本地”

例如，近两年国家广播电视总局评选的全国广播电视媒体融合成长项目、典型案例有：

广西广播电视台的中国—东盟云；

陕西丝路云启智能科技有限公司的陕西融媒体区块链业务支撑平台；

湖南广播电视台的 5G 高新视频多场景应用重点实验室建设项目；

央视国际网络有限公司的人工智能编辑部；

江西网络广播电视台的赣云平台；

贵州省广播电视信息网络股份有限公司“一云双网、一主三用”智慧广电建设项目。

（B）多主体共享技术支撑结构

例如索贝的业务多租户模式。

要实现不同的用户选择不同的工具或服务，并且确保各用户间数据的隔离性和安全性，需采用业务多租户的技术架构。

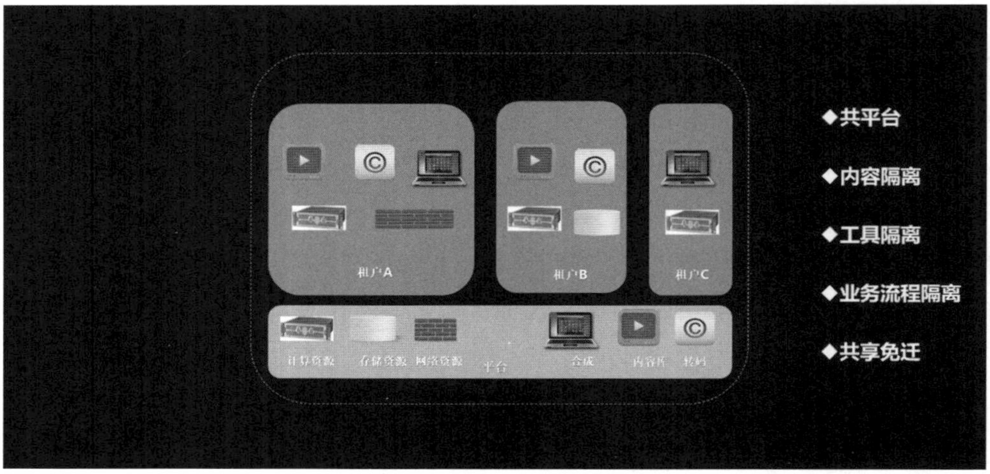

图 2.3　多租户的技术支撑结构

根据各个单位的需求，按需选择，构建个性化的融媒体中心。

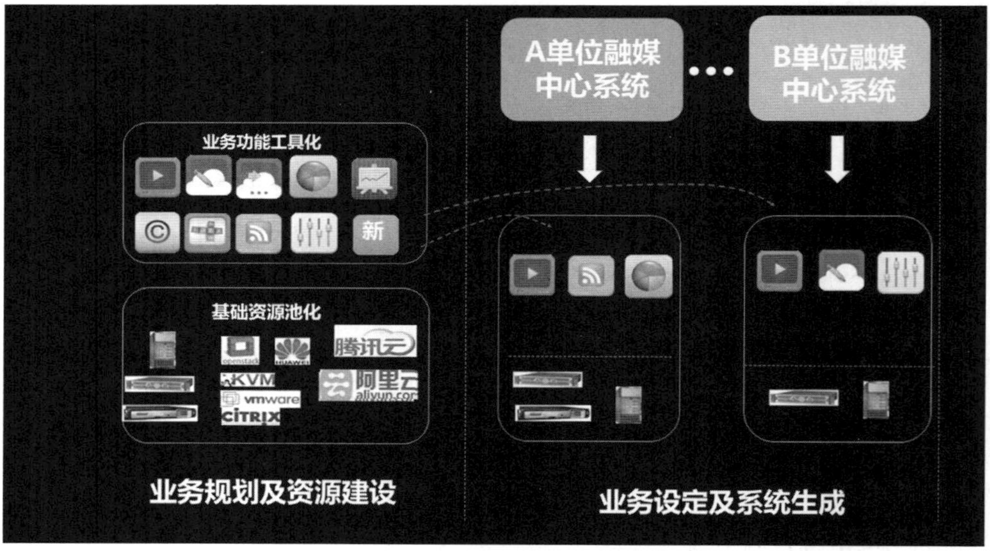

图 2.4　各租户业务设定与系统生产

3）按业务分类

（A）内容为王：例如，“中央厨房”（参见第四章）

（B）传播为王：例如，算法推荐（参见第一章）。

（C）利润为王：例如，MCN 借助广告、打赏、电商、知识付费等多元变现方式实现利润增长。“短视频 + 直播”对各行各业的渗透、包容及深度结合，表明其可能是时下比较现实的媒体融合路径之一。传统广电机构已开始进行这方面的尝试。例如，中广天择传媒股份有限公司自 2018 年开始布局 MCN，推出各垂直领域账号，深挖社群营销，这在传统广电机构中属创新之举。湖南广播电视台娱乐频道 MCN 模式，搭建以短（视频）为主、长短结合的内容生产体系，实现以小（客户）为主，大小组合的经济增长方式。

（D）按业务流程细分的服务模式

例如，多主体多手段现场采访模式、协同内容制作模式、多级网络传播的新闻议程设置、社交媒体中主流价值观引导模式、面向二次群体传播的大众传播议程设置、多主体内容协同推荐等。

（2）从融媒体特色的角度考虑

1）线上线下打通的服务层业务

例如《健康之路》这样一档在中央电视台播出的周播节目，不仅有视频、微博，而且用户可以一对一在线问诊。

2）面向机构的服务

长兴传媒集团融媒中心的活动部是承办各种营销活动的部门。相比社会上的广告公司，长兴传媒优势明显：除了专业外，服务更是到位，推行一条龙“全包”。乡镇企业要举办节庆活动，商家要开展商业庆典等，都愿交给长兴传媒来做。纪录片拍摄服务也是长兴传媒的重要创收渠道，近年来吸引了长沙、湖州、安吉等地的单位前来寻求合作。[21]

3）融媒体内容银行

对用户来说，内容存入后版权还是自己的，只是使用权给了银行，用户定期获得利息，使用权到期后用户可收回，而银行靠出卖使用权获得收益，例如，内容银行可以通过与“中央厨房”合作形成一种媒体融合模式。

（3）多角度组合

可以通过前述各角度模式分类集的“交”“并”或基于粗糙集理论的上、下“近似集”描述服务模式。举例如下。

假设服务模式集合 A 由 8 个模式构成，记：$A=\{x_1,x_2,x_3,x_4,x_5,x_6,x_7,x_8\}$，按照组织形式的不同，我们可以把这些模式分成 R_1={ 多模态，多渠道，多主体 } 三个大类，假设所有多模态的模式构成集合 $X_1=\{x_1,x_2,x_6\}$，多渠道的模式构成集合 $X_2=\{x_3,x_4\}$，多主体的模式构成集合 $X_3=\{x_5,x_7,x_8\}$，那么按照组织属性可以把模式集合 A 划分为 $\{X_1,X_2,X_3\}$。同理，流程属性分成 R_2={ 内容为王，传播为王，利润为王 }，技术属性分成 R_3={ 共享资源供给，共享技术支撑，共享数据服务 }，假设对 A 构成的划分分别为：

$$A/R_1=\{X_1,X_2,X_3\}=\{\{x_1,x_2,x_6\},\{x_3,x_4\},\{x_5,x_7,x_8\}\}$$（组织分类）

$$A/R_2=\{Y_1,Y_2,Y_3\}=\{\{x_1,x_2\},\{x_5,x_8\},\{x_3,x_4,x_6,x_7\}\}$$（流程分类）

$$A/R_3=\{Z_1,Z_2,Z_3\}=\{\{x_1,x_2,x_5\},\{x_6,x_8\},\{x_3,x_4,x_7\}\}$$（技术分类）

通过交集和并集，可以将多模态 $\{x_1,x_2,x_6\}$、共享资源供给 $\{x_1,x_2,x_5\}$、内容为王 $\{x_1,x_2\}$ 等概念组合，表达上，例如共享资源供给的内容为王模式表达为 $\{x_1,x_2,x_5\} \cap \{x_1,x_2\}=\{x_1,x_2\}$，多主体共享数据服务的利润为王服务模式表达为 $\{x_5,x_7,x_8\} \cap \{x_3,x_4,x_7\} \cap \{x_3,x_4,x_6,x_7\}=\{x_7\}$，多主体或共享技术支撑的服务模式表达为 $\{x_5,x_7,x_8\} \cup \{x_6,x_8\}=\{x_5,x_6,x_7,x_8\}$。

进一步，假设给定了一个 A 上的子集合 $X=\{x_2,x_5,x_7\}$，我们认为是某地媒体采用的三种服务模式，我们怎样描述该地方媒体的总体服务模式呢？多主体合作的内容为王？不是，用交集和并集描述不了这个新的集合，可以基于粗糙集理论的上、下"近似集"，选择"多主体共享资源供给的传播为王或多主体共享数据服务的利润为王" $\{x_5,x_7\}$ 作为 X 的下近似，选择"共享资源供给"或"多主体共享数据服务" $\{x_1,x_2,x_5,x_7\}$ 作为 X 的上近似。

四、服务模式的形式化表示与分析

（一）CCS 与 μ 演算[25]

1.CCS 进程的语法形式

进程代数描述中的基本块是动作（action），它表达了原子的不可中断的执行步骤，其中一些是内部执行，其他是与环境交互。

CCS 操作符：

L：进程变量的可数无限集，P、P_1、P_2 指已构建好的 CCS 系统描述。

nil：已完成、终止的进程。

•：前缀操作符，例如，a.P 首先执行 a，然后行为像 P。

+：选择结构 P_1+P_2，行为或者像 P_1，或者像 P_2，由与环境的交互情况而定。

|：并行 $P_1|P_2$，交替执行 P_1 和 P_2。

CCS 操作语义：

操作语义是为了精确定义进程的执行步。语义一般表示为 $p \xrightarrow{a} p'$，表示 p 执行 a 后，行为像 p'。进程代数一般用对每个操作符的推理规则集合定义演绎。推理规则型如：

$\frac{\text{premises}}{\text{conclusion}}(\text{side condition})$，表示如果前提和其他条件成立，则结论成立。这种表示形式被称为结构化操作语义 [Structural Operation Semantics (SOS)]。CCS 的 SOS 如下：

$$\text{Act}\quad \overline{\alpha.E \xrightarrow{\alpha} E} \qquad\qquad \text{Sum}_j\quad \frac{E_j \xrightarrow{\alpha} E_j'}{\sum_{i\in I} E_i \xrightarrow{\alpha} E_j'}\ j\in I$$

$$\text{Com}_1\quad \frac{E \xrightarrow{\alpha} E'}{E\,|\,F \xrightarrow{\alpha} E'\,|\,F} \qquad\qquad \text{Com}_3\quad \frac{E \xrightarrow{l} E',\ F \xrightarrow{\bar{l}} F'}{E\,|\,F \xrightarrow{\tau} E'\,|\,F'}$$

Res $\dfrac{E \xrightarrow{\alpha} E'}{E \backslash L \xrightarrow{\alpha} E' \backslash L}\ \alpha \notin L \cup \overline{L}$　　Rel $\dfrac{E \xrightarrow{\alpha} E'}{E[f] \xrightarrow{f(\alpha)} E'[f]}$

Con $\dfrac{P \xrightarrow{\alpha} P'}{A \xrightarrow{\alpha} P'}\ A \Leftarrow P$

2. μ 演算

Kripke 结构 M 是一个三元组 $\langle S,R,L \rangle$，其中 S 是状态集，$R \subseteq S \times S$ 是转移关系，它必须是全集的（即对所有的状态 $s \in S$，存在一个状态 $s' \in S$，使之能够满足 $(s,s') \in R$），且 $L: S \to 2^{AP}$ 是一个函数，标识一个个状态，在此状态上一系列原子命题（即原子命题集 AP 的子集）为真。M 中的一条路径是有限个状态序列，$\pi = s_0, s_1, \dots$，满足对于每个 $i \geqslant 0$，$(s_i, s_{i+1}) \in R$。

我们用 π^i 代表 π 从 s_i 开始的后缀。如果 f 是一个状态公式，符号 $M,s \models f$ 表示在 Kripke 结构 M 中，f 在状态 s 处为真。与此类似，如果 f 是一个路径公式，$M,\pi \models f$ 表示在 Kripke 结构 M 中，沿着路径 π，f 保持为真。

关系 $\models$ 归纳定义如下（假设 f_1 和 f_2 是状态公式，g_1 和 g_2 是路径公式）：

1）$M,s \models p$　$\Leftrightarrow$　$p \in L(s)$

2）$M,s \models \neg f_1$　$\Leftrightarrow$　$M,s \not\models f_1$

3）$M,s \models f_1 \vee f_2$　$\Leftrightarrow$　$M,s \models f_1$ 或者 $M,s \models f_2$

4）$M,s \models f_1 \wedge f_2$　$\Leftrightarrow$　$M,s \models f_1$ 且 $M,s \models f_2$

5）$M,s \models \mathrm{E}\, g_1$　$\Leftrightarrow$　从 s 出发存在一条路径 π 能够满足 $M,\pi \models g_1$

6）$M,s \models \mathrm{A}\, g_1$　$\Leftrightarrow$　对从 s 出发每一条路径 π 都满足 $M,\pi \models g_1$

7）$M,\pi \models f_1$　$\Leftrightarrow$　s 是路径 π 上的第一个状态，且满足 $M,s \models f_1$

8）$M,\pi \models \neg g_1$　$\Leftrightarrow$　$M,\pi \not\models g_1$

9）$M,\pi \models g_1 \vee g_2$　$\Leftrightarrow$　$M,\pi \models g_1$ 或者 $M,\pi \models g_2$

10）$M,\pi \models g_1 \wedge g_2$　$\Leftrightarrow$　$M,\pi \models g_1$ 且 $M,\pi \models g_2$

11）$M,\pi \models \mathrm{X}\, g_1$　$\Leftrightarrow$　$M,\pi^1 \models g_1$

12）$M,\pi \models \mathrm{F}\, g_1$　$\Leftrightarrow$　存在一个 $k \geqslant 0$ 能够满足 $M,\pi^k \models g_1$

13）$M,\pi \models \mathrm{G}\, g_1$　$\Leftrightarrow$　对于所有的 $k \geqslant 0$ 能够满足 $M,\pi^k \models g_1$

14）$M,\pi \models g_1 \mathrm{U}\, g_2$　$\Leftrightarrow$　存在一个 $k \geqslant 0$ 能够满足 $M,\pi^k \models g_2$，且对于所有的 $0 \leqslant j < k$，$M,\pi^j \models g_1$

15）$M,\pi \models g_1 \mathrm{R}\, g_2 \Leftrightarrow$ 对于所有的 $j \geqslant 0$，如果对于每个 $i<j$，$M,\pi^i \not\models g_1$，有 $M,\pi^j \models g_2$

$VAR=\{Q_1,\cdots,Q_n\}$ 是自由变量，每一个 Q 可被赋值为状态集 S 的一个子集。公式被解释为使 f 为真的状态集，该状态集，记为 $[[f]]_{\mathrm{Me}}$，其中 e: $VAR \to 2^S$ 是环境。e$[Q \leftarrow W]$ 是一个新环境：除 e$[Q \leftarrow W](Q)=W$ 外，其他与 e 相同。

集 $[[\ f\ ]]_{\mathrm{Me}}$ 归纳定义如下：

$[[\ P\ ]]_{\mathrm{Me}}=\{\mathrm{s} \mid p \in \mathrm{L(s)}\}$

$[[\ Q\ ]]_{\mathrm{Me}}=\mathrm{e(Q)}$

$[[\ \neg f\ ]]_{\mathrm{Me}}=\mathrm{S}\backslash[[\ f\ ]]_{\mathrm{Me}}$

$[[\ f \wedge g\ ]]_{\mathrm{Me}}=[[\ f\ ]]_{\mathrm{Me}} \cap [[\ g\ ]]_{\mathrm{Me}}$

$[[\ f \vee g\ ]]_{\mathrm{Me}}=[[\ f\ ]]_{\mathrm{Me}} \cup [[\ g\ ]]_{\mathrm{Me}}$

$[[<a>\ f\ ]]_{\mathrm{Me}}=\{\mathrm{s} \mid \exists t[s \xrightarrow{a} t \text{且} t \in [[\ f\ ]]_{\mathrm{Me}}]\}$

$[[[a]\ f\ ]]_{\mathrm{Me}}=\{\mathrm{s} \mid \forall t[s \xrightarrow{a} t \text{蕴涵} t \in [[\ f\ ]]_{\mathrm{Me}}]\}$

$[[\ \mu Q.f\ ]]_{\mathrm{Me}}$ 是如下定义的：

$\tau: 2^S \to 2^S$的最小不动点($\tau(W)=[[\ f\ ]]_{\mathrm{Me}[\ Q \leftarrow W\ ]}$)

$[[\ \mu Q.f\ ]]_{\mathrm{Me}}=\bigcup_i \tau^i(false)$

$[[\ \nu Q.f\ ]]_{\mathrm{Me}}$ 是如下定义的：

$\tau: 2^S \to 2^S$的最大不动点($\tau(W)=[[\ f\ ]]_{\mathrm{Me}[\ Q \leftarrow W\ ]}$)

$[[\ \nu Q.f\ ]]_{\mathrm{Me}}=\bigcap_i \tau^i(true)$

（二）表示与分析

经分析，我们认为融媒体服务模式的建模选用 CCS 联合 μ 演算较合适。因为融媒体的业务服务可以看成是进程，而 CCS 易于表示各种进程，且简洁直观的表示具有可读性。而 μ 演算适于描述进程的性质，且有软件工具支持 CCS 联合 μ 演算的建模与分析。下面给出一个简单的例子。

假设某媒体服务模式如图 2.5 所示。某电子报由多家自媒体供稿，因篇幅有限，只有当某自媒体发布的文章有用户点击阅读时，才允许该自媒体进一步供稿。同时，所有稿件必须通过审核才能发布，简化的流程如图 2.5 所示。其中，a 步表示自媒体提交稿件，b 步表示采集的稿件送审，c 步表示审核不通过重采，e 步表示审核通过发布，g 步表示受众点击阅读，d 步表示受众阅读后允许自媒体再次提交稿件，h 步表示稿件发布给受众。该服务模式具有某种公平性，即只有提交的稿件有受众阅读的自媒体，才能进一步提供稿件。

我们用 CCS 联合 μ 演算验证这一公平性，即自媒体提供的稿件不一定有人阅读，稿件有人阅读的自媒体可以继续提供稿件。用 μ 演算表示，即验证：$\nu X.[g](\mu Y.\langle a\rangle tt \vee (\langle -\rangle tt \wedge [-]Y)) \wedge [-]X$ 为 True，$\nu X.[a](\mu Y.\langle g\rangle tt \vee (\langle -\rangle tt \wedge [-]Y)) \wedge [-]X$ 为 False。

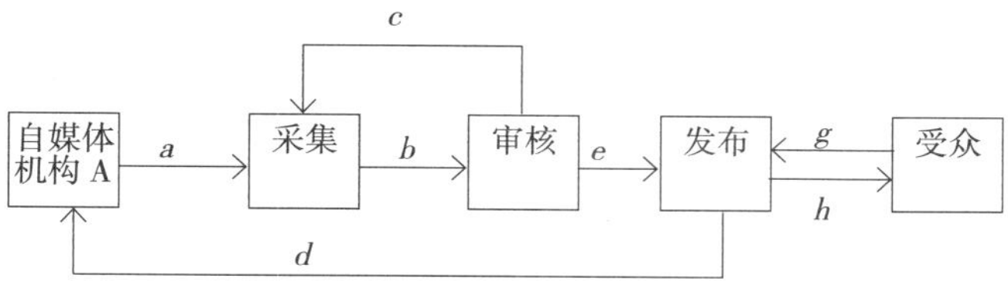

图 2.5　媒体服务模式

该媒体服务模式的 CCS 表达如下：

$\text{Media}=a.\text{Media}'$

$\text{Media}'=\overline{b}.(d.\text{Media}+c.\text{Media}')$

$\text{Auditor}=b.(\overline{c}.\text{Auditor}+\overline{e}.\text{Auditor})$

$\text{Publisher}=e.g.\overline{d}.\text{Publisher}$

$\text{ServiceMode}=(\text{Media}|\text{Auditor}|\text{Publisher})\backslash\{b,c,d,e\}$

仿真验证步骤包括：Concurrency Workbench 的安装、配置和运行；编写有关文件并运行；仿真结果分析。

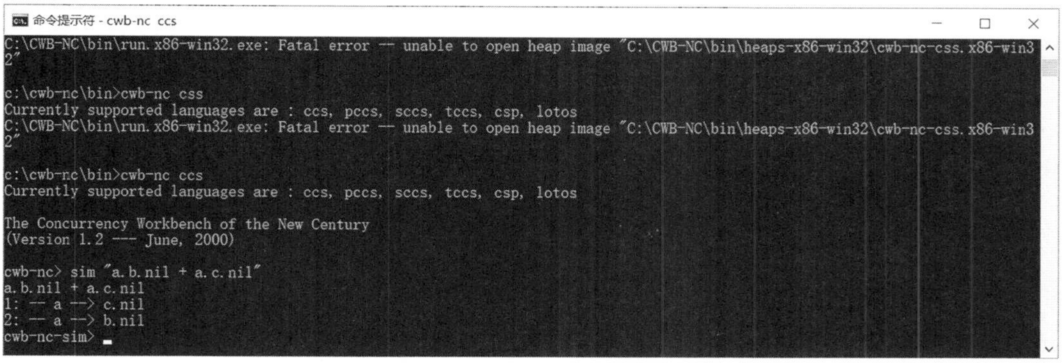

图 2.6　输入“cwb-nc ccs”切换到 CCS 语言环境

（1）Concurrency Workbench 的安装、配置和运行

从“https://master.dl.sourceforge.net/project/cwb-nc/cwb-nc.zip”URL 下载 Concurrency Workbench 工具包，为了避免修改该工具包的批处理文件默认设置，直接将其解压缩到“C:\cwb-nc”目录下。

在开始菜单中输入 CMD 进入命令行，切换当前路径到“C:\cwb-nc”目录。该软件支持 CCS，PCCS，SCCS，TCCS，CSP，LOTUS。

进一步输入“cwb-nc ccs”切换到如图 2.6 所示的 CCS 语言环境下。

（2）编写有关文件并运行

为了避免逐行输入代码，编写有关文件，进一步在 Concurrency Workbench 中进行调用，实现仿真。

ServiceMode.ccs

文件内容如下：

```
proc Media = a.Media'
proc Media' = 'b.(d.Media+c.Media')
proc Auditor = b.('c.Auditor+'e.Auditor)
proc Publisher = e.g.'d.Publisher
proc PROTOCOL = (Media | Auditor | Publisher) \ {b,c,d,e}
```

ServiceMode.mu

文件内容如下：

```
prop can_a =
   min Y = <a>tt ∨ (<->tt ∧ [-]Y)
prop can_g =
   min Y = <g>tt ∨ (<->tt ∧ [-]Y)
prop property1 =
   max Z = ([a](can_g)) ∧ [-]Z
prop property2 =
   max Z = ([g](can_a)) ∧ [-]Z
```

依次在命令行中运行如下命令：

```
load ServiceMode.ccs
load ServiceMode.mu
chk PROTOCOL property1
chk PROTOCOL property2
```

（3）仿真结果分析

运行结果如图 2.7 所示。

从图 2.7 可以看出，Property1 的仿真结果为 FALSE，Property2 的仿真结果为 TRUE，即自媒体提交的稿件不一定有受众阅读，只有提交的稿件有受众阅读的自媒体，才能进一步提供稿件。

```
选择命令提示符 - cwb-nc ccs
C:\cwb-nc\bin>cwb-nc ccs
Currently supported languages are : ccs, pccs, sccs, tccs, csp, lotos

The Concurrency Workbench of the New Century
(Version 1.2 --- June, 2000)

cwb-nc> load ServiceMode.ccs
Execution time (user,system,gc,real):(0.000,0.000,0.000,0.000)
cwb-nc> load ServiceMode.mu
Execution time (user,system,gc,real):(0.000,0.000,0.000,0.000)
cwb-nc> chk PROTOCOL property1
Invoking alternation-free model checker.
Building automaton...
States: 6
Transitions: 7
Done building automaton.
FALSE, the agent does not satisfy the formula.
Execution time (user,system,gc,real):(0.000,0.000,0.000,0.000)
cwb-nc> chk PROTOCOL property2
Invoking alternation-free model checker.
Building automaton...
States: 6
Transitions: 7
Done building automaton.
TRUE, the agent satisfies the formula.
Execution time (user,system,gc,real):(0.000,0.000,0.000,0.000)
cwb-nc>
```

图 2.7 使用 Concurrency Workbench 工具的仿真结果图

五、融媒体服务模式的评估

评估融媒体服务模式的重点是对其融合模式进行评估。下面我们仅从合作主体的类型对合作效果的影响角度说明对融媒体服务模式的评估方法。

（一）基于决策树的融合模式评估

目前，中央、省、市、县四级媒体机构都在推进媒体融合。我国有两千多个县，每个县都建设了或正在建设融媒体中心。总之，媒体融合经过十年发展，形成大量案例。这些案例可以经要素属性分析获得模式，通过对这些模式的机器学习，可以获得对一些融媒体服务模式的新认识，实现从某个角度的对融媒体服务模式的评估。下面是一个简化过的例子。

表 2.6 是由案例库整理出的 10 个“融合模式”，其中，“传统媒体机构个数”只有“多”和“少”，其他各主体个数按“多”“少”“无”给出。融合后的效果只有“好”和“一般”两种。基于决策树 ID3 算法的分类过程如下。

表 2.6 量化的融合模式模式库

模式名称	传统媒体机构个数	新媒体机构个数	自媒体机构个数	政务媒体个数	企业媒体个数	商务主体个数	公共服务主体个数	融合效果
模式 1	少	多	多	无	无	无	少	好
模式 2	少	少	多	无	无	少	多	好
模式 3	少	少	无	无	少	多	无	一般
模式 4	多	多	少	少	多	少	多	好
模式 5	少	无	少	少	多	无	无	一般
模式 6	多	多	少	无	少	少	少	好
模式 7	少	少	少	少	少	多	多	好
模式 8	少	少	多	少	无	无	少	好
模式 9	少	多	少	多	无	少	少	一般
模式 10	多	多	无	多	少	少	少	好

第一步：计算训练样本的信息量。目标属性“融合效果”有 2 类：“好”“一般”，分别有 7 个和 3 个样本。计算“融合效果”的信息量的过程如下：

$I(T)=(-7/10)\log_2 7/10-(3/10)\log_2 3/10=0.8813$

第二步：计算每个属性的信息增益。

（1）对于分类属性“融合效果”来说，“传统媒体机构个数”有 2 个取值，即“多”和“少”，把样本集 T 分为 2 个子集 $\{T_1,T_2\}$，计算每个子集的信息量的过程如下：

$I(T_1)=0; I(T_2)=-4/7\log_2 4/7-3/7\log_2 3/7=0.9852;$

因此，得到属性“传统媒体机构个数”的熵为：

$E($“传统媒体机构个数”$)=3/10\times0+7/10\times0.9852=0.6896$

对应的信息增益为：

$G($“传统媒体机构个数”$)=I(T)-E($“传统媒体机构个数”$)=0.1917$

（2）对于分类属性“融合效果”来说，“新媒体机构个数”有 3 个取值（“多”、“少”和“无”），把样本集 T 分为 3 个子集 (T_1,T_2,T_3)，计算每个子集的信息量的过程如下：

$I(T_1)=-4/5\log_2 4/5-1/5\log_2 1/5=0.7219$

$I(T_2)=-3/4\log_2 3/4-1/4\log_2 1/4=0.81125$

$I(T_3)=0$

因此，得到属性“新媒体机构个数”的熵为：

$E($“新媒体机构个数”$)=5/10\times0.7219+4/10\times0.81125=0.68545$

对应的信息增益为：

G(“新媒体机构个数”)$=I(T)-E$(“新媒体机构个数”)$=0.19585$

（3）对于分类属性“融合效果”来说，“自媒体机构个数”有3个取值（“多”、“少”和“无”），把样本集 T 分为3个子集 (T_1,T_2,T_3)，计算每个子集的信息量的过程如下：

$I(T_1)=0$

$I(T_2)=-3/5\log_2 3/5-2/5\log_2 2/5=0.971$

$I(T_3)=-1/2\log_2 1/2-1/2\log_2 1/2=0.415$

因此，得到属性“自媒体机构个数”的熵为：

E(“自媒体机构个数”)$=3/10\times 0+5/10\times 0.971+2/10\times 0.415=0.5685$

对应的信息增益为：

G(“自媒体机构个数”)$=I(T)-E$(“自媒体机构个数”)$=0.3128$

（4）对于分类属性“融合效果”来说，“政务媒体个数”有3个取值（“多”、“少”和“无”），把样本集 T 分为3个子集 (T_1,T_2,T_3)，计算每个子集的信息量的过程如下：

$I(T_1)=-1/2\log_2 1/2-1/2\log_2 1/2=0.415$

$I(T_2)=-3/4\log_2 3/4-1/4\log_2 1/4=0.81125$

$I(T_3)=-3/4\log_2 3/4-1/4\log_2 1/4=0.81125$

因此，得到属性“政务媒体个数”的熵为：

E(“政务媒体个数”)$=2/10\times 0.415+4/10\times 0.81125+4/10\times 0.81125=0.732$

对应的信息增益为 G(“政务媒体个数”)$=I(T)-E$(“政务媒体个数”)$=0.1493$

（5）对于分类属性“融合效果”来说，“企业媒体个数”有3个取值（“多”、“少”和“无”），把样本集 T 分为3个子集 (T_1,T_2,T_3)，计算每个子集的信息量的过程如下：

$I(T_1)=-1/2\log_2 1/2-1/2\log_2 1/2=0.415$

$I(T_2)=-3/4\log_2 3/4-1/4\log_2 1/4=0.81125$

$I(T_3)=-3/4\log_2 3/4-1/4\log_2 1/4=0.81125$

因此，得到属性“企业媒体个数”的熵为：

E(“企业媒体个数”)$=2/10\times 0.415+4/10\times 0.81125+4/10\times 0.81125=0.732$

对应的信息增益为：

G(“企业媒体个数”)$=I(T)-E$(“企业媒体个数”)$=0.1493$

（6）对于分类属性“融合效果”来说，“商务主体个数”有3个取值（“多”、“少”和“无”），把样本集 T 分为3个子集 (T_1,T_2,T_3)，计算每个子集的信息量的过程如下：

$I(T_1)=-1/2\log_2 1/2-1/2\log_2 1/2=0.415$

$I(T_2)=-4/5\log_2 4/5-1/5\log_2 1/5=0.7219$

$I(T_3)=-2/3\log_2 1/3-1/3\log_2 1/3=0.9183$

因此，得到属性“商务主体个数”的熵为：

E(“商务主体个数”)=2/10×0.4153+5/10×0.7219+3/10×0.9183=0.7195

对应的信息增益为：

G(“商务主体个数”)=$I(T)$−E(“商务主体个数”)=0.1618

（7）对于分类属性“融合效果”来说，“公共服务主体个数”有 3 个取值（“多”、“少”和“无”），把样本集 T 分为 3 个子集 (T_1,T_2,T_3)，每个子集的信息量的计算过程如下：

$I(T_1)=0$

$I(T_2)=-4/5\log_2 4/5-1/5\log_2 1/5=0.7219$

$I(T_3)=0$

因此，得到属性“公共服务主体个数”的熵为：

E(“公共服务主体个数”)=5/10×0.7219=0.36095

对应的信息增益为：

G(“公共服务主体个数”)=$I(T)$−E(“公共服务主体个数”)=0.5204

第三步：选择信息增益最大的属性进行节点分裂。

G(“公共服务主体个数”)>G(“自媒体机构个数”)>G(“新媒体机构个数”)>G(“传统媒体机构个数”)>G(“商务主体个数”)>G(“政务媒体个数”)≥G(“企业媒体个数”)，所以，选取信息增益值最大的属性“公共服务主体个数”作为最佳分裂属性，同时将数据集分为 3 个子集，见表 2.7、2.8、2.9。ID3 算法构造的决策树按照自顶向下的顺序形成了一组类似 IF…THEN 的规则。例如：

IF 公共服务主体个数 = 多 THEN 融合效果 = 好

IF 公共服务主体个数 = 无 THEN 融合效果 = 一般

再用相同的方法对生成的 3 个子集进行分类，例如，按下一个增益最大的属性（“自媒体机构个数”）继续分类，在“公共服务主体个数”为“少”时，见表 2.8，得规则：

IF 自媒体机构个数 = 多 THEN 融合效果 = 好

即：

IF 公共服务主体个数 = 少 AND 自媒体机构个数 = 多 THEN 融合效果 = 好

表 2.7　公共服务主体个数 = 多，模式情况

模式名称	传统媒体机构个数	新媒体机构个数	自媒体机构个数	政务媒体个数	企业媒体个数	商务主体个数	融合效果
模式 2	少	少	多	无	无	少	好
模式 4	多	多	少	少	多	少	好
模式 7	少	少	少	少	少	多	好

表 2.8　公共服务主体个数 = 少，模式情况

模式名称	传统媒体机构个数	新媒体机构个数	自媒体机构个数	政务媒体个数	企业媒体个数	商务主体个数	融合效果
模式 1	少	多	多	无	无	无	好
模式 6	多	多	少	无	少	少	好
模式 8	少	少	多	少	无	无	好
模式 9	少	多	少	多	无	少	一般
模式 10	多	多	无	多	少	少	好

表 2.9　公共服务主体个数 = 无，模式情况

模式名称	传统媒体机构个数	新媒体机构个数	自媒体机构个数	政务媒体个数	企业媒体个数	商务主体个数	公共服务主体个数	融合效果
模式 3	少	少	无	无	少	多	无	一般
模式 5	少	无	少	少	多	无	无	一般

表 2.10　公共服务主体个数 = 少 并且 自媒体机构个数 = 少，模式情况

模式名称	传统媒体机构个数	新媒体机构个数	政务媒体个数	企业媒体个数	商务主体个数	融合效果
模式 6	多	多	无	少	少	好
模式 9	少	多	多	无	少	一般

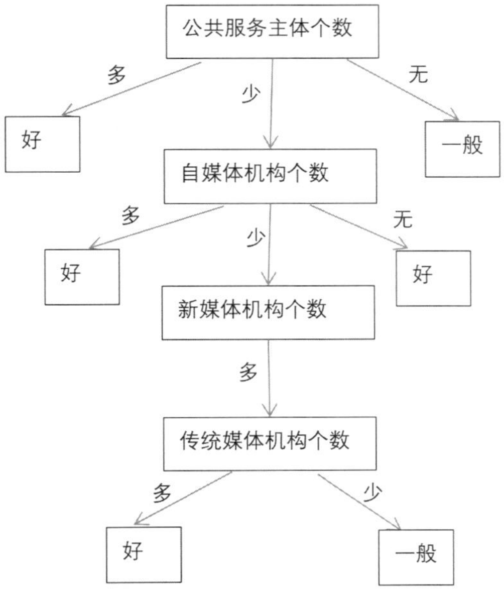

图 2.8　融合模式决策树

IF 公共服务主体个数 = 少 AND 自媒体机构个数 = 无 THEN 融合效果 = 好

IF 公共服务主体个数 = 少 AND 自媒体机构个数 = 少 AND 新媒体机构个数 = 多 AND 传统媒体机构个数 = 多 THEN 融合效果 = 好

IF 公共服务主体个数 = 少 AND 自媒体机构个数 = 少 AND 新媒体机构个数 = 多 AND 传统媒体机构个数 = 少 THEN 融合效果 = 一般

（二）基于粒神经网络的融合模式评估

1. 粒神经网络简介 [26]

粒计算是一种新的处理复杂信息单元的计算模式，可以从不完备和不确定的信息中提取到大量可靠的信息。粒神经网络通过将数据进行层次化处理，形成数量较少、高度抽象的信息粒，并将信息粒作为神经网络的输入，从而发现输入数据特征的特异性，即输入数据特征对结果的影响程度，降低深度学习的复杂度。

构建粒神经网络的过程如下。

（1）使用反向传播算法训练一个常规的神经网络 NN，获得权值 W 和偏置项 b。

（2）对每个输入特征值使用以下公式进行粒化。

$$x_j \to \left[x_j - \varepsilon_j \times range_j, x_j + \varepsilon_j \times range_j\right]$$

其中 $range_j$ 是第 j 个特征的最大值和第 j 个特征的最小值之间的差值。ε_j 是在第 j 个特征上分配的信息粒度大小，并且满足：

$$\varepsilon_1 + \varepsilon_2 + \cdots + \varepsilon_n = n \times \varepsilon, \quad \varepsilon_j \in [0,1] \quad \varepsilon \in [0,1]$$

（3）在神经网络 NN 的基础上，定义粒计算的区间集计算，包括加、减、乘、除等，形成粒神经网络模型 GNN，如图 2.9 所示。

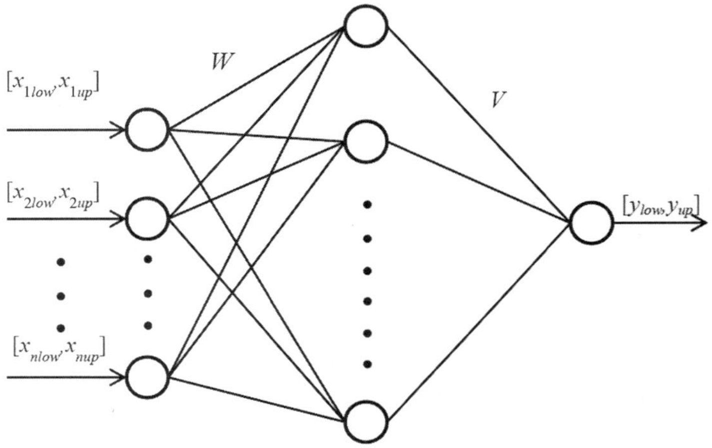

图 2.9　粒神经网络结构

（4）使用遗传算法或粒子群算法优化 ε_j 的分布，优化目标是使区间输出的特异性最大化，即考虑特异性与覆盖率的最大化。特异性用输出区间的长度来表示。覆盖率 Q_c 的定义为数据集中的 p 个实例相应的真实数据落在经过 GNN 运算得到的 p 个输出区间的数量 p_{in} 与 p 的比值。

$$Q_c = \frac{p_{in}}{p}$$

1）若仅考虑特异性最大化，则目标函数如下：

$$Q_s = \frac{1}{e^{\frac{1}{p}\sum_{i=1}^{p}\left(y_{iup} - y_{ilow}\right)}}$$

其中，y_{iup} 为第 i 个实例经过 GNN 运算得到的输出区间上限，y_{ilow} 为第 i 个实例经过 GNN 运算得到的输出区间下限。

2）若同时考虑特异性与覆盖率最大化，由于两个标准互相冲突，因此我们将两个目标进行组合，则目标函数如下：

$$Q_{sc} = Q_s \times Q_c$$

2. 融合模式评估

实验数据

针对表 2.6 中 10 种媒体融合模式特征，为每个模式生成 20 条数据。当媒体机构个数为“少”时，特征取值范围 1—20；媒体机构个数为“多”时，特征取值范围 80—100；媒体融合效果为“好”时，取值范围为 100 000—150 000；媒体融合效果为“一般”时，取值范围为 1 000—1 500。根据特征值的取值范围，随机生成数值，相应的生成数据服从均匀分布，共产生 200 条数值，最终组成验证数据集。

实验结果

（1）ε 相同时，验证优化算法的可靠性

实验中，遗传算法中交叉率为 0.5，突变率为 0.66，以特异性为目标函数，进行 100 次迭代，对三种不同特征组合进行实验。

1）在选取传统媒体的个数、新媒体的个数、政务媒体的个数这三个特征时，实验结果见表 2.11。

表 2.11　第一种特征组合实验结果

ε	传统媒体的个数	新媒体的个数	政务媒体的个数
0.8	1.82777027e-03	1.73425871e-04	7.97998804e-01

从实验结果可以看出，新媒体的个数具有较小的粒度水平，这意味着该特征具

有很高的特异性，或者说该特征对结果影响较大。因此，影响媒体融合效果的最重要因素，是新媒体的个数，其次是传统媒体的个数，最后是政务媒体的个数。

2）在选取传统媒体的个数、新媒体的个数、自媒体的个数、公共媒体的个数这四个特征时，实验结果见表 2.12。

表 2.12　第二种特征组合实验结果

ε	传统媒体的个数	新媒体的个数	自媒体的个数	公共媒体的个数
0.8	7.85356845e−01	1.25974931e−02	2.01917531e−03	2.64867484e−05

从实验结果可以看出，公共媒体的个数具有较小的粒度水平，即该特征对结果影响较大。因此，影响媒体融合效果的因素依次是公共媒体的个数、自媒体的个数、新媒体的个数、传统媒体的个数。

3）在选取全部七个特征时，实验结果见表 2.13。

表 2.13　第三种特征组合实验结果

ε	公共媒体的个数	自媒体的个数	新媒体的个数	传统媒体的个数	商务主体的个数	政务媒体的个数	企业媒体的个数
0.8	4.18953170e−04	2.02625357e−03	3.60242747e−03	2.80312091e−02	3.27070649e−02	1.02717686e−01	6.30496406e−01

从实验结果可以看出，影响媒体融合效果的因素依次是公共媒体的个数、自媒体的个数、新媒体的个数、传统媒体的个数、商务主体的个数、政务媒体的个数和企业媒体的个数。

第三章 融媒体体系结构

媒体的发展，深受产业革命的影响，呈现出技术迭代引领媒体格局演变的发展轨迹。随着 5G、物联网、人工智能、云计算、大数据等新一代信息技术的快速发展，国内外媒体信息传播环境和传媒市场格局发生了深刻变化。在国内以今日头条、抖音为代表的智能媒体快速崛起，视频媒体的内容监管及舆论引导面临更复杂的技术环境。国际上舆论博弈更加激烈，加快构建网上网下一体、内宣外宣联动的主流舆论格局，建设具有全球影响力的媒体融合新平台成为我国的必然选择。[27] 面对传播主体多元化、传播渠道多样化、传播内容广泛化的复杂传播环境，媒体行业创建了种类繁多的融媒体服务模式及其技术支撑方案，但目前人们对这些服务模式及支撑技术的描述缺乏概括性、系统性和针对性，亟须从体系结构的视角，加强顶层设计，通过建模、描述和分析，建立开放互通、协同演化的融媒体体系结构，指导各级各类媒体优势互补、各展所长，差异化发展、协同性融合，并进一步形成科学合理、合作共赢的服务模式，打造“四全媒体”，从而实现资源通融、内容交融、宣传互融、利益共融。

我们从行业需求、典型案例、信息技术发展方向出发，以服务的可用性、公平性、可信性为目标，提出了一种层次化、开放的融媒体体系结构构建方法，试图为媒体融合过程中实现协作共享提供一个基本的参考框架。

一、多主体融合体系结构

融媒体体系结构设计从行业需求、典型案例、信息技术发展方向出发，规范媒体融合过程中涉及的核心传播要素及其相互关系、融媒体环境下的多方主体的技术特征以及媒体融合规范体系的主体结构等内容，充分考虑技术发展方向，使融媒体体系结构模型更具前瞻性和指导性，成为实现媒体融合的通用蓝图。如图 3.1 所示，自下向上分别是：网络互联层、内容兼容层、平台互操作层、协同应用层，以及利益共享层。各层之间是独立的，每一层使用下层提供的服务，并向上层提供服务，同层按照交互协议实现通信。这种分层结构灵活性好，结构上可分割，易于实现和维护，有利于促进标准化工作。

多家各级媒体机构可协同工作，形成媒体集群的盈利模式。例如，影响力略小的媒体机构 A 将内容推送到影响力比其大的媒体机构 B，从而获取更多的流量。若将机构 A 的资源复制到机构 B，则海量数据消耗过多带宽，且存在版权问题。当两个机构协同工作时，机构 A 可将获取资源的过程进行解析，拆分成若干原操作，包括获取数据的命令和数据内容地址，将这些原操作逐层向下通过网络互联层传递到媒体机构 B，机构 B 接收到操作命令和数据内容地址后，进行重构，从而将内容进行还原。在机构 A 平台上的投入，在 B 平台上通过利益的补贴和交叉捆绑获得收益，实现了资源溢价。

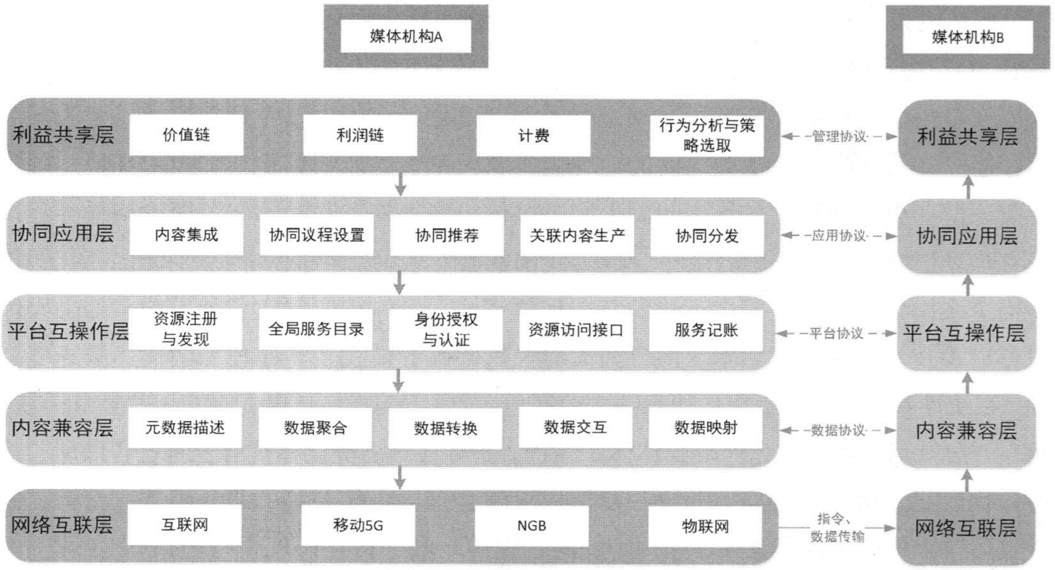

图 3.1　多主体融合体系结构

融媒体体系结构的各层功能具体说明如下：

（1）网络互联层。该层是为媒体提供网络服务的异构网络集合，该集合内的网络均能独立提供媒体分发传播服务，同时又能通过统一的通信协议体系进行融合，按需提供对等质量的多样化网络服务，使媒体信息被广泛传播。网络互联层的异构网络集合中包括互联网、移动 5G 网络、物联网、下一代广播电视网 NGB 等，为融媒体应用提供高速、可靠、实时、移动、超高容量、安全的网络服务，实现信息的高质量传输，同时也促使融媒体传播格局与模式形态不断演进。

（2）内容兼容层。在媒体融合过程中，多方主体需要在数据层面进行融合，以统一的规范方式交换媒体数据、元数据描述。该层主要梳理参与融媒体的各类主体的媒体数据以及相关元数据在描述、转换、聚合、交互、存储等各方面的兼容性问题，在网络互联层的基础上，提供规范的数据交换流程以及接口文件，避免资源的冗余存储和数据孤岛的存在。

（3）平台互操作层。该层通过定义良好的服务接口和接入机制将各种融媒体资源进行组合和连接，为不同媒体业务逻辑融合、资源共享提供支持，使平台间具备跨平台、跨领域的协同能力，使得不同的媒体系统和组织结构之间实现相互合作、协同工作，完成融媒体业务互相渗透和交叉融合。平台互操作层应实现身份授权与认证、资源注册与发现、服务记账、资源访问接口等功能，最终目的是制定安全可靠、灵活自洽的交互机制，实现多样化融媒体业务的融合和互操作。

（4）协同应用层。在媒体融合过程中，多方主体需要共同协调与合作，构成一个行动者网络。在行动者网络中，行动者之间相互依赖、彼此影响，行动者网络本身就是一个复杂的有机系统。[28] 该层为媒体机构、自媒体、公共媒体服务提供商等多方主体提供协作共享的融媒体服务模式及运行机理，支持内容集成、协同议程设置、协同推荐、关联内容生产、协同分发等应用，实现各种媒介资源、生产要素的有效整合，完成信息内容、技术应用、平台终端、管理手段的共融互通。该层为上层利益共享层提供应用方法。

（5）利益共享层。该层负责组织与控制多方媒体机构，使它们在媒体融合价值链上形成互利互补的合作共赢关系，优化融媒体协作共享服务机制的效能。在由多方媒体机构构成的行动者网络中，行动者的最终利益是通过与其他行动者的联动来实现的。不同的传播主体有自己的运行规律和特有要求，例如主流媒体首要关注的是社会责任，自媒体则更注重经济效益。该层旨在通过多目标优化实现多方共赢。

（6）体系结构优化目标。良好的融媒体体系结构需要经过不断迭代优化，来适应新的传播环境，遵循媒体传播规律，形成资源集约、结构合理、差异发展、协同高效的融媒体传播体系。融媒体体系结构的主要优化目标是使融媒体服务更具可用性、公平性、可信性，使融媒体服务模式有更具针对性的技术实现方案。

二、可用性

系统的可用性是面向服务的重要性能指标之一。为了进一步说明融媒体服务的可用性这一概念，下面我们给出如下描述。[29]

多媒体机构融合时，各机构的一些设备、团队、平台是相同或相似的，具有一定的可替代性。它们有时会失效，失效后会被修复，失效的程度、修复的方式将影响修复的速度，从而影响整个融媒体服务系统的可用性。

为了简化模型，我们将设备、团队、平台均抽象为平台，例如，媒体机构的制作平台、集成平台、发布平台。图 3.2 给出了在没有可互相替代的平台时，系统的 CTMC （continuous time Markov chains）。其中平台失效的实施速率为 λ，从失效状态到系统可用的修复实施速率为 μ 。状态 0 表示系统不可用，状态 1 表示系统可用。按照惯例，连续时间 Markov 链的状态转移率省略了每个状态的自转移率。

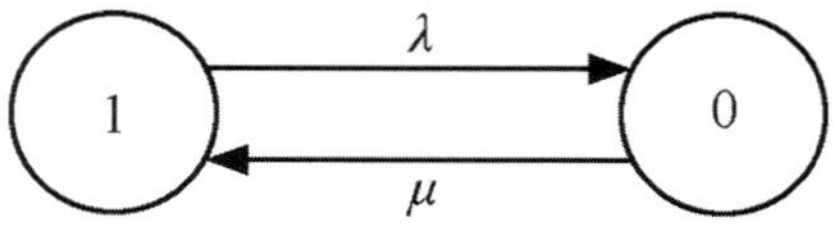

图 3.2　1 个平台的 CTMC

如图 3.2 所示，可用性在数值上等于系统处于状态 1 的概率，于是可得描述系统的长时间稳态概率的方程组为：

$$\begin{cases}\lambda\pi_1-\mu\pi_0=0\\ \pi_1+\pi_0=1\end{cases}$$

求解此方程组，可得系统处于状态 1（可用）的概率：$\pi_1=\dfrac{\mu}{\lambda+\mu}$

接着，考虑由 2 个可互相替代平台组成的服务系统的情形。同样，假设每个平台的平均无故障运行时间为 $1/\lambda$。当一个平台发生故障后，系统可以按概率 c 自动恢复运行（称为被覆盖的故障），按概率 $1c$ 系统不能自动恢复（称为未被覆盖的故障）。遇到被覆盖的故障，可以通过一个短暂的平台重配置过程来恢复系统运行，设平均重配置时间是 $1/\delta$ 。遇到一个未被覆盖的故障要重启平台来恢复系统运行，这将需要更长的时间，设平均重启时间为 $1/\beta$ （$1/\beta>1/\delta$ ）。无论在哪种情况下，发生故障的平台都要进行修复，设平均修复时间为 $1/\mu$。在修复过程中，另一个平台继续运行并提供服务。如果修复期间另外一个平台也发生故障，则系统将不能提供服务，直到修复完成。假设平台故障、维修、重配置或重启之间是独立的且服从指数分布。

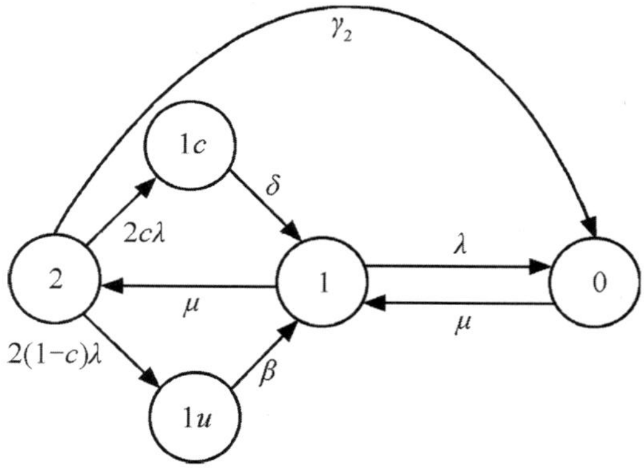

图 3.3　2 个平台在“单步修复”情形下的 CTMC

如图 3.3 所示，2 个平台通过实施速率 γ_2 来实现同时失效。

设在 t 时刻系统在状态 i 的概率为 $P_i(t)$。在给定初始状态分布概率 $P_i(0)$ 时，则如图 3.3

所示的 Markov 链可用如下方程组来表示：

$$\begin{cases}\dfrac{dP_2(t)}{dt}=-2\lambda P_2(t)-\gamma_2 P_2(t)+\mu P_1(t)\\\dfrac{dP_{1c}(t)}{dt}=-\delta P_{1c}(t)+2\lambda c P_2(t)\\\dfrac{dP_{1u}(t)}{dt}=-\beta P_{1u}(t)+2(1-c)\lambda P_2(t)\\\dfrac{dP_1(t)}{dt}=-(\lambda+\mu)P_1(t)+\delta P_{1c}(t)+\beta P_{1u}(t)+\mu P_0(t)\\\dfrac{dP_0(t)}{dt}=-\mu P_0(t)+\lambda P_1(t)+\gamma_2 P_2(t)\end{cases}$$

假设在时间 t=0 时，系统处于状态 2，即 $P_2(0)=1$。求解这个微分方程组，可以得到暂态解：（$P_2(t), P_{1c}(t), P_{1u}(t), P_1(t), P_0(t)$）。一般考察长期的稳态概率。在稳定状态下有：

$$\frac{dP_k(t)}{dt}=0, k=0,1,2,1c,1u$$

稳态概率可以通过以上的微分方程组求极限得到：

$$\begin{cases}\pi_2=\dfrac{\mu}{2\lambda+\gamma_2}\pi_1\\\pi_{1c}=\dfrac{2\lambda c}{\delta}\pi_2\\\pi_{1u}=\dfrac{2(1-c)\lambda}{\beta}\pi_2\\\pi_1=\dfrac{1}{\lambda+\mu}(\delta\pi_{1c}+\beta\pi_{1u}+\mu\pi_0)\\\pi_0=\dfrac{1}{\mu}(\lambda\pi_1+\gamma_2\pi_2)\end{cases}$$

同时，还满足如下数量关系：

$$\sum_k \pi_k=1, k=0,1,2,1c,1u$$

则服务系统的可用性为：$\mathrm{A}=\pi_1+\pi_2$

构建服务系统可用的融媒体体系结构应该考虑如下两个方面。

第一，多方主体协同工作形成一个动态联盟。该体系结构能够支持多方媒体主体动态加入、退出，达到动态平衡以保证相关媒体内容的生产和发布。主体的退出，减少了前面所述的可互相替代平台的数量，可以看作平台失效，将降低动态联盟服务系统的可用性；相反，主体的加入，增加了可互相替代平台数量，可以看作对失效平台的修复，将提高系统的可用性。加入或退出的频率，可以看作修复或失效的速度。

第二，融媒体产品的生产过程、传播过程与价值实现过程是媒体受众和多方主体直接或间接参与完成的，这些主体的生产服务流程、价值认同存在差异。例如，在“中央厨房”模式下，提供融媒体服务的核心主体是主流媒体，在内容聚合分发模式下，自媒体提供很多服务资源，而主流媒体和自媒体的价值认同并不完全一样。图 3.4 显示了各类型主体合作提供融媒体服务的协同过程。

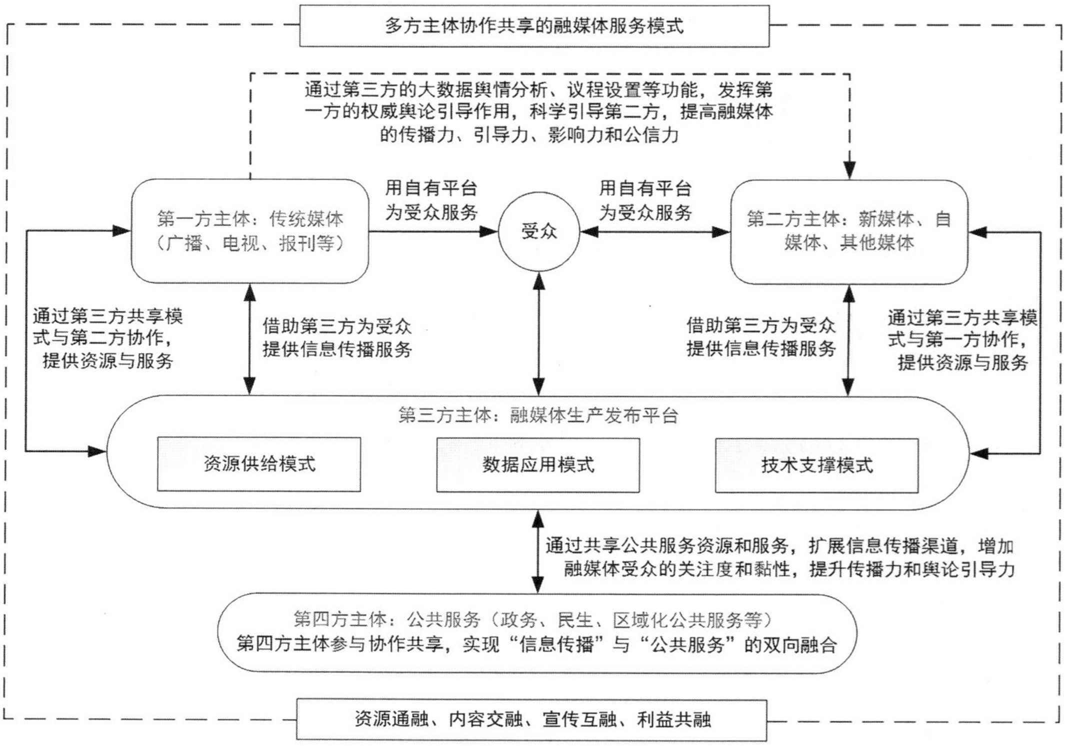

图 3.4　融媒体多方协同共享服务模式

可以分别从资源供给、数据应用、技术支撑等方面展开对多方主体的协作共享机制的分析，其中资源供给方面，主要研究媒体资源内容的获取和提供，包括采取数据自建、网络爬取和资源接入等方式过程中的主体协作问题；数据应用方面，主要研究受众对媒体资源内容的再利用问题，包括基于资源内容推荐、决策分析和评价系统等的数据共享与应用问题；技术支撑方面，主要研究资源供给和数据应用中需要的关键支撑技术，包括利用资源编目、推荐系统、深度检索、版权保护和大数据分析等技术手段实现有效的资源数据共享与协同，从整体上保障多方主体协作共享机制的可用性。

三、公平性

公平性是实现系统可持续发展的基本要求。这里的公平性指各主体共治共享，实现资源分配公平与利益分配公平。优化时，需要提供各方主体均能认可的方案。为了进一步说明融媒体服务的公平性这一概念，下面我们举例说明。[30]

当有主体参与的共享平台在条件受限的情况下获得最大经济收益时，共享资源在各参与主体之间的分配方案，会得到各方主体的认可，可以认为具有一定的公平性。目前，典型的有线电视视频点播系统，是一个满足观众请求的多主体内容协同供给系统。多主体能够提供不同类型的内容，这些内容可以通过广域网连入点播系统发布平台，根据点播用户的需求和不同主体提供的内容的价值，发布平台的内容供给带宽和服务用户带宽等共享资源将被动态分配给各主体。内容请求相关信息可以通过用户点播行为分析、发布平台性能和相关视频内容特点获得。假设已经获得信息，见表 3.1，下面分析共享资源（如带宽）在各主体之间的分配方案。

表 3.1　用户访问行为参数和点播系统发布平台服务参数

参数	意义
λ	用户到达率
μ	服务率
h	接入用户请求所获得的收益
r	用户请求所占用的资源
R	共享资源上限
$t(h,r)$	用户类别，接入该类别请求获得的收益为 h，需要的资源为 r
$F(t)$	用户到达时间间隔分布函数，参数为时间

将用户请求分为 n 类，第 i 类请求可以表示为 $t_i(h_i,r_i)$，服务这类请求的视频内容由多家主体中的某个主体提供，系统收益 h_i，占用资源 r_i。属于第 k 类请求的概率为 e_k。利用以上参数，可以将该有线电视视频点播系统用户请求模型描述为：在服务资源有限的情况下，用户接入请求获得不同收益，占用不同大小资源，以及具有一定到达率（$\lambda_i = e_i\lambda$）和服务率（μ）的“请求—服务”过程。该过程以系统收益最优化为目标，这样可以使系统获得最大收益，从而为提供视频内容的各主体分配最大收益，而且以此优化目标作为系统共享资源分配方案不会引起各参与主体的反对，资源共享方案具有公平性。

用 p_j 表示服务器中接入的用户数为 j 时的稳态分布概率，$N(t)$ 为 t 时刻的用户数。即

$$p_j = \lim_{t\to\infty}\{N(t)=j\}, j=1,2,\ldots$$

则对一切 $\rho=\dfrac{\lambda}{\mu}$，生灭过程的稳态分布概率 $\{p_j, j>0\}$ 存在，与初始态无关，且对于无限状态生灭过程有

$$p_j=\frac{\rho^j}{j!}e^{-\rho},\ j=0,1,2,\ldots$$

如图 3.5 所示，资源共享策略可以选择贪婪接入策略 CSP、基于固定阈值的接入策略 CPP、基于动态阈值的接入策略 DTP、准动态阈值接入策略 QDTP。除 CSP 外的另外 3 种策略，有 3 类请求，服务每类请求一次所需的资源分别是 r_1、r_2、r_3。对于其中比较灵活的 QDTP 策略，当某类请求的专有资源用尽后，可以抢占性价比更低的请求的专有资源。

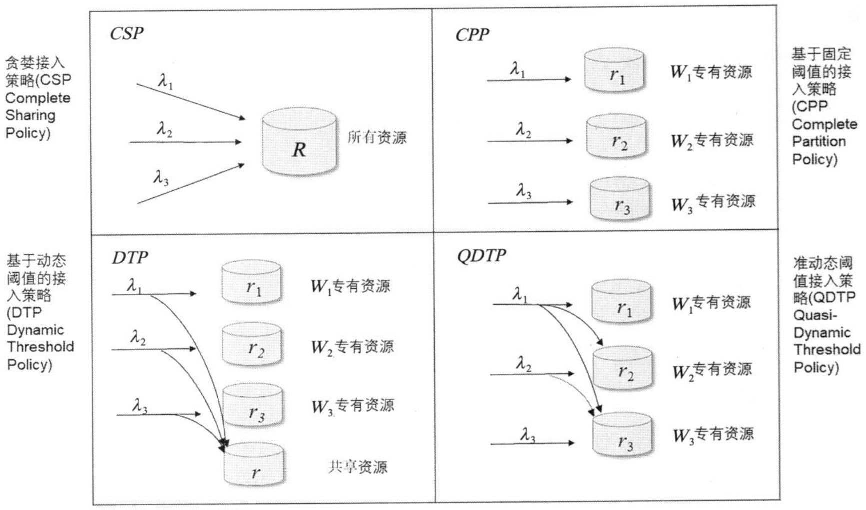

图 3.5　服务多请求的资源共享策略

在每类请求的拒绝率为 B_i 的情况下，有长期收益计算如下：

$$g=\sum_{i=1}^{n}e_i\lambda\ h_i\left(1-B_i\right)$$

若某一类请求接入数的阈值为 l，分析可知拒绝率，即当一个请求到达时，服务器中正好有 l 个请求正在被服务的情况，有

$$B_i=\frac{\frac{\rho_i^l}{l!}}{\sum_{j=1}^{l}\frac{\rho_i^j}{j!}}$$

结合服务器资源上限的约束，可以得到规划问题：

$$\max\sum_{i=1}^{n}e_i\lambda h_i\left(1-B_i\left(l_i\right)\right)$$

$$s.t.\quad \sum_{i=1}^{n}l_i{*}r_i=R$$

$$r_i>0$$

其中 l_i 为第 i 类请求接入数的阈值。

可以利用某些数值近似求解算法计算出 l_i。这样我们获得了基于准动态阈值接入策略 QDTP 的系统共享资源分配方案。相对另 3 种策略，QDTP 的公平性体现得更充分。

在媒体融合的公平性研究中，还可以应用博弈论分析主体之间的合作与冲突关系。其中纳什均衡又被称为非合作博弈均衡，如果任意一位参与者在其他所有参考者的策略确定的情况下，其选择的策略是最优的，那么这个组合就被定义为纳什均衡。针对多方主体不同的价值倾向，采用纳什均衡计算理论，通过动态博弈等分析方法，可以优化融媒体协作共享服务机制的效能。

四、可信性

信任是正式契约之外的另一个联盟治理机制，对联盟治理具有重要影响。融媒体的可信包括两个方面：内容可信和主体可信。融媒体服务平台汇聚了多方主体协作与资源共享等内容，内容可信是保障平台提供持续有效服务的关键。可以通过研究融媒体内容标识和可溯源服务验证机制，实现对融媒体内容的全生命周期的有效（持久、一致、完备）识别和确认，为融媒体内容可信提供源头把控机制。良好的主体信任机制将确保主体间协同化的进一步发展。建立协作主体的动态信任评价模型，动态收集主体历史行为数据和主体特征等的变化，可为协作主体信任评价提供参考依据。

传统的主流媒体具有很高的公信力，其所发布的新闻内容当然也具有很高的可信度。一般来说，主体的可信度越高，所发布的内容可信度就越高，反之亦然。随着传统主流媒体与自媒体的融合，其发布的内容因受众难以分清是传统主流媒体的声音还是自媒体的声音，可信度难以维持高位。特别是内容经过跨主体传播或跨渠道传播后，由于其间可能经过了不可信主体或不可信渠道，受众对内容的可信性将存疑。

融媒体是多媒体机构的动态联盟，应该提供技术手段支持各主体间的互信，以便实现主体间可信赖的合作生产或传播，当内容出现问题时也便于分清责任。为了更好地说明这个问题，根据我们承担的 863 计划课题“面向三网融合的集成播控平台研究与示范”的研究成果，示例如下。

假设视频内容传播的参与主体包括：

（1）内容提供商

内容提供商负责内容的采集、制作和送审，并将审核通过的内容发给合适的网络运营商进行运营。

（2）审核 / 监管部门

审核部门负责对内容提供商提供的内容进行审核，只有通过审核的内容才可以发布和运营。

（3）网络运营商

网络运营商为内容提供商提供平台来发布内容提供商制作的且通过审核的内容，一般假设网络运营商不会对内容有任何修改，其只负责内容的运营。

如图3.6所示，由于网络的开放性，可能存在的安全隐患或攻击行为可分为以下两种：

（1）传输攻击：指内容在传输过程中或传输信道中遭到恶意攻击者的篡改。

（2）不可信主体攻击：指参与的各个主体主动或被动遭到恶意攻击者的攻击。

在内容审核过程中使用防篡改技术和保护视频内容隐私的验证比对技术，可以防止视频内容在提交审核的过程中被不同主体篡改，也可以实现分发使用已经审核过的视频内容的过程中，当非法的内容替换已经发生后快速进行各主体的责任认定，从而使参与的主体间达成互信关系。

这里假定所有参与者都是半诚实参与者，他们都会严格执行协议，但是可能将自己的输入及得到的输出结果泄露给攻击者。简单地说，这里讨论的问题是在半诚实模型基础上开展的。

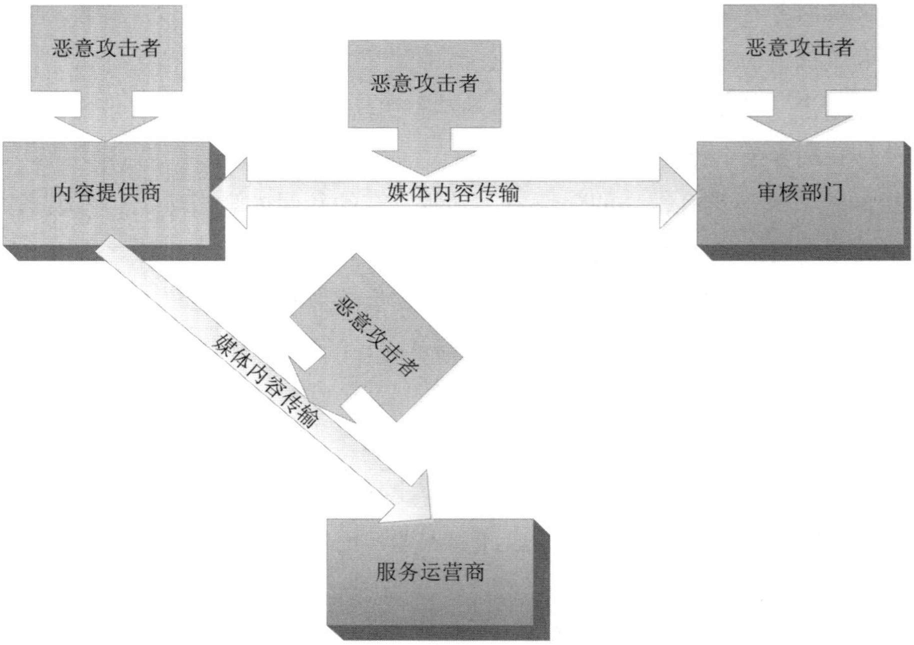

图3.6　跨主体媒体内容传播中存在的安全隐患

（一）系统架构设计

互信系统主要采取的技术路线是：首先，提取视频内容中的重要特征信息，再针对提取的重要特征信息构建比特承诺协议，以保证视频在公开网络传输中的安全，在发生非法视频内容传输时，采用保密比较协议进行比对验证，从而实现责任认定。其主要技术包括视频特征提取，针对提取的特征信息进行比特承诺，在纠纷发生时，采用基于 E-ElGamal 加密体制的视频保密比较方法，各方在保护视频内容安全的前提下，无须第三方参与，实现责任认定。其总体架构如图 3.7 所示。

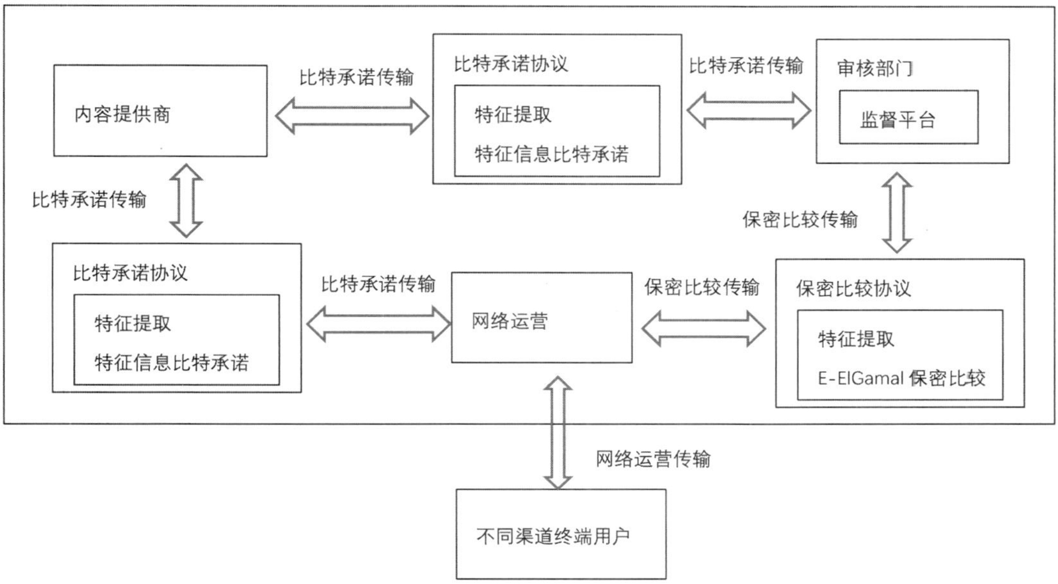

图 3.7　互信系统总体架构

从图 3.7 可知，视频内容在内容提供商、审核部门和运营商间传输的过程中，都做了比特承诺，这使得视频内容在传输信道中如果存在被恶意攻击问题能被鉴别出来。进一步，当有非法视频内容传播，且需要追究责任人时，可以通过在审核部门和网络运营商间执行保密比较协议，无须第三方参与，且在不泄露视频内容的前提下实现责任的追溯，从而达成各主体间的互信关系。

（二）基于比特承诺的视频安全责任认定方法

由于视频能够被现有的编辑处理软件随意篡改，在开放的网络环境中，对视频内容进行安全传输和责任认定是一个重要问题。目前常用的保护视频内容的方法有数字水印和数字签名两种方法。数字水印是在视频中嵌入标识信息，通过验证标识信息来确保信息的合法性，但这种方法破坏了视频的完整性，降低了视频的质量，同时嵌入容量和鲁棒性间存在矛盾，很难进行平衡，且在发生非法传播时，无法进行责任认定。对于数字签名方法来说，用何种“不变”的特征来刻画视频是关键，大部分关于数字签名的研究都集中在图像签名的研究上，对视频签名的研究很多是把视频当作一帧帧的图像，忽略了视频时域的特性。

目前，视频产品多以压缩格式来分发和传播，因此我们将针对 MPEG 压缩视频的安全责任认定问题给出方法。在综合考虑视频编码和篡改特征基础上，我们给出了一种基于比特承诺的视频安全责任认定方法。该方法不需要对视频进行完全解压，仅提取视频中具有代表性的少量特征数据，对特征数据进行分组比特承诺。在传输时，使用基于公钥的安全传输机制，确保收发双方安全通信，接收方通过验证比特承诺来判定视频是否被篡改以及定位篡改区域。在需要进行责任认定时，发送方通过揭示比特承诺实现责任认定。

（1）MPEG 编码简介

视频具有明显的语义结构特征，MPEG 标准中使用了分层的语法结构来描述视频信息。在 MPEG 压缩编码中，视频被分为六层，分别是视频序列层、图像组层、图像层、条带层、宏块层和块层。顶层是视频序列层，每个视频序列又可分为多个图像组 GOP，每个 GOP 由多个 I 帧、P 帧或 B 帧组成，一个典型的 GOP 由 12 帧组成，其排列顺序为 IBBPBBPBBPBBP，每个帧内又分为多个条带，每个条带由多个 16×16 大小的宏块组成，宏块由多个 8×8 大小的亮度、色度块组成。

（2）视频篡改简介

视频篡改主要是指借助某些视频编辑软件，对视频格式、内容等进行修改，导致其原始信息完整性、真实性被破坏。随着网络和各种视频编辑软件的迅速发展，篡改视频越来越容易。同时，篡改视频的方式也有很多种，一般包括时间域篡改和空间域篡改，或者两者兼而有之。在现实中，篡改往往是一个视频中持续的事件，由于视频帧的播放速度很快，每秒约 30 帧，在这种情况下，一个有效的篡改至少要达到 15 帧以上。[31]

（3）比特承诺简介

比特承诺是密码学中的重要基础协议，其基本思想是发送者 Alice 向接受者 Bob 承诺一个比特值 t，要求：在第一阶段，Alice 向 Bob 承诺这个比特 t，但是 Bob 无法知道 t 的信息；在第二阶段即揭示阶段，Alice 向 Bob 证实她在第一阶段承诺的确实是 t，但是 Alice 无法欺骗 Bob，即在第二阶段，不能对 t 进行修改。一个比特承诺方案必须具备正确性、保密性和不可悔性。比特承诺协议可以采用哈希函数来实现，哈希函数可将任意长度的输入消息压缩为某一固定长度的消息摘要。

1. 安全责任认定基本原理

（1）特征提取方法

一般视频特征提取的原则为：第一，代表性，即这些特征能很好地代表视频的视觉内容，且数据量尽可能小；第二，敏感性，即这些特征对一些非法操作十分敏感。要想设计一个好的视频特征提取方法，就必须综合考虑视频编码特征和视频篡改特征。

由 MPEG 视频编码标准可以知道，MPEG 视频序列由若干 GOP 组成，每个 GOP 的基础帧是 I 帧，其中 I 帧编码方式采用帧内编码，包含了整个 GOP 的主体信息，而 P 帧和 B 帧图像的重建也离不开 I 帧数据，所以一般不能够直接在视频压缩流中跳过或删除 I 帧。因此，在特征提取时，I 帧可以很好地代表一段 GOP 的特征。

MPEG 在对 I 帧进行编码时，使用了基于块的 DCT 变换。8 × 8 的图像块在进行 DCT 变换后，形成一个 8 × 8 系数矩阵，其中 DC 系数是这 8 × 8 图像块采样信息的平均值，包含了图像块能量的主要部分。[32] 在 MPEG 视频编码中，每一个条带的 Y、U、V 分量各自的 8 × 8 块中的 DC 系数之间采用差分编码，所以修改一个条带中的一个分量，那么此条带中后续分量都会受到影响。因此，在一帧信息中，每个条带的最后一块 DC 系数，能够很好地代表一个条块的信息。此外，人眼对亮度信号比较敏感，同时根据普通图像特点，在一个场景内，色度总是基本一致且单一的，因此特征提取仅仅提取亮度分量数据。

基于上述分析，特征提取方法能实现对视频的时间维和空间维的提取处理。在时间维，根据篡改的持续性特征，在对 I 帧提取时，可以进行跳帧处理；在空间维，只需提取每个条带的最后一个块 DC 系数的亮度分量。采用这种方式，只需要部分解码就可获得提取数据，同时提取的数据量少，且具有很好的代表性，能够抵抗常见攻击。关于特征提取方法有如下描述。

1）视频 I 帧分组

设视频序列中 I 帧集合为：$I=\{I_0, I_1, I_2, I_3,\cdots, I_t\}$，其中 t 为视频中 I 帧的总数。为了能够对视频进行篡改定位，我们将视频 I 帧进行分组。视频 I 帧分组大小用 G_1 表示，用 I_c 表示当前帧，其中 c 为当前帧的序号，$c \in [0,t]$，则当前帧 I_c 所属的分组号 Gid 可表示为：

$$Gid=c/G_1$$

总的分组数为：

$$TGid=t/G_1$$

2）选取 I 帧

由于视频播放速度较快，且一个有效的篡改要持续 0.5 秒以上才能被人眼捕获。因此，只需要在一定间隔控制下选取部分 I 帧，尽可能地减少数据量。采样的最大间隔用 X 位表示，则选取两帧间最大距离 $D_{max}=2^X$。若随机序列 $R=\{r_i| r_i=\mathrm{Random}(D_{max}),\ i=0,1,2,3\cdots\}$，其中 $\mathrm{Random}(D_{max})$ 用于生成不大于 D_{max} 的自然数序列。为了增加随机数序列的安全性，这里采用 Logistic 映射产生随机数序列。

混沌现象是在非线性动力系统中出现的确定性的、类似随机的过程。一类非常简单却被广泛研究的动力系统是 Logistic 映射。

•Logistic 映射的形式及特征

Logistic 映射的数学形式如下式所示：

$X_{K+1}=\mu X_K(1-X_K)$;

其中，混沌域为（0,1），$0 \leqslant \mu \leqslant 4$ 被称为分支参数，$X_K \in (0,1)$，当 μ 在 3.5699456 和 4 之间选取一个值，Logistic 映射工作处于混沌态。也就是说，初始条件 X_0 在 Logistic 映射的作用下所产生的序列 $\{X_k；k=0,1,2,3\cdots\}$ 是非周期的、不收敛的并对初始值非常敏感。

• 将 Logistic 映射值转化为二值序列

将 Logistic 生成的混沌值序列 $\{X_k；k=0,1,2,3\cdots\}$ 代入下面的阈值函数 $\tau(x)$。

$$\tau(x)=\begin{cases}0, & 0 \leqslant x < \dfrac{1}{2} \\ 1, & \dfrac{1}{2} \leqslant x < 1\end{cases}$$

这样就可以得到一个二值混沌序列，记为：$S=\{k_i \mid k_i=\tau(x_i), i=1,2,3...\}$。将这个二值序列按照 X 位从左到右进行切割，形成随机序列 $R=\{r_0, r_1,\cdots, r_n\}$，则当前第 k 个选取的帧序号 $c=\sum_{j=0}^{k} r_j$。

3）提取 DC 系数

在 MPEG 解码时，先找到图像组头的视频序列中的标志和固定的起始码，定位到 I 帧的位置，只有选取的 I 帧才被解码，其余的帧均不解码，对于选取的 I 帧，提取其每个条带中最后一个块的 Y 分量 DC 系数。设 I 帧中有 ST 个条带，则提取出的信息 $DCYc=\{DCY_{c1}, DCY_{c2}, DCY_{c3},\cdots, DCY_{ST}\}$，表示当前帧 I_c 中所提取的所有特征信息的集合，将这些信息按顺序进行级联，形成帧 I_c 的特征值 $F_c= DCY_{c1} \| DCY_{c2} \| DCY_{c3},\cdots, \| DCY_{ST}$，其中“||”表示信息级联。

4）合并组特征

将处于同组的特征数据进行组合：$F_{Gid}=\prod_{a} F_a$；$Gid=a/G_T$，其中 a 是提取的 I 帧序号，Π 代表某种组合操作。以此类推，得到所有分组的特征信息集合 $\{F_{Gid}$，其中 $Gid=0,1,2,\cdots,TGid\}$。

（2）比特承诺方法

若 S 代表承诺人，R 代表被承诺人，m 是需要承诺的明文数据，消息传递过程为：S 使用哈希函数 $h=H(m)$ 计算出消息 m 的密文，并将结果发给被承诺人 R。在验证的时候，S 将明文 m' 发送给 R，R 重新计算 $h'=H(m')$，若 $h'=h$，则 $m=m'$，则 R 相信 S 之前对 m

做出的承诺。

这里，明文数据是 F_{Gid} 集合，每个分组计算 $h_{Gid}=H(F_{Gid})$，有 $TGid$ 个分组，通过上述方法则可以得到一段视频 m 的 $TGid$ 个特征组比特承诺值序列 $\{h_{Gid}$，其中 $Gid=0,1,2,\cdots,TGid\}$。

（3）安全传输和责任认定方法

发送方 S 选择一组特征提取参数 $A=\{G_{TA}, X_A, X_{0A}\}$，其中 G_{TA} 表示采样分组大小，X_A 表示采样帧间隔比特数，X_{0A} 则表示混沌序列初值。发送方 S 采用 A 组参数对视频 m 进行特征提取和比特承诺，得到承诺结果 $HAm=h_0 \| h_1 \| h_2 \| \cdots, \| h_{TGid}$，其中 $TGid$ 为分组的数目，h_i 表示第 i 分组的比特承诺值。

发送方 S 和接收方 R 协商一个非对称加密算法 E，各自产生一对公私钥，其中 S 的公私钥为（pkS,skS），R 的公私钥为（pkR,skR），双方相互公开公钥，并保留私钥。

1）安全传输方法

S 使用 R 的公钥 pkR 加密 A 组参数 $E(A,pkR)$，使用自己的私钥 skS 加密 HAm，并将这两个密文连同视频 m 发送给 R。

R 收到消息后，采用私钥 skR 解密获得 A 组参数，使用 S 的公钥 pkS 解密获得分组比特承诺 HAm。R 采用 A 组参数对视频 m 进行同样的特征提取和比特承诺计算，得比特承诺 HAm'。R 验证 HAm' 与 HAm 中各个分组的比特承诺值是否相同，如果不同，则返回不同的组编号，如果相同则返回验证成功标识，完成视频安全传输。

分析上述传输验证过程，可知其具有以下特性：发送的不可抵赖性，接受的不可否认性，非法用户的不可接受性，接受信息的内容完整性保护。

2）责任认定方法

责任认定是基于上述安全传输和比特承诺协议的特性实现的。由于收发双方在上一步都确定正确地完成了视频内容的安全传输。那么在出现非法视频时，可能出现的问题包括，视频 m 本身是非法的和 R 对视频 m 进行了恶意篡改。对于这两种情况，可以做如下鉴别：首先，R 出示 HAm（HAm 是用 S 的私钥进行加密的，R 无法伪造），S 出示其私钥，解密 HAm，证明是自己所发送的 HAm。对非法视频 m' 用 S 提供的参数重新进行计算，若计算的 $HAm'=HAm$，说明视频 m 是 S 发送的，责任方为 S；若不等，则说明 R 对视频进行了篡改，责任方为 R，通过这种方式还可以进一步定位 R 篡改视频的区域。

本方法在第一步进行特征提取时，随机选取 I 帧，进一步提取每个 I 帧中条块最后一块 DC 系数亮度分量，不需要完全解压，提取效率高，数据量少，且具有较好的代表性；在特征提取完后，第二步是对提取的特征进行分组，对分组的特征值进行比特承诺，从而能以较少的计算量和传输量达到较高的安全性，同时在发生篡改时能够定位篡改区域；第三步比特承诺的单向性和公钥加密算法的安全性保证了传输的安全可靠，为进一步的责任认定奠定了基础；第四步，在发生纠纷时，出示承诺等相关信息，快速确定责任方。

（三）基于 ElGamal 体制的视频内容保密比较方案

主流的对视频内容进行保护的方法有数字水印技术，数字水印技术是通过在视频中嵌入标识信息，然后验证标识信息来确保视频版权和完整性。然而，在实际生活中，经常会遇到如下问题：A 拥有视频 MA，B 拥有视频 MB，需要比较双方拥有的视频，判断视频是否被篡改过，以及篡改发生的位置。传统的方法是：A 将视频 MA 发给 B，B 将 MA 与 MB 进行比对，并将结果发回给 A。但是，在这个过程，A 会将视频泄露给 B，另外，B 在验证完成后，也可以对 A 进行欺骗，否认验证结果，同时，视频数据量通常较大，此方法通信开销较大。

显然数字水印技术是无法解决这个问题的。保密比较是隐私保护、信息安全的重要基础。保密比较计算最早由华裔科学家 Yao 教授，于 1982 年针对姚氏百万富翁问题提出。它是多方保密比较的基础，如安全多方排序问题、安全比较向量问题等。[33]

目前，视频内容多以压缩格式来分发传播，因此针对 MPEG 压缩视频的保密比较，这里给出的方法为：验证双方，通过改进的可交换 ElGamal 算法对特征信息分组哈希值进行比对，在不泄露双方任何视频内容，包括视频摘要的前提下，验证双方都可获得验证结果。如果发生篡改还可定位篡改所在的区域。该方案具有良好的公平性、安全性和有效性，且不需要可信第三方 TC 来维护公私钥的分发。

1.ElGamal 算法介绍

ElGamal 是公钥加密算法，它的安全性依赖于循环群 G 上计算离散对数的困难性和 Diffie–Hellman 假设，它既可用于数字签名又可用于加密。ElGamal 算法应用十分广泛，在密码学研究中占据重要地位。ElGamal 密码体制的原型如下：

首先需要选择一个素数 p，三个随机数 g、x 和 k，其中 g 和 x 都小于 p，k 与 $p-1$ 互素，对明文 M 的加密算法为：

$$y = g^x \bmod p$$
$$a = g^k \bmod p$$
$$b = y^k M \bmod p$$

a 和 b 是密文对，密文的长度是明文 M 的两倍，x 为私钥，公开 y、g 和 p。解密时，计算：

$$M = b / a^x \bmod p$$

因为 $a^x \equiv g^{kx} \bmod p$，同时 $b / a^x \equiv y^k M / a^x \equiv g^{xk} M / g^{xk} \equiv M \bmod p$，所以解密方法成立。

2. 基于 ElGamal 体制的视频内容保密比较方案

视频的保密比较包括两个过程，第一个过程是提取视频特征信息，第二个过程是对特征信息进行保密比较。其中，视频特征提取方法前面已描述。

（1）保密比较概念

保密比较是指参与比较的各方在不出示本方秘密数据的前提下验证各方数据是否相同。一般假设参与协议的各方都是半诚实参与者，所谓的半诚实参与者是指各参与者在计算过程中将严格执行协议，不会进行串通，但也会保留计算的中间结果并试图推导出其他参与者的输入。

若一个加密方案 E 满足等式：$E_{k1}(E_{k2}(x)) = E_{k2}(E_{k1}(x))$ ，其中 k 和 $k2$ 为不同的加密密钥，x 为待加密的明文，则称该加密方案为可交换的加密算法，可交换加密算法可以实现双方之间的保密比较。

（2）可交换 ElGamal 算法

我们改进了 ElGamal 加密算法，使其满足可交换性。保密比较的双方共享一个大素数 p，相互保密 g、x 和 k；由于保密比较不需要对密文进行解密，所以丢弃用于解密的密文 a 及其相关计算。设保密比较的双方为 A 和 B，A 拥有消息 M_A，B 拥有消息 M_B，在不泄露 M_A 和 M_B 的情况下，验证 M_A 和 M_B 是否相同。改进的可交换保密比较算法执行过程如下：

1）A 随机选择一个大素数 p，并将 p 发送给 B。

2）A 产生随机数 g_A、x_A、k_A，其中 g_A、x_A 都小于 p, $\gcd(k_A,p-1)=1$。B 产生随机数 g_B、x_B、k_B，其中 g_B、x_B 都小于 p，k_B 与 $p-1$ 互素。A 和 B 相互保密这些数据。

3）A 做如下计算：

$$y_A = {g_A}^{x_A} \bmod p \tag{1}$$

$$b_{A1} = {y_A}^{k_A} M_A \bmod p \tag{2}$$

把式（1）代入（2）得：

$$b_{A1} = {g_A}^{k_A x_A} M_A \bmod p \tag{3}$$

B 也做同样的计算得：

$$b_{B1} = {g_B}^{k_B x_B} M_B \bmod p \tag{4}$$

b_{A1} 是 A 对 M_A 进行一次加密的密文，b_{B1} 是 B 对 M_B 进行一次加密的密文。

4）A 将密文 b_{A1} 发送给 B，B 将密文 b_{B1} 发送给 A。

5）A 对收到的密文 b_{B1} 进行二次加密得：

$$b_{A2} = {g_A}^{k_A x_A}(b_{B1}) \bmod p \tag{5}$$

B 对收到的密文 b_{A1} 进行二次加密得：

$$b_{B2} = {g_B}^{k_B x_B}(b_{A1}) \bmod p \tag{6}$$

6）A 和 B 交换二次加密结果，即 A 发送 b_{A2} 给 B，B 发送 b_{B2} 给 A。

7）A、B 做验证：若 $b_{A2}=b_{B2}$，则 $M_A=M_B$，否则，$M_A \neq M_B$。

上述改进的 ElGamal 加密算法可交换性证明如下：

把式（4）代入（5）得：

$$b_{A2} = {g_A}^{k_A x_A} ({g_B}^{k_B x_B} M_B \bmod p) \bmod p \tag{7}$$

根据 mod 运算的性质可得：

$$b_{A2} = {g_A}^{k_A x_A} {g_B}^{k_B x_B} M_B \bmod p \tag{8}$$

把式（3）代入（6）得：

$$b_{B2} = {g_B}^{k_B x_B} ({g_A}^{k_A x_A} M_A \bmod p) \bmod p \tag{9}$$

根据 mod 运算的性质，可得：

$$b_{B2} = {g_A}^{k_A x_A} {g_B}^{k_B x_B} M_A \bmod p \tag{10}$$

若 $M_A=M_B$，则有式（8）同式（10），从而得证 $b_{A2}=b_{B2}$，即该算法满足可交换性。

（3）视频保密比较方案

为了验证两方视频内容是否相等，需要一方选择特征提取分组大小参数 G_T，并发给另一方。双方首先按照此参数对视频进行特征提取，然后按照改进的可交换 ElGamal 算法进行保密比较，验证每个分组是否都相同，若分组全部相同，则视频相同；如果不同，则可根据不同分组所在的组号定位篡改发生的区域。如果需要提高检测精度，可进一步缩小分组参数 G_T，从而精确定位篡改发生的区域。

使用改进的可交换 ElGamal 算法实现保密比较，保密比较双方仅仅共享一个大素数 p，私钥都由用户自己保存，避免了窃听者非法获取密钥；一方获得的数据是另一方采用私钥进行 ElGamal 加密的密文，在整个过程中不暴露用户视频相关信息，甚至特征信息。若试图通过知道的中间信息进行求解，其计算困难度等价于计算 GF(p) 中解离散对数的难度。在本方案中，参与双方都可公平获得保密计算的结果，而不是由一方告知另一方，因此，该方法具有公平性。

五、多渠道融合体系结构

各主体通过什么渠道获取需要的内容？渠道的畅通情况如何？获取的内容格式是否适用？成本费用怎样？哪些主体、哪些内容更适合发布到哪些渠道？渠道的通信或网络连通情况、带宽情况、模态兼容情况、终端接收设备情况、成本情况、收付费情况如何？这些都是媒体多渠道融合需要回答的问题。图 3.8 所示的技术模型，我们称其为“多渠道融媒体体系结构”。

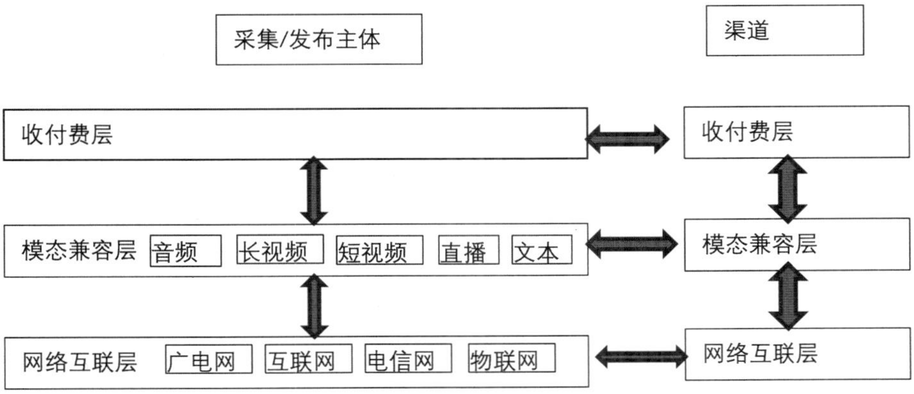

图 3.8　多渠道融媒体体系结构

渠道包括纸媒、广播、电视、4K 电视、网络广播、IPTV、微博、微信、App、快手、抖音、网站、推特、脸谱网、OTT、网络电视、手机电视、视频网站、互联网直播等。主体类型包括传统媒体机构、新媒体机构、自媒体机构、政务媒体、企业媒体、商务主体、生活主体、娱乐主体、教育主体等。有些主体不能在纸媒、广播、电视等渠道上发布内容，有些内容因其呈现模态不能在某些渠道发布。不同的主体、不同的内容适合不同的发布渠道，例如互联网是一种尽力而为的传输通道，在观看排球比赛时，网络电视直播的排球长距离飞行的画面质量比传统的有线电视差很多；春节联欢晚会需要一家人聚到一起观看，电视大屏要优于手机小屏；开车时音频广播是获取新闻的难以替代的渠道；对事件的持续深度报道，报纸比电视在某些角度更有优势。所以多渠道融媒体体系结构的主要优化目标是：实现主体内容与各渠道匹配。一种内容与渠道匹配的方法如下。[34]

实现内容与渠道匹配，需要实现内容的分类标注，明确内容所使用的情景模式，并支持根据渠道情景完成情景模式匹配。其核心任务是渠道端采集情景参数，动态情景建模，并与媒体内容发布方计算环境进行交换。

（一）有序树构建与同构度度量

1. 情景模型的统一表达

图 3.9 给出了一个内容的情景多维分层表示模型的统一表达机制。情景分层、动态的组织方法使得情景描述具有良好的可扩展性和适应性。情景维度是从不同维度整合原子情景标签的各类情景标签集合。这里情景维度包括交通情景、物理情景、时间情景、用户情景、社会情景、商用情景、网络情景。每一个分类的维度包含特有的原子情景属性，不同的分类之间是互补的，即每两个情景维度下的原子情景属性之间没有重叠和交叉，这样不会造成情景标签数据的混乱。采用树状结构，有利于维度动态扩展与各维度下情景标签动态扩展。

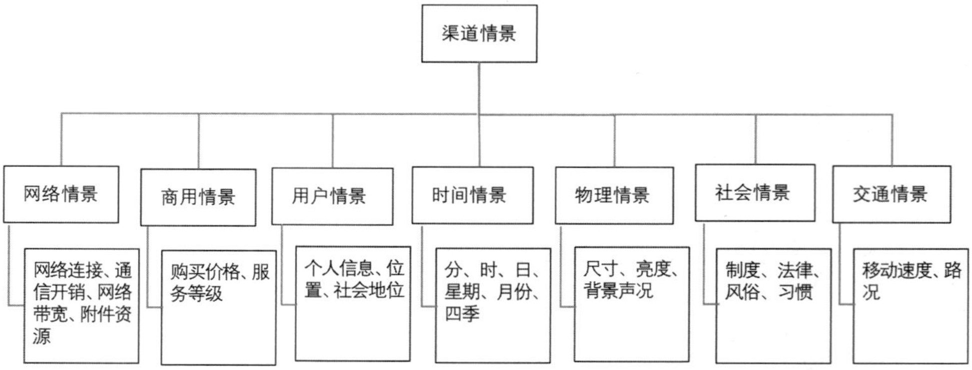

图 3.9　情景的层次树状表示模型

2. 情景有序树的构建

在上述树状结构中，叶子节点与分支节点分别代表情景标签与情景维度，我们提出以节点熵与维度熵作为依据，将上述层次化、无序化的树状结构转变为有序树。节点熵表征情景标签对内容分类标注的影响，维度熵是指该维度下所有情景标签下的情景标签节点熵的总和，节点熵和维度熵可分别作为树图中叶子节点和分支节点排序的依据，实现从无序树到有序树的转变。由于情景标签数据具有动态性和时效性，所以对情景标签节点熵的度量也必须同时考虑动态性、时效性。时态度量就是在充分考虑情景标签时效特性的基础上，加入时间因素，从而实现对情景标签信息熵更真实、全面的量化评估。时态度量考虑了情景标签的时效性，信息熵则是对情景标签稳定性、热度、流行度、漂移度等的综合反映。

定义情景标签维度 V_X，该维度下情景标签共有 m 种，分别是 $V_X=\{v_{x1},v_{x2},\cdots,v_{xm}\}$。由于情景标签维度 V_X 下每个情景标签 v_{xy}（$1 \leqslant x \leqslant |V|$，$1 \leqslant y \leqslant m$）被信息标注为情景属性的次数 $sum(v_{xy})$ 具有时态变化性，因此假设 $t=\Delta t$ 时刻，通过统计方式可获得情景标签维度 V_X 下每个情景标签 v_{xy}（$1 \leqslant x \leqslant |V|$，$1 \leqslant y \leqslant m$）的分布概率：

$$P_{Vx}(t=\Delta t) = (P_{x1}(t=\Delta t),\ P_{x2}(t=\Delta t),\ \cdots,\ P_{xm}(t=\Delta t))$$

其中，$P_{xy} = sum(v_{xy}) / \sum sum(v_{xz})$，$1 \leqslant z \leqslant m$，$\sum P_{xy} = 1$，$1 \leqslant y \leqslant m$。

那么 $t=\Delta t$ 时刻，情景标签维度 V_X 以下每个情景标签 v_{xy}（$1 \leqslant x \leqslant |V|$，$1 \leqslant y \leqslant m$）的熵就定义为：

$$H(v_{xy}, \triangle t) = -P_{xy(t=\triangle t)} \cdot \sum_{i=1}^{m} (log_2 P_{xi(t=\triangle t)})$$

推理得出情景标签维度 V_X 的熵值。情景标签熵、情景标签维度熵值为情景树从无序到有序提供了依据，有序树图匹配为高效的情景模式匹配奠定了图论基础。我们将情景模式匹配问题从图论角度等价转化为有序树之间同构度计算问题。我们将发布方计算环境中根据内容所标注的情景参数统称为内容情景树；将渠道情景参数统称为渠道情景树。情景模式匹配问题则转换为渠道情景树与内容情景树的树同构问题，本方法只需扫描一次就能找出所有匹配的内容情景树，匹配的效率很高。

3. 情景有序树的同构度度量

评估内容情景库中各内容情景树模型 T 与给定渠道情景树 Q 的相似性时，我们称比较主体 Q 为主情景树，比较对象 T 为客情景树。对于主情景树 Q 和客情景树 T，若两者节点情景标签一一对应且节点的父子关系完全相同，则称 Q 与 T 存在同构匹配。树同构的模型可归结为三类：树嵌入、树包含和树相容。树嵌入同构是指主情景树 Q 与客情景树 T 的子树 $Tsub$ 存在同构匹配关系，即图 3.10 所示的 Q 到 $T1$ 的匹配；树包含同构是指 $Qsub$ 到 T 的一个同构关系，即图 3.10 所示的 Q 到 $T2$ 的匹配；树相容匹配是指 $Qsub$ 到 $Tsub$ 的一个同构关系，即图 3.10 所示的 Q 到 $T3$ 的匹配。

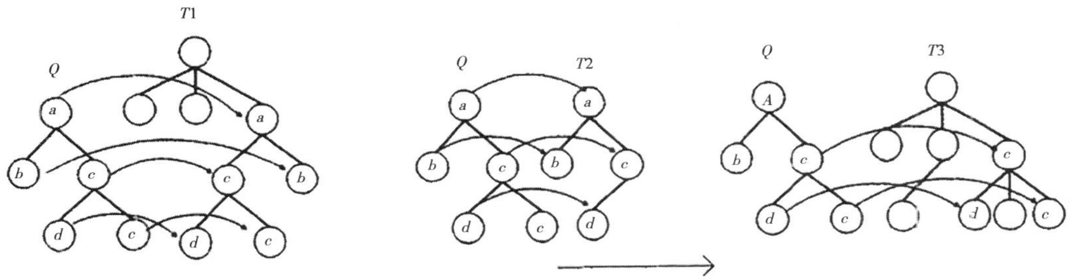

图 3.10　情景树模型匹配模式示例

根据上述同构模型，可以将主情景树与客情景树的模式匹配定性划分为三种水平。其中，树相容是在树嵌入和树包含定义基础上的拓展，具有较强的松弛能力，使得基于树相容的匹配模式具有较高的查准率和查全率，而且计算树同构代价算法的时间复杂度被限定在多项式级，保证了情景模式匹配的效率。如上所述，根据 $t=\Delta t$ 时刻情景标签 v_{xy}（$1 \leqslant x \leqslant |V|$，$1 \leqslant y \leqslant m$）的熵系数 $H(v_{xy},\ \Delta t)$ 及其情景维度的信息熵值 $H(V_X,\ \Delta t)$，可将渠道情景树构造为 $t=\Delta t$ 时刻下的有序树。有序树同构度（Sequence Tree Isomorphism Computation，简称 STIC）度量方式如下。

在树嵌入条件下同构度 STIC 的定义为：

$$\mathrm{STIC}_{t=\Delta t}\,\mathrm{Embed}\ (Q,T)=\frac{\sum_{v\in T}H(v,\Delta t)}{\sum_{v\in \mathrm{Q}}H(v,\Delta t),Q=Tsub\subseteq T}$$

由于在树嵌入条件下 Q 为 T 的子集 $Tsub$，因此有 $\mathrm{STIC}_{t=\Delta t}\mathrm{Embed}(Q,\ T)\geqslant 1$。

在树包含条件下同构度 STIC 的定义为：

$$\mathrm{STIC}_{t=\Delta t}\,\mathrm{Include}\ (Q,T)=\frac{\sum_{v\in T}H(v,\Delta t)}{\sum_{v\in \mathrm{Q}}H(v,\Delta t),T=Qsub\subseteq Q}$$

由于在树包含条件下 T 为 Q 的子集 $Qsub$，因此有 $\mathrm{STIC}_{t=\Delta t}\mathrm{Include}(Q,\ T)\leqslant 1$。

在树相容条件下同构度 STIC 的定义为：

$$\mathrm{STIC}_{t=\Delta t}\,\mathrm{Compat}\,(Q,T)=\frac{\left(\sum_{v\in QTsub}H(v,\Delta t)\right)^2}{\left(\sum_{v\in Q}H(v,\Delta t)\cdot\sum_{v\in T}H(v,\Delta t)\right)},QTsub\subseteq Q\ ,\ \ QTsub\subseteq T$$

由于在树相容条件下存在 T、Q 的共同子集 $QTsub$，因此有 $\mathrm{STIC}_{t=\Delta t}\mathrm{Compat}(Q, T)\leqslant 1$。上述有序树同构度计算存在如下规律：

$\mathrm{STIC}_{t=\Delta t}\mathrm{Embed}(Q,\ T)\geqslant\mathrm{STIC}_{t=\Delta t}\mathrm{Include}(Q,\ T)\geqslant\mathrm{STIC}_{t=\Delta t}\mathrm{Compat}(Q,\ T)$

（二）情景模式匹配算法

假设内容发布端计算环境下内容已经完成情景标注，每个内容在 $t=\Delta t$ 时刻按照情景标注的信息熵拥有一棵有序树。内容发布方内容库总规模为 $N(N\geqslant 1)$，$InfoSet=\{Info_1,\ Info_2,\ \cdots,\ Info_N\}$。其中，$Info_j$ 表示库中的第 j 个内容。有序树集合表示为：$treeSetToInfo=\{gtreeInfo_1,\ gtreeInfo_2,\ \cdots,\ gtreeInfo_N\}$。其中，$gtreeInfo_j$ 表示第 j 个内容的情景有序树。将有序树集合 $GtreeSetToInfo$ 总体分为 d 组，其中，d 是根据经验设置的分类规模参数值。$GtreeSetToinfo=\{C_1,\ \cdots,\ C_i,\ \cdots,\ C_r,\ \cdots,\ C_d\}(d\geqslant 2$，$d$ 代表分组数，一般 $d\geqslant 3)$；$C_i\cap C_r=\Phi$（C_i、C_r 为不同的分组，两者交集为空）。按照聚类分组（又称聚类簇）的方式，客情景树完成了分组。其中 $C_i=\{gtreeInfo_i^1,\ \cdots,\ gtreeInfo_i^y,\ \cdots,\ gtreeInfo_i^h\}$ 为有序树集合 $GtreeSetToInfo$ 的第 i 个聚类簇，其中 h 为聚类簇 C_i 的有序树总数，$1\leqslant i\leqslant d$，其中 $gtreeInfo_i^y$ 表示第 i 个聚类簇中第 y 个客情景树。情景模式集合 $CC=\{CC_1,\ CC_2,\ \cdots,\ CC_d\}$，每个情景模式 CC_i 代表整个第 i 个聚类簇 $C_i(1\leqslant i\leqslant d)$ 在 $t=\Delta t$ 时刻的典型情景状态，并随着时间不断变化。客情景树集合的聚类划分算法如下。

算法 1　客情景树聚类划分

输入：聚类簇数目 d，客情景树集合 $GtreeSetToInfo$。

输出：聚类簇集合 $C=\{C_1,\ C_2,\ \cdots,\ C_d\}$，情景模式集合 $CC=\{CC_1,\ CC_2,\ \cdots,\ CC_d\}$。

（1）创建聚类簇的数目 d，初始为 2；

（2）创建聚类簇集合 $C=\{C_1,\ C_2,\ \cdots,\ C_d\}$，其中 d 个聚类簇 C_1，C_2，$\cdots$，C_d 均初始为空，用 $C=\{C_1,\ C_2,\ \cdots,\ C_d\}$ 表示聚类划分过程中的最新划分结果；

（3）创建情景模式集合 $CC=\{CC_1,\ CC_2,\ \cdots,\ CC_d\}$，每个情景模式 CC_i 代表第 i 个聚类簇 $C_i(1\leqslant i\leqslant d)$ 在 $t=\Delta t$ 时刻的典型情景状态，并随着时间不断变化；

（4）创建聚类簇集合 $C_{prev}=\{C_{prev\_1},\ C_{prev\_2},\ \cdots,\ C_{prev\_d}\}$，其中 d 个聚类簇 C_{prev_1}，C_{prev_2}，$\cdots$，C_{prev_d} 初始为空，用 $C_{prev}=\{C_{prev\_1},\ C_{prev\_2},\ \cdots,\ C_{prev\_d}\}$ 表示聚类划分过程中的上次划分结果；

（5）设置上述变量的初始值；

（6）对聚类簇数目 d 采用前文所述的按需动态设置的策略，赋值为一个大于3的整数；

（7）将有序树集合 $GtreeSetToInfo$ 随机划分为 d 组，将划分结果赋值为 $C=\{C_1, C_2, \cdots, C_d\}$，保证每个聚类簇 C_1，C_2，…，C_d 中至少有一个客情景树；

（8）为每个聚类簇 C_1，C_2，…，C_d 求解情景模式 $CC_i(1 \leqslant i \leqslant d)$，得到 $CC=\{CC_1, CC_2, \cdots, CC_d\}$；

（9）聚类簇集合 $C_{prev}=\{C_{prev\_1}, C_{prev\_2}, \cdots, C_{prev\_d}\}$ 的数值在下述循环中确定，执行下述循环步骤；

（10）设置聚类簇集合 $C_{prev}=C$，即 $C_{prev\_1}=C_1$，$C_{prev\_2}=C_2$，…，$C_{prev\_d}=C_d$，用于支持客情景树的循环再聚类；

（11）从 $C_{prev}=\{C_{prev\_1}, C_{prev\_2}, \cdots, C_{prev\_d}\}$ 中逐一选择聚类簇 $C_{prev\_1}(1 \leqslant i \leqslant d)$；

（12）如果 $C_{prev\_i}(1 \leqslant i \leqslant d)$ 不为空，则从聚类簇 $C_{prev\_i}(1 \leqslant i \leqslant d)$ 中逐一选择有序树 $gtreeInfo_i^a$；

（13）分析判断 $gtreeInfo_i^a$ 与 $CC=\{CC_1, CC_2, \cdots, CC_d\}$ 中各情景模式的同构类型，根据情景树的同构情况，选择采取树相容、树嵌入和树包含；

（14）对于 $CC_j \in CC(1 \leqslant j \leqslant d)$；

（15）$if(isExistedEmbed)STIC_j=STIC_{t=\Delta t}Embed(gviewInfo_i^a, CC_j)$；

（16）$else(isExistedInclude)STIC_j=STIC_{t=\Delta t}Include(gviewInfo_i^a, CC_j)$；

（17）$else(isExistedCompat)STIC_j=STIC_{t=\Delta t}Compat(gviewInfo_i^a, CC_j)$；

（18）$else\ STIC_j=0$；

（19）判断通过 $STIC_j(1 \leqslant j \leqslant d)$ 求解得出的同构度大小，进而得出 $gviewInfo_i^a$ 与哪一个聚类中心的同构度最高；

（20）将 $gviewInfo_i^a$ 归并至最高同构度聚类中心对应的聚类中。利用上述步骤7至步骤20，为每个聚类簇 C_1，C_2，…，C_d 求解有序树聚类中心 $CC_i(1 \leqslant i \leqslant d)$，得到 $CC=\{CC_1, CC_2, \cdots, CC_d\}$；

（21）循环直至聚类簇 C 与聚类簇 C_{prev} 的聚类划分相同时，则退出上述循环步骤；

（22）返回客情景树的聚类划分结果——聚类簇与情景模式集合，即 $C=\{C_1, C_2, \cdots, C_d\}$ 与 $CC=\{CC_1, CC_2, \cdots, CC_d\}$。

通过客情景树聚类方案生成的 d 个客情景树聚类簇，对应有 d 个聚类中心。聚类簇集合表示为 $C=\{C_1, C_2, \cdots, C_d\}$，情景模式集合 $CC=\{CC_1, CC_2, \cdots, CC_d\}$，其中 $CC_i(i=1, 2, \cdots, d)$ 表示该聚类 $C_i(i=1, 2, \cdots, d)$ 中所有客情景树的均值。与主情景树相似的客情景树大部分分布在与其同构度较高的若干个客情景树聚类簇中，因此，不需要在整个客情景树集上查询与主情景树相似的有序树，只在同构度较高的若干客情景树聚类簇中查询。由于与主情景树相似度较高的若干客情景树聚类相对于整个有序树集而言，其有序树选择分析的复杂度要小得多，所以可以快速识别与主情景树同构度较高的客情景树列表。在此基础上，我们给出了如下情景模式匹配算法。

算法 2　情景模式匹配算法 (SPMA：Situation Pattern Matching Algorithm)

输入：

（1）主情景树 *gtreeToSituation*；

（2）客情景树聚类划分结果 $C=\{C_1, C_2, \cdots, C_d\}$($d$ 代表聚类簇的数目)；

（3）客情景树聚类中心 CC，存在 $CC=\{CC_1, CC_2, \cdots, CC_d\}$($d$ 代表聚类中心的数目)；

（4）ξ 代表同构度临界值，常取经验值 $\xi=0.8$，ξ 越高代表同构度要求越严格；

（5）p 代表发布内容的个数，常有 $p \geqslant 6$。

输出：

输出同构度最高的前 p 个内容集 *InfoList*[*p*]。

（1）创建发布列表 *gList*[*p*]，*gList* 初始为空；

（2）对每个客情景树聚类 C_i 的聚类中心 CC_i $(1 \leqslant i \leqslant d)$，采用提出的同构度计算，$STIC_{t=\Delta t}Embed(Q, T) \geqslant STIC_{t=\Delta t}Include(Q, T) \geqslant STIC_{t=\Delta t}Compat(Q, T)$，得到主情景树 *gtreeToSituation* 与聚类中心 CC_i 的同构度；

（3）创建邻居聚类簇集合 $C_{neighbor}=\{C_{neighbor\_1}, \cdots, C_{neighbor\_b}, \cdots\}$，用于存储与目标有序树 *gtreeToSituation* 相近的邻居聚类集合；

（4）判断 $STIC_i(gtreeToSituation, CC_i)(1 \leqslant i \leqslant d)$ 是否大于同构度临界值 ξ，如果大于则将聚类簇 CC_i 加到邻居聚类簇集合 $C_{neighbor}$ 中；如果小于则跳过执行下一步；

（5）在获得邻居聚类簇集合 $C_{neighbor}$ 过程中，需执行下述循环；

（6）根据上述计算得出邻居聚类簇集合 $C_{neighbor}$；

（7）从邻居聚类簇集合 $C_{neighbor}$ 中逐一选择聚类簇 $C_{neighbor\_b}$；

（8）从邻居聚类簇 $C_{neighbor\_b}$ 中逐一选择客情景树 $gviewInfo_b^f$；

（9）计算 $STIC(gtreeToSituation, gviewInfo_b^f)$；

（10）根据同构度 *STIC* 大小，按照自高到低的顺序将 $gviewInfo_b^f$ 添加到 *gList* 中；

（11）通过上述循环获得邻居有序树集合 *gList*，通过客情景树与内容之间一对一的关联关系，得到目标泛在情景适用的发布内容列表；

（12）定义内容列表变量 *InfoList*[*p*]，*p* 代表发布对象的规模；

（13）为 *gList* 中每个有序树元素 *gList*[1], *gList*[2],⋯, *gList*[*p*] 找到其所代表的内容，并将其添加到内容列表 *lnfoList*[*p*] 中；

（14）将内容列表 *InfoList*[*p*] 作为发布依据给渠道。

第四章 “中央厨房”建模

随着科技的高速发展，传统媒体受到了极大冲击，纷纷向融媒体转型。为适应不同媒体的特性，出现了多种融媒体服务模式，包括“中央厨房”、县级融媒体、聚合分发等。目前，各种服务模式仍处于探索阶段，缺少相关的理论支持，建模分析融媒体服务模式是学者们研究的一大重点。对服务模式的理论分析有助于进一步缩短新闻生产周期，降低生产成本，为服务模式的优化提供理论依据。“中央厨房”作为大型中央媒体——《人民日报》提出的新兴服务模式，更是引得很多大型媒体效仿，所以我们主要以其为研究对象进行抽象建模和理论验证、分析。

本章开展的主要研究工作如下。

（1）归纳总结 Petri 网的建模、分析方法，找出可以借鉴的建模方法即基于流程图建模。

（2）对仿真工具进行详细需求分析，找到适合的技术栈，最终选定使用纯前端技术，并找到了合适的前端框架。

（3）基于前端框架 raphael.js 等开发了一款针对融媒体服务模式的 Petri 网分析仿真工具，实现了模型建立、分析和仿真的功能，并对其进行测试，确保仿真工具的准确性。

（4）给出融媒体服务模式定义，并结合融媒体服务模式的特点和 Petri 网分析方法给出服务模式相关的性能评价指标，分别为：融媒体服务模式工作流合理性、服务时间性能和融媒体服务模式聚合能力。

（5）分析“中央厨房”模式的工作流程，在流程图的基础上用 Petri 网进行建模，并将其进行简化，通过关联矩阵、可达树的方法对模型进行分析，证明模型的可行性、安全性、有界性和无死锁、冲突。

（6）提取“中央厨房”汇聚部分进行分析，详细介绍汇聚部分的工作流程并建立工作流 Petri 网模型，并根据工作流 Petri 网建立最大流 Petri 网模型，计算“中央厨房”的聚合能力。

一、Petri 网相关理论及工具介绍

（一）Petri 网定义及性质

1.Petri 网定义

Petri 网是由 Petri 博士提出的一种网状模型，包含事件和条件两个节点类型，其中表示事件的是“变迁”（transition），表示系统状态的是“库所”（place），在库所中有表示状态资源活信息的“托肯”（token），用小黑点表示，一个托肯表示一个资源，库所和变迁之间通过有向弧进行连接，具体表示如图 4.1 所示。Petri 网的基础是有向网。

定义（有向网）：三元组 $N=(S,T;F)$ 成为有向网的四个充要条件分别是：

（1）$S\cap T=\phi$；

（2）$S\cup T\neq\phi$；

（3）$F\subseteq S\times T\cup T\times S$；

（4）$\mathrm{dom}(F)\cup\mathrm{cod}{:}(F)=S\cup T$，其中 $\mathrm{dom}(F)=\{x\,|\,\exists y{:}(x,y)\in F\}$，$\mathrm{cod}(F)=\{y\,|\,\exists x{:}(x,y)\in F\}$。

其中：$N=(S,T;F)$，S 表示库所集，是状态元素的集合；T 表示变迁集，是变迁元素的集合；F 表示流关系，通常在图形中用弧表示；$\mathrm{dom}(F)$ 是 F 的定义域、$\mathrm{cod}(F)$ 指 F 的值域。[35]

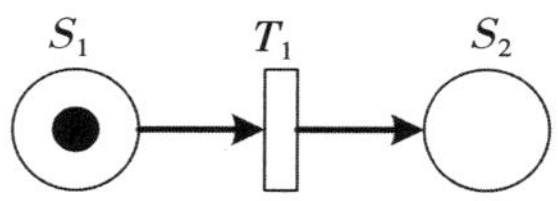

图 4.1　简单的 Petri 网模型

Petri 网图形、名称对应关系见表 4.1。网系统的输入集和输出集定义如下：

设 $x\in X$ 为 N 的任一元素，${}^{\cdot}x=\{y\,|\,(y,x)\in F\}$ 称为 x 的前集（Pre-Set）或输入集；

$x^{\cdot}=\{z\,|\,(x,z)\in F\}$ 称为 x 的后集（Post-Set）或输出集。

表 4.1　Petri 网图形、名称对应关系

名称	对应图形
库所	○
变迁	▯
托肯	●
弧	⟶

定义（库所变迁系统（P/T）系统）：六元组$\Sigma=(S, T; F, K, W, M_0)$被称作一个库所 / 变迁网系统，其中：

（1）$N=(S,T;F)$构成有向网；

（2）$W:F\rightarrow\{1,2,\ldots\}$（正整数集）被称作权函数；

（3）$K:S\rightarrow\{1,2,\ldots\}$（正整数集）被称作容量函数；

（4）$M:S\rightarrow\{0,1,2,\ldots\}$是一个标识，满足$\forall s\in S$：$M(s)\leqslant K(s)$，其中，$M_0$是初始标识；

（5）触发规则：

（A）对于$t\in T, M[t>$的触发条件

$$\begin{cases}\forall s\in {}^{\cdot}t:M(s)\geqslant W(s,t)\\ \forall s\in t^{\cdot}-{}^{\cdot}t\ \ M(s)+W(t,s)\leqslant K(s)\\ \forall s\in t^{\cdot}\cap{}^{\cdot}t:M(s)+W(t,s)-W(s,t)\leqslant K(s)\end{cases}$$

（B）若$M[t>M'$，对$s\in S$，有

$$\begin{cases}M(s)-W(s,t)当s\in {}^{\cdot}t-t^{\cdot}\\ M(s)+W(t,s)当s\in t^{\cdot}-{}^{\cdot}t\\ M(s)+W(t,s)-W(s,t)当s\in t^{\cdot}\cap{}^{\cdot}t\\ \end{cases}$$

其他情况

特殊的情况，对于一个库所 / 变迁系统$\Sigma=(S, T; F, K, W, M_0)$，若规定

$$\forall s\in S:K(s)=\infty,\forall f\in F:W(f)=1$$

则库所 / 变迁系统变成普通 Petri 网系统。

2.Petri 网的性质和通用分析方法

（1）Petri 网的性质

Petri 网具有动态性质和结构性质，其中动态性质是通过研究变迁发生引起的状态改变得到的，而结构性质只与 Petri 网的静态结构有关，与变迁、初始标识无关。Petri 网的动态性质主要具有可达性、活性、公平性、有界性等，结构性质主要包含不变量、语义不变量、陷阱和虹吸管（死锁）等。

1）可达性

定义（可达性）：对于 Petri 网$\Sigma=(S,T;F,K,W,M_0)$，若存在$t\in T$使得$[M>M'$，则M到M'是可达的。若存在$t_1,t_2,t_3,t_4,\ldots t_n$变迁序列和$M_1,M_2,M_3,M_4,\ldots M_n$标识序列，使得$M[t_1>M_1[t_2>M_2\ldots M_{n-1}[t_n>M_n$，则称$M$到$M_n$是可达的。所有可达的标识组成的集合叫作可达标识集，记作$R(N,M_0)$或$R(M_0)$，从M_0出发的所有可能的引发序列记作

$L(N,M_0)$或$L(M_0)$。可达性是 Petri 网动态行为的基础。

2）活性

定义（活性）：对于 Petri 网$\Sigma=(S,T;F,K,W,M_0)$，若满足$t\in T$为网系统变迁，若对于任何的可达标识$M\in[M_0>$，都有$M'\in[M>$，使$M'[t>$，则说t是网系统的活变迁；若网系统的所有变迁都是活的，则网系统是活的，其中，$[M_0>$由M_0及M_0的直接和间接后继组成。

3）公平性

公平性主要研究 Petri 网中存在资源竞争时是否公平，即是否存在一个变迁可以发生无穷次而另一变迁不发生或发生次数很少。

定义（公平性）：称 Petri 网$\Sigma=(S,T;F,K,W,M_0)$是公平系统，[36] 当且仅当$t_1,t_2\in T$，$\exists k>0,\forall M\in R(M_0),\forall\sigma\in T^*$，使得$M[\sigma>\wedge(\#(ti/\sigma)=0\rightarrow\#(tj/\sigma)<k),(i,j\in\{1,2\},i\neq j)$。

4）有界性

定义（有界系统）：Petri 网$\Sigma=(S,T;F,K,W,M_0)$是有界系统的条件为$\exists K\forall M\in[M_0>\forall s\in s:M(s)\leqslant K\ (K=\{1,2,3\cdots\})$，即库所中托肯数是有界的。

（2）Petri 网分析方法

1）关联矩阵和不变量

网系统的关联矩阵是分析 Petri 网结构特性的重要方法，也是求S- 不变量和T- 不变量的主要方法。不变量可用于分析系统的有界性、安全性和活性。

定义（关联矩阵和不变量）：Petri 网$\Sigma=(S,T;F,K,W,M_0)$是一个有限的库所 / 变迁系统，且$S=\{s_1,s_2,\ldots,s_n\}$，$T=\{t_1,t_2,\ldots,t_m\}$。

（A）矩阵$C=c_{ij}$（$1\leqslant i\leqslant n,1\leqslant j\leqslant m$）是网系统的关联矩阵，当且仅当$c_{ij}=W(t_j,s_i)-W(s_i,t_j)$。

（B）一个n元整数列向量x叫作网系统的一个S- 不变量，当且仅当$C^T\times x=0$，其中C^T为C的转置矩阵。

（C）一个m元整数列向量y叫作网系统的一个T- 不变量，当且仅当$C\times y=0$。

2）可达树

覆盖树或可达树是分析系统可达性的方法，也是 Petri 网普适分析方法中最为核心的一种。覆盖树包含可达标识和变迁序列，适用于 Petri 网动态性质的分析。若系统的可达标识集是有限集合，则可达树为一棵有限的树。

定义（实施序列）：$\sigma=M_0t_1M_1t_2M_2\cdots t_nM_n$称为 Petri 网$\Sigma=(S,T;F,K,W,M_0)$的有限

实施序列，当且仅当对于所有的 $i(1 \leqslant i \leqslant n)$ 有 $M_{i-1}[t_i > M_i$；其中 σ 的长度为 n、$t_1t_2\cdots t_n$ 称为变迁实施序列。

定义（可达树）：Petri 网 $\Sigma=(S,T;F,K,W,M_0)$ 的可达树是以初始标识 M_0 为根节点，以后继关系为父子关系构成的树，其弧线由 T 元素标注。[37] 可达树的具体构造算法如下：

步骤 1，以初始标识 M_0 标注根节点 r。

步骤 2，当且仅当不存在 $t \in T$ 时，若一个标注 M 的结点 x 算作一个叶结点，其中 t 在 M 是可触发的或者从 r 到 x 的路上存在一个结点 $y \neq x$，但结点 y 也是由 M 标注的。

步骤 3，如果一个标注 M 的结点 x 不是一个叶结点，有 $\forall t \in T$ 使得在 M 下可变迁的 t 触发而产生一个新结点 y，且在从 x 到 y 新产生的弧上标注 t。y 结点标注的标识 M' 可由 $M_1^{'}$ 计算得到，$M_1^{'}$ 满足于 $M[t> M_1^{'}$，即 $\forall s \in S: M_1^{'}(S)=M(s)-W(s,t)+W(t,s)$。$M'$ 的计算有两种情况。

第一，在从 r 到 y 的路上，如果存在标注 M'' 的结点 $z \neq y$ 且 $\forall s \in S: M_1^{'}(S) \geqslant M''(s)$，那么：

$$M'(s)=\begin{cases} M_1^{'}(S) & M_1^{'}(S)=M''(s) \\ \omega & \text{其他} \end{cases}$$

其中，ω：对于所有 $n \in N$，$n<\omega$；$n+\omega=\omega-n=\omega$。

第二，其他情况，$M'=M_1^{'}$。

（二）工作流理论

1. 工作流简介

工作流指全部或部分业务过程的自动化（用计算机作为辅助），工作流管理技术可以加速企业管理系统信息化进程，提升办公效率，在企业信息化管理中有着举足轻重的作用。2003 年，Wil avn Aalst 等人提出了工作流网 WF_net，工作流网 WF_net 和 Petri 网均以流动为特征，所以 WF_net 选择了 Petri 网作为描述 WF_net 的工具。

工作流中有五个重要的概念，分别是案例（case）、任务（task）、过程（process）、路由（route）和启动（start）。案例是指一件具体的事件，工作流系统主要用来处理案例，每个案例都有唯一的标识且生命周期有限，即案例一定处于某种固定状态。以典型的保险索赔案例为例，其生命周期从提出索赔开始到完成索赔结束。固定状态白三个元素组成，分别是案例相关的属性、已满足的条件和案例的内容。[38] 案例中的工作单元被称为任务，案例中具体的执行被称为活动，为了有效区分任务和活动，工作项的概念被引进来，工作项指的是要被执行的实际工作块，执行工作项被称作活动。案例中是否需要执行任务以及执行次序都由过程来描述，案例的生命周期也由过程来定义。路由指任务的执行方式，路由包含四种基本结构，分别是顺序执行、并行执行、选择执行、循环执行。最后是案例的启动，案例被触发的条件有①资源驱动，②外部事件，③时间信号。案例的启动是由外部环境负责的。

WF_net 的 4 种同步的机制，分别为 AND_split（并行发散）、OR_split（选择发散）、AND_join（同步聚合）、OR_join（选择聚合）。其图形表示如图 4.2 所示。AND_split：当工作流中的表、案例到达库所后，AND_split 对其进行并行处理，变迁后的所有分支启动。AND_join：AND_join 变迁需等待所有的任务完成之后触发。OR_split：选择任意一个后继进行发散。OR_join：汇总的若干分支任务中完成任意一个即可触发。

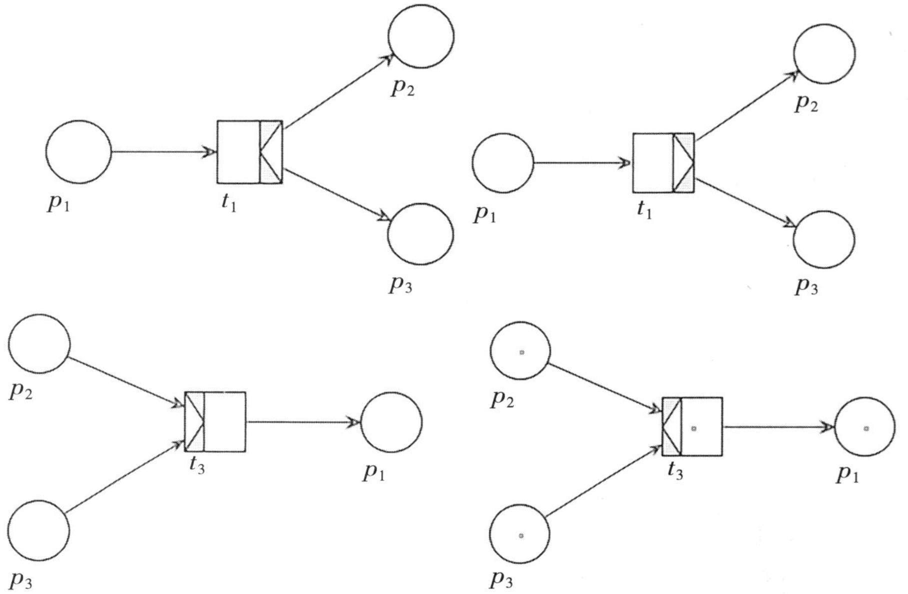

图 4.2　WF_net 的 4 种同步的机制（分别为 AND_split、OR_split、AND_join、OR_join）

2. 工作流到 Petri 网的映射

定义（工作流网）：一个典型的 Petri 网 $PN=(S,T;F,M_0)$ 要被称为工作流网必须满足以下条件：（1）同时存在源库所 $i\in S$ 和终止库所 $o\in S$；（2）PN 是强连通的，即任意一个变迁 $t\in T$ 和库所 $s\in S$ 都不是孤立的。

工作流的过程由任务以及条件两部分组成，映射到 Petri 网中，条件是库所，任务是变迁，Petri 网中的 token 是案例，token 对应的值就是案例的属性值。工作项映射到 Petri 网中就是就绪的变迁，活动对应的是变迁的触发。

工作流网可以根据路由的 4 种基本结构进行组合，用 Petri 网表示如下：

（1）顺序路由

顺序路由即多个任务按序依次执行。如有待执行任务 p_1、p_2，等待 p_1 执行完后执行 p_2，如图 4.3 所示。

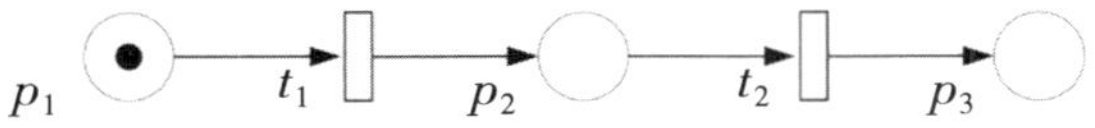

图 4.3 顺序路由

（2）并行路由

并行路由由 AND_split 和 AND_join 组成，满足条件后待执行任务 P_2、P_4 同时执行或以任意的顺序执行，如图 4.4 所示。

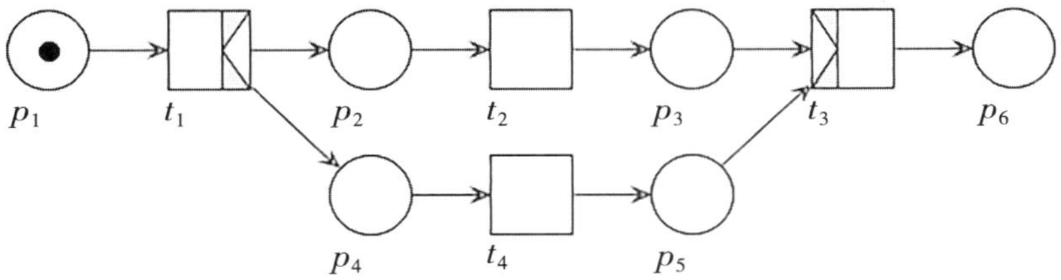

图 4.4 并行路由

（3）选择路由

选择路由与流程图中的条件分支相似，由 OR_split 和 OR_join 组成。在执行任务时首先判断条件，判断完后执行满足条件的任务，如图 4.5 所示。

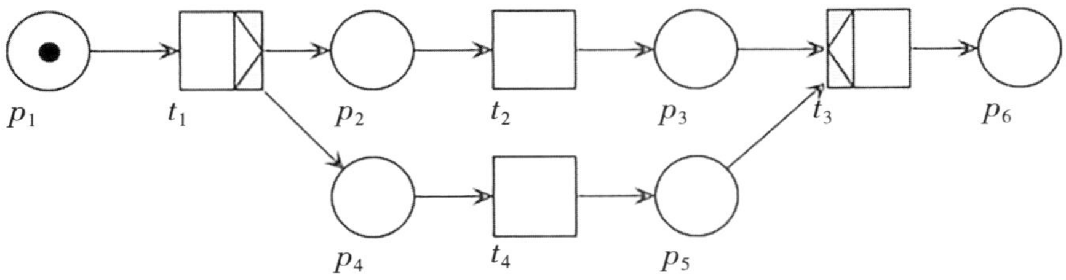

图 4.5 选择路由

（4）循环路由

循环路由是指某个任务满足条件的情况下反复执行多次，分为 repeat…until…（至少执行一次）和 while…do…（先判断后执行）两种类型，如图 4.6 所示。

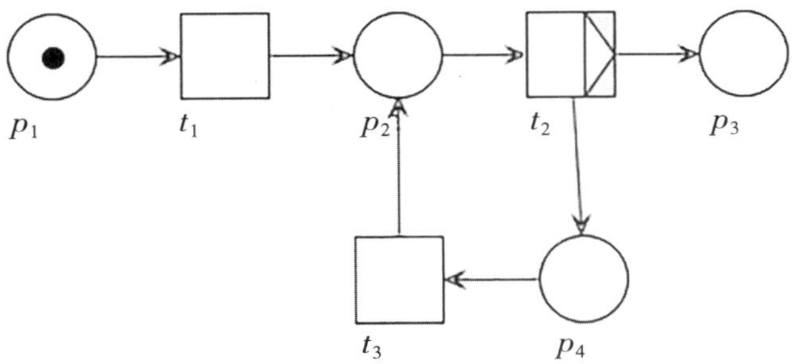

图 4.6 循环路由

（三）Ford-Fulkerson 最大流算法

最大流算法用于计算流在“流网络”中从源节点（S）到汇节点（T）的最大流量。流网络是一个每条边都有一个容量值的有向图 $G=(V, E)$，其中容量值是非负数。

对于一个已知源点 S 和汇点 T 的有向图，去掉图中的某几条边使得没有从 S 到 T 的通路，并保证所减的边的权重和最小，像这样的切割方法我们称其为最小割。[39]

在最大流求解的过程中，首先需要找到一条由 S 到 T 的路径，要求通过该路径的流量不为 0，找到后计算出这条道路所有边剩余容量的最小值 d，并给所有边的流量都加上这个 d，这个过程被称为增广，具有该性质的路径叫作增广路（Augmenting Path），通过增广路可以给汇点 T 增加流量。找出增广路之后剩余的网络即残余网络（Residual network）。最大流求解可以归结为寻找增广路的算法，当找到所有的增广路时，得到的值即为最大流以及最小割的值。

最大流最小割定理：若 f 为具有源点 S 和汇点 T 的流网络 $G=(V,E)$ 中的一个流，则下列条件是等价的。

（1）f 是 G 的一个最大流。

（2）残留网络 G_f 不包含增广路径。

（3）对 G 的某个割 (S,T)，有 $|f|=c(S,T)$。

Ford-Fulkerson 算法（以下简称 FF 算法）通过迭代方式寻找最大流。第一步，将所有边的流量值设为 0，即对于所有 $u,v \in V$ 有 $f(u,v)=0$，此时最大流 f=0，之后通过反复迭代方式寻找增广路径来增加流量值，直到无法找到增广路径为止。以下通过一个具体的例子说明 FF 算法的实现过程。

一个有向网 $G=(V,E)$ 的初始网络（已将所有边的流量值设为 0）如图 4.7 所示，其中 S 为源点，T 为汇点，计算过程如下：

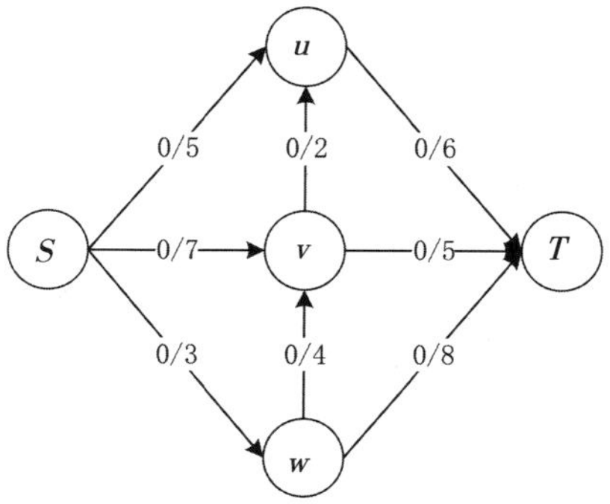

图 4.7　初始网络

图 4.8 为寻找一次增广路径（S->u->T）后的残余网络，此时流网络中的流为 5，经过 4 次寻径后，得到图 4.9 中的最大流网络，可以看出，此时流网络中的最大流为

14。具体的寻找增广路径过程见表 4.2。

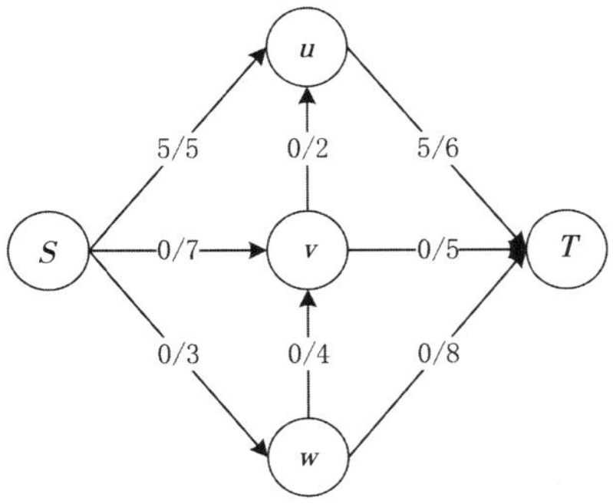

图 4.8 寻找一次增广路径后的残余网络

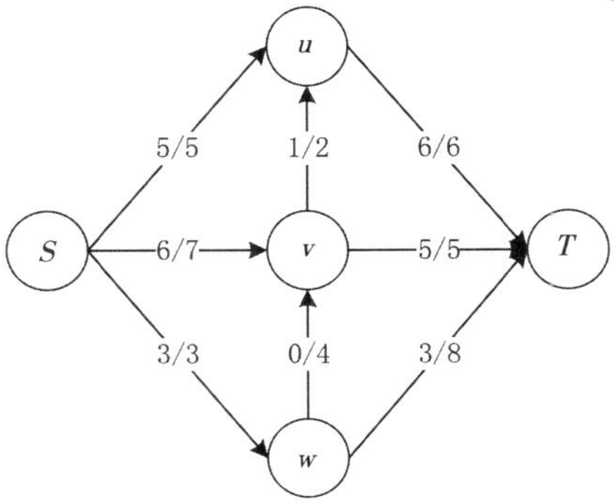

图 4.9 最大流网络

表 4.2 最大流求解过程

增广路径	该次寻径的增加值	最大流
S->u->T	5	5
S->v->T	5	10
S->w->T	3	13
S->v->u->T	1	14

（四）基于 Petri 网的最大流算法

Petri 网与流网络都属于有向图，Petri 网与流网络的差异主要在于 Petri 网的变迁需要触发才可以发生，而流网络的每条路径都是可达的。传统做法通常使用有向流网络计算最大流。这里对融媒体服务模式建立 Petri 网模型，评估其聚合能力需采用最大流算法，为方便计算，我们提出一种基于Petri网的最大流算法，将其命名为最大流Petri网，其核心思维是将 Petri 网转换为有向网络，再用 FF 算法求解。

定义（最大流 Petri 网）：七元组 $\Sigma=(S,T;F,K,W,M_0，FL)$ 被称作一个最大流 Petri 网系统，当且仅当：

（1）六元组 $N=(S,T;F,K,W,M_0)$ 构成一个库所 / 变迁系统；

（2）$FL:T\rightarrow\{1,2,\ldots\}$（正整数集）被称作流量函数。

由定义可知，每个变迁表示的是该路径的流量，现在要以变迁的流量函数作为最大流网络边的权重，构建有向网络 $G=（S,F,FL）$，其中 $S=（s_1，s_2，\cdots,s_n）$表示所有顶点的集合，对应 Petri 网中的库所，$F=(f_1,f_2,\cdots,f_n)$ 表示所有有向弧的集合，对应 Petri 网中的有向弧，FL 为每条有向弧的权值即流量，对应最大流 Petri 网中的流量函数。最大流 Petri 网计算最大流值的具体步骤为：

步骤 1: 对 Petri 网进行分析，找到起始点到终点的所有可以到达的路径，得到可达树。

步骤 2：按照如上对应关系，将所有可达路径转换为最大流网络。

步骤 3：转换完成后，以包含托肯的库所作为起始点，以托肯到达的最终库所作为终点，运用 FF 算法进行最大流计算。

下面以一个具体的例子来说明最大流 Petri 网的分析方法。

分析图 4.10 所示的最大流 Petri 网的可达性，建立图 4.11 所示的可达树图，按照如上规则将所有可达路径转换为图 4.12 所示的最大流网络后计算最大流，最终得到最大流为 14。

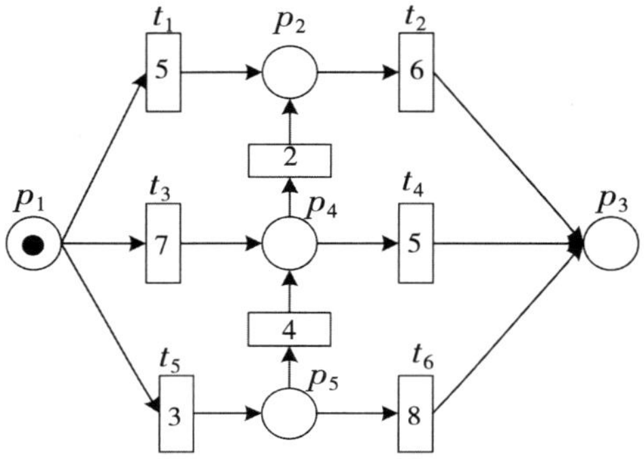

图 4.10　待计算 Petri 网

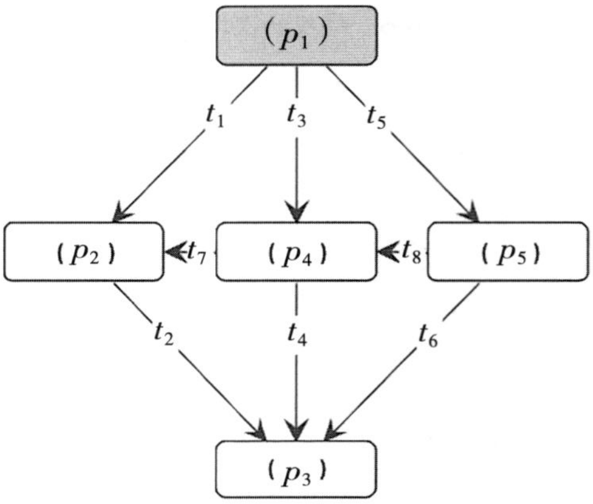

图 4.11　可达树

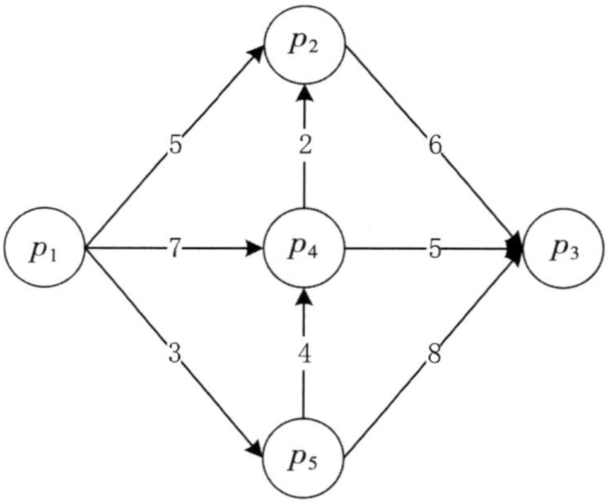

图 4.12　最大流网络

（五）Petri 网仿真工具——WoPeD

WoPeD（Workflow Petri Net Designer）是由德国公立职业学院 [University of Cooperative Education（“Berufsakademie”）Karlsruhe/Germany] 的学生和老师开发出来的，是一款基于 Java 的开源的专业化工作流程编辑工具。WoPeD 的发展始于 2003 年 5 月，

第一个公开测试版是在 2005 年 3 月推出，自推出以来得到大量积极反馈。WoPed 集编辑器、模拟器、分析器于一体，数据模型由标准 PNML 表示，支持 PNML 格式文件，从底层文件系统导出和导入的代码由 xml 框架自动生成。图形视图基于著名的 JGraph 框架（一种被广泛用于绘制、转换和可视化图形的开源解决方案）。[39]

WoPeD 是一个不断发展的工作流分析工具，具有许多实用的功能特性。编辑组件支持流程模型视图和资源模型视图。WoPeD 完全支持原始的工作流网络表示法，并包含用于检查定性属性（可靠性）和定量属性（容量规划）的算法。WoPeD 具有直观性强和使用便捷的优点，是工作流管理和流程分析领域的理想工具。因此，这里选用 WoPeD 作为分析、对比工具。WoPeD 的运行界面如图 4.13 所示。

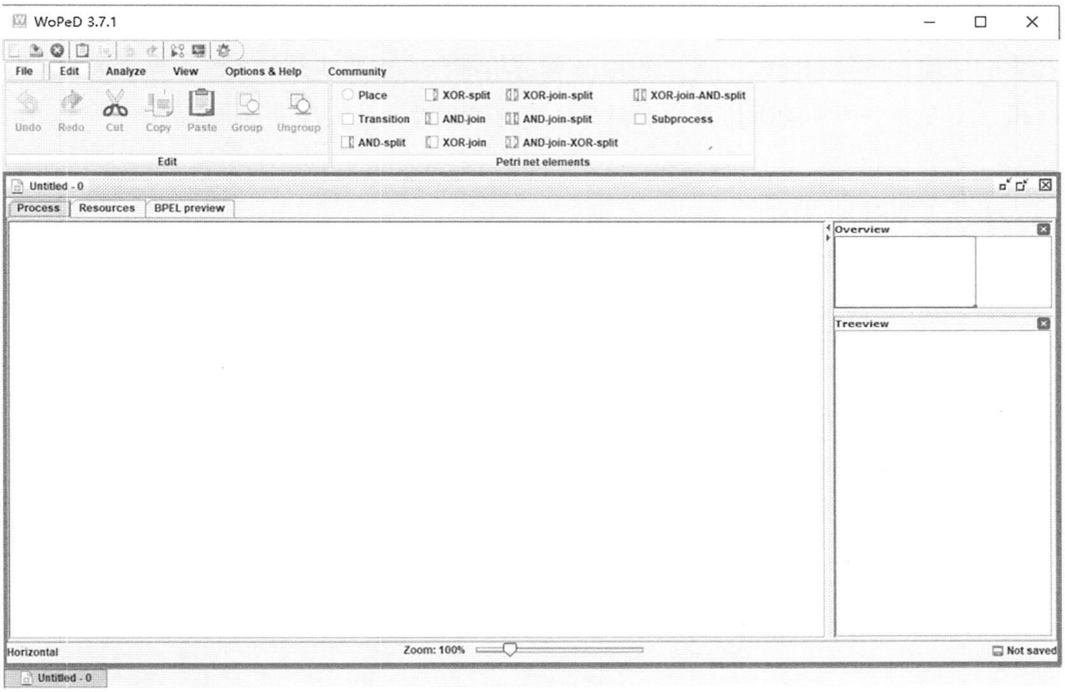

图 4.13　WoPeD 的运行界面

二、Petri 网编辑仿真工具需求分析、概要设计及实现

目前已有许多成熟的 Petri 网、工作流网的模拟分析工具，例如 Visual Object Net ++、CPNTools、PIPE、WoPeD 等，这些模拟工具侧重点各不相同，例如 CPNTools 主要针对颜色 Petri 网，WoPeD 适用于工作流网仿真。这里研发的 Petri 网编辑仿真工具针对融媒体的服务模式，可方便用户对 Petri 网进行编辑，该仿真工具还提供服务模式的性能指标分析。

（一）需求分析

随着新媒体技术的高速发展，合适的融媒体服务模式成为媒体行业主要的研究对象。Petri 网编辑仿真工具正是为了满足服务模式性能指标分析这个需求而开发的。根据融媒体行业特点和一些 Petri 网仿真工具的特点，我们可知，仿真平台应具有直观、易操作、可移植性强的特点。另外，由于融媒体服务模式的工作流网的计算量并不大以及浏览器性能飞速提升，无须将网系统返回服务端进行计算，故可选用纯前端技术来完成 Petri 网编辑仿真工具的研发，用户在使用工具时无须安装和配置环境，只需用浏览器打开网页 pnet.html 即可，进一步方便了用户使用。

Petri 网编辑仿真工具的特点是通过动画形式来直观展示融媒体服务模式工作流。Petri 网编辑仿真工具需包含两大部分，其一是 Petri 网编辑部分，主要实现库所、变迁、托肯的增加、删除和修改；其二是 Petri 网分析部分，主要涉及最大流计算、关联矩阵分析、不变量分析和动画仿真。下面对系统的概要设计及实现进行介绍。

（二）前端 UI 设计

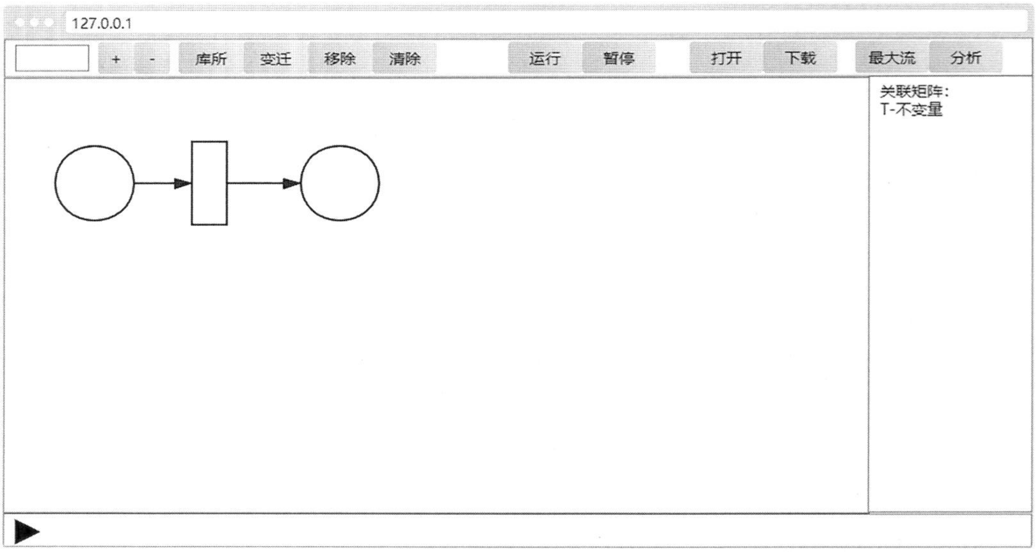

图 4.14　仿真工具原型图

系统的主要功能由前端技术实现，web 界面是与用户交互的唯一途径。根据 UI 设计的四大基本准则，即伦理的、有意图的、注重实效的、优雅的，界面应该具有直观、易操作的特性，并且在用户操作时能给予其充分准确的操作提示，方便其使用。我们设计的仿真工具希望为用户提供 Petri 网编辑和动画仿真的功能，并计算 Petri 网相关的特性和最大流，为用户提供最直观的服务模式聚合能力及其合理性的分析，辅助工作人员改进工作流，提升"中央厨房"的聚合能力。我们结合对传统的 Petri 网仿真工具的 UI 设计和 UI 设计准则的分析，最终确定图 4.14 所示的 UI 界面，前端界面分为四个区域，分别是按钮区，Petri 网绘制区、计算分析区和提示区。其中，按钮区的主要作用是与用户进行交互，用户通过点击按钮来完成工具的使用；Petri 网绘制区主要用来绘制和展示 Petri 网仿真动画；计算分析区主要展示计算和分析的结果；提示区主要功能是按钮功能说明和 Petri 网仿真状态说明。

（三）系统概要设计

系统概要设计是软件工程开发流程中第二个步骤，旨在明确软件系统的整体设计，包括系统的处理流程、功能模块划分、API 接口设计、错误处理等，是详细设计和开发系统的基础。

1. 系统功能模块设计

根据需求分析，Petri 网编辑仿真工具可以划分为三大模块：Petri 网编辑模块、Petri 网计算仿真模块以及提示模块。系统功能模块如图 4.15 所示，以下对其进行详细介绍。

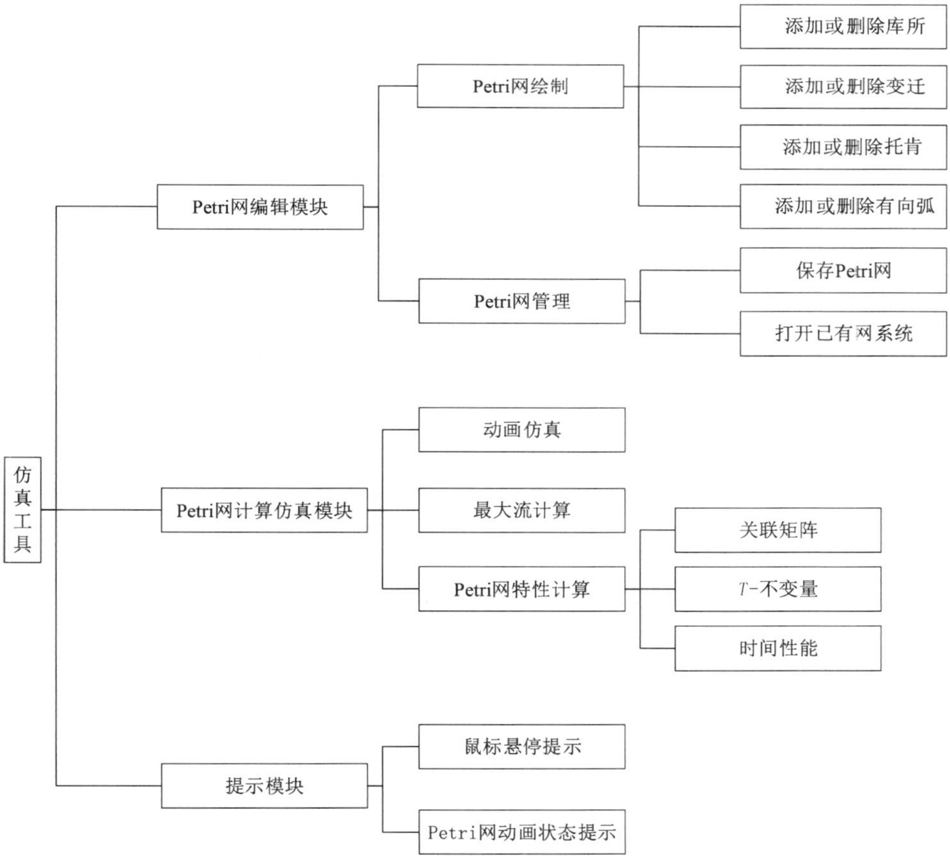

图 4.15 仿真工具功能模块设计

（1）Petri 网编辑模块

Petri 网编辑模块主要实现仿真系统中基础的绘制模型功能，包括库所、变迁以及托肯的增加 / 删除功能、修改库所和变迁名称、添加或删除有向弧、清空画布、保存 Petri 网、打开已有 Petri 网、打开示例功能。在绘制有向弧时，只能连接库所和变迁，不能连接库所和库所或变迁和变迁。在添加托肯时，能且只能在库所中添加。

（2）Petri 网计算仿真模块

Petri 网计算仿真模块是系统的核心，主要有最大流计算、关联矩阵分析、计算 *T*-不变量、计算工作流时间性能等功能。用户在完成 Petri 网的绘制后，点击运行可动态演示托肯在工作流中的运动状态。在 Petri 网运行过程中，随时可以暂停动画，之后点击运行动画可由当前位置继续运行。

（3）提示模块

提示模块主要功能为按钮功能说明以及动画状态说明。当鼠标在按钮上悬停时，在页面下方显示按钮功能描述。当 Petri 网开始运行后，提示栏则显示 Petri 网为运行状态。

2. 系统开发技术及环境

本系统使用的开发技术及环境如下：

●操作系统：Windows 10。

●开发工具：Sublime text 3。

●开发语言：HTML 5、CSS 3、Javascript。

●运行平台：Windows、Linux 等操作系统的主流浏览器。

该系统为纯前端 web 应用，没有后端服务的支持，在使用时需要将打包好的应用下载到本地，然后直接打开 pnet.html 即可使用。以下为开发时所用到的技术：

（1）Raphael JS

随着大数据技术的发展，数据可视化成为一种趋势，我们需要以图像的形式展现数据之间的关系，在大数据可视化发展过程中，诞生了许多优秀的可视化 JS 框架，如 D3.js、Echarts、The Google Visualization API、Polymaps.js、Raphael 等。我们借助数据可视化框架完成 Petri 网仿真工具的开发。通过对比各个框架的优劣势，我们最终选定 Raphael 框架。

Raphael JS 是一个基于 Javascript 的库，主要用于矢量图形的绘制，由 Dmitry Baranovskiy 开发。在 Raphael 中可以通过操作 DOM 创建 SVG（可缩放矢量图形）和 VML（矢量可标记语言），其支持多款浏览器，包括 firefox3.0+、Safari3.0+、Chrome5.0+、Internet Explorer 6.0+ 等主流浏览器。借助 Raphael 可以轻松创建各种复杂的交互式图表和动画。其优势是浏览器兼容性很好，遇到不支持 SVG 语言的浏览器其会自动换成 VML 语言 (IE 浏览器 5.0+)。

在 Raphael JS 中，可以使用 animate() 以 jQuery 风格为图形设置动画，而且提供了许多属性用于设置动画，同时支持回调函数作为参数。

（2）SVG

SVG（可缩放矢量图形）是一种基于 XML 的矢量图形语言。[40]2000 年，W3C 制定了 SVG 推荐标准，使其成为一个被普遍应用的标准。SVG 继承了 XML 的特点，其的存储和读取都十分便捷，可以嵌入任意 XML 网页或 HTML 网页中执行。一个标准的 SVG 文件包含三部分，分别是标准的 SVG 元素信息、模型信息和私有属性信息，每个 SVG 文件都由 <svg> 标签声明开始，由 </svg> 标签声明结束，通过元素标签及其对应属性描述 SVG 对象，SVG 对象包括图形、路径和文本。[41]

HTML 绘图技术主要有 Canvas 和 SVG，与 Canvas 相比，SVG 功能更加丰富，可制作各种图形、滤镜和动画等，更适合用户交互。关于两者的特点和区别，见表 4.3。

表 4.3 Canvas 和 SVG 两种 HTML 绘图技术的特点和区别

	Canvas	SVG
功能	2D 图像绘制，功能单一	图形、滤镜、动画等
操作对象	像素	图形元素
绘制	JavaScript 程序绘图（动态生成）	XML 文档描述
驱动	脚本驱动	脚本和 CSS 驱动
交互	用户交互到像素点（x，y）	用户交互到图形元素
兼容性	各主流浏览器，IE9+	各主流浏览器，IE9+，SVG 阅读器

综上，考虑到仿真工具具有添加或删除元素的灵活性和交互性好的特点，我们选用 SVG。

（3）jQuery

2005 年 8 月，John Resig 改进了 Prototype 的“Behaviour”库，并于 2006 年开发了 jQuery 库。根据 jQuery 官方网站的定义，jQuery 是一个快速、小巧且功能丰富的 JavaScript 库。jQuery 本质上是将 JavaScript 中常用函数封装起来，对外提供易于使用的 API。jQuery 的出现，优化了 HTML 文档操作和事件处理，使得动画设计和 Ajax 交互更加便捷。其核心特性可以总结为三点：1）简洁的链式表达式及多功能 API；2）强大的 CSS 选择器及出色的 DOM 操作封装；3）丰富的插件和良好的浏览器兼容性。

jQuery 有很多版本，分为 1.*x*、2.*x*、3.*x*，其中 3.*x* 为最新版本。三个版本主要差异为兼容性不同，1.*x* 兼容 IE 6/7/8 浏览器，2.*x* 和 3.*x* 不兼容 IE 6/7/8 浏览器，为兼容 IE 6/7/8 浏览器，国内主要使用版本 1.*x*，本仿真工具采用 1.9.1 版本。

（4）Bootstrap 框架

Bootstrap 框架是当前最受欢迎的 HTML 框架之一，上手简单，可以快速适配多种设备，前端开发更加快捷。Bootstrap 的 CSS 文件是由动态 CSS 语言 Less 源码编译而来，因此代码更加精简，其实际文件大小仅有 121kb。Bootstrap 提供了丰富的 Web 组件，包括响应式页面布局排版、导航栏、按钮组、提示框、进度条等，根据这些组件，开发者可以迅速完成一个美观实用的网页。

Bootstrap 中的 JavaScript 插件依赖于 jQuery，因此在使用前需引入 jQuery，相比于 jQuery，Bootstrap 更注重前端设计，使用更加便捷。为提高仿真工具的开发效率，这里采用 Bootstrap 框架对页面进行布局。

（5）Localstorage

仿真工具中主要使用 LocalStorage 实现 Petri 网绘图数据的临时保存。LocalStorage 是 HTML5 的新特性，主要实现浏览器数据本地存储，与 SessionStorage 的唯一区别是 LocalStorage 属于永久性存储，而 SessionStorage 是临时存储，存储的信息将在会话结束后被清空。一般浏览器支持 5M 大小的存储，足以支撑单次绘制中 Petri 网数据的保存。LocalStorage 的优点有：1）打破了 Cookie 的 4K 限制；2）相比 Cookie 节约带宽，便于使用。但其仍有一定的局限，如不同浏览器对 localStorage 大小定义不同、只支持 string 类型的数据；消耗存储空间，导致页面变卡；在隐私模式下不可读取，所以仿真工具在隐私模式下无法使用。

（四）Petri 网编辑仿真工具功能的实现

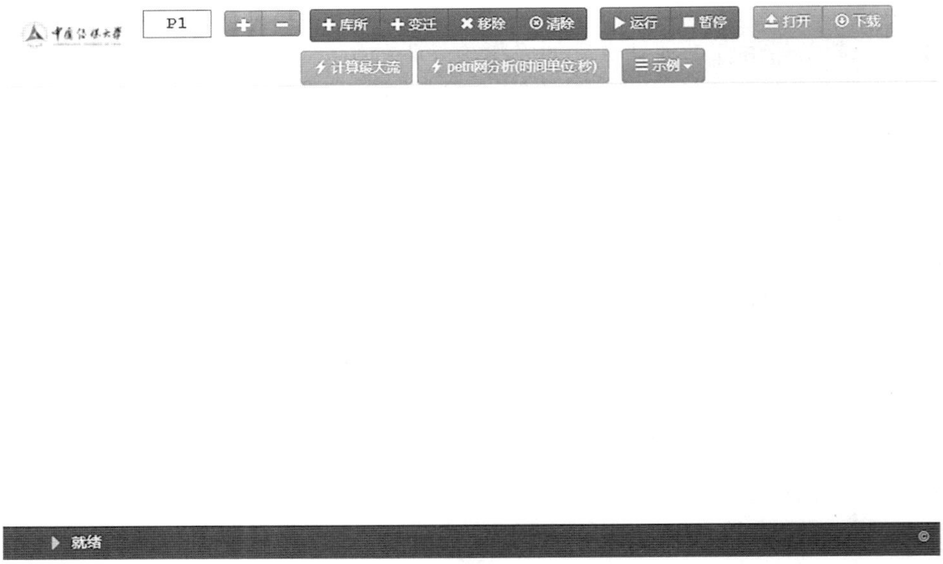

图 4.16　Petri 网编辑仿真工具主界面

Petri 网仿真工具采用单一网页形式，所有的功能都在同一页面实现。主要界面如图 4.16 所示。下面对实现过程进行简要描述。

1.Petri 网绘制功能

如图 4.17 所示，创建网系统时，用户需点击“+ 库所”添加库所，点击“+ 变迁”添加变迁，选中（选中元素显示红色边框）库所点击“+”可添加托肯。新创建的库所和变迁分别按 P1、P2、P3……和 T1、T2、T3……来命名。在添加有向弧时，需按住键盘上的“Ctrl”按钮以及鼠标左键，由起始元素向目标元素拖动鼠标。选中目标元素点击“移除”或敲击键盘的“delete”键可完成相关元素删除操作。为方便用户使用，当库所或变迁被删除时，与其相连的有向弧会相应被删除，避免了因误操作而导致错误信息的出现。

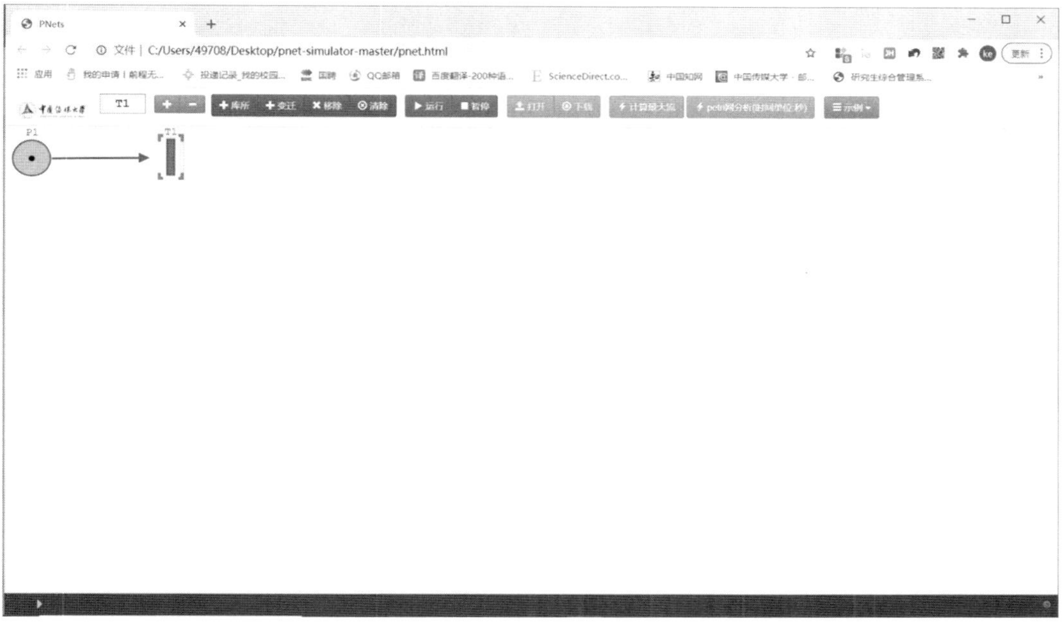

图 4.17 绘制功能操作示意图

创建完成后，Petri 网相关信息会自动保存在 localStorage 中，便于后续的计算和分析，其保存格式为：

{"places":["P1,273,239,0","P2,489,226,0","P3,701,221,0"],"trans":["T1,383,232","T2,611,225"],"arcs":[["P1","T1",1],["T1","P2",1],["P2","T2",1],["T2","P3",1]]}

为进一步方便用户使用，该系统添加了下载功能和打开已有网系统功能，下载功能可将如上格式的 Petri 网信息保存到本地 txt 文件中。选择正确文件可以打开本地网系统，如图 4.18 所示；若选择了内容格式错误的文件，则不显示。

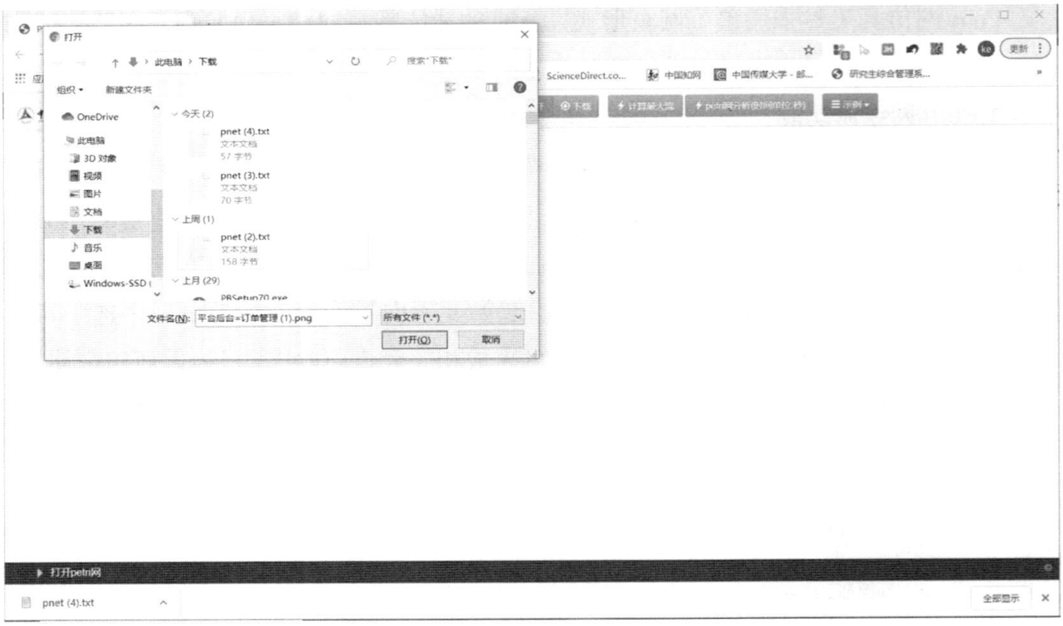

图 4.18　打开功能示意图

2.Petri 网仿真动画实现

本仿真工具的变迁按照传统的 Petri 网变迁实现，即对应工作流中的 AND-split。用户点击“运行”开始动画仿真，点击“暂停”可停止动画，如图 4.19 所示。动画效果主要由 Raphael JS 中的 animate() 方法实现。

图 4.19　仿真功能示意图

3.Petri 网分析功能实现

Petri 网分析功能包含两部分内容，分别是最大流计算和 Petri 网性能分析。图 4.20 所示的是最大流分析，在计算时，需将“新闻资源”作为起始点，将“新闻库”作为终点，计算结果最终显示在页面右侧。

同最大流计算功能，分析 Petri 网性能只需点击“Petri 网分析”按钮即可。Petri 网中各变迁的处理时间以秒为单位，计算结果以小时为单位。（由于在计算时间性能时，各变迁时间经常出现重复，需以“TN-X”进行命名，其中，TN 为变迁默认编号，X 为处理时间。）此外，为方便用户进行后续分析，显示关联矩阵和 *T*- 不变量、*S*- 不变量。当 Petri 网不存在 *T*- 不变量和 *S*- 不变量时，则显示不存在 *T*- 不变量、不存在 *S*- 不变量。

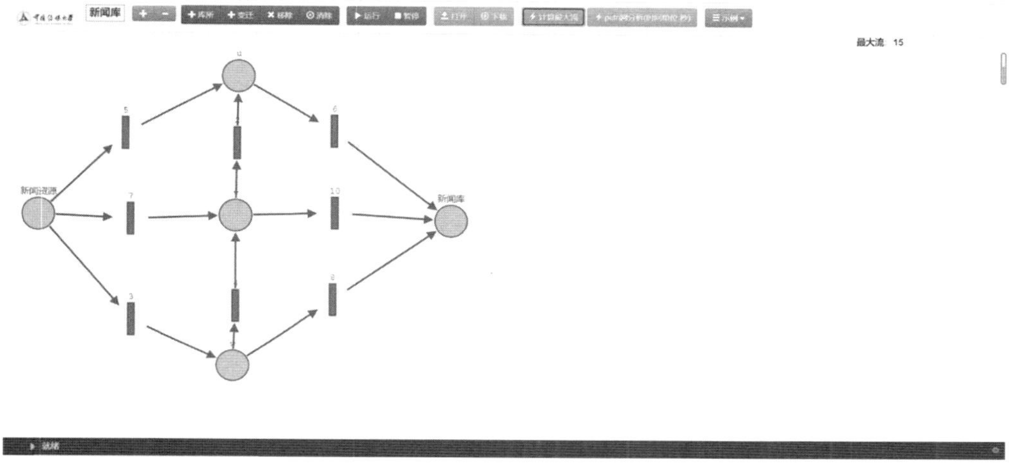

图 4.20　最大流计算结果图

（五）系统测试

完成系统开发后，为保证其准确性和实际使用效果，仍需对其进行进一步测试。测试方法包括白盒测试、灰盒测试和黑盒测试，这里主要对系统进行黑盒测试，即把系统看作一个内部细节不可知的黑盒子，只注重其功能。通过黑盒测试可以验证系统是否可以满足需求分析。 主要采用的测试用例设计方法包括等价类划分、因果图方法和错误推测法，测试用例及测试结果见表 4.4。

表 4.4　基于黑盒测试的 Petri 网编辑仿真工具测试用例及测试结果

序号	待测功能	操作及预期效果	实际效果	测试结果	备注
1	Petri 网绘制功能	点击“+ 库所”在画布(0,0)处添加库所，点击“+ 变迁”在画布（0，0）处添加变迁	在画布（0，0）处添加库所和变迁	通过	
2		单击选中元素，选中元素显示红色边框	单击可选中元素并显示红色边框	通过	

续表

序号	待测功能	操作及预期效果	实际效果	测试结果	备注
3	Petri 网绘制功能	选中库所，点击“+”，增加托肯，选中变迁或有向弧，点击“+”，不增加托肯	仅能在选中的库所中添加托肯	通过	
4		选中元素后点击“移除”或敲击 delete 键删除元素及与其相连的有向弧	点击“移除”或敲击 delete 键可以删除元素及与其相连的有向弧	通过	
5		选中元素，在左上方文本框显示元素名称，点击可修改元素名称	名称显示无异常，修改名称成功	通过	已连接有向弧的元素修改名称后有向弧自动删除，不影响工具使用
6		按住键盘上的“Ctrl”键以及鼠标左键，由起始元素向目标元素拖动鼠标，添加由起点指向终点的有向弧	起点终点对应元素时可添加有向弧且方向正确，拖动时元素未移动，不能添加有向弧	通过	
7		删除有向弧时，变迁和库所不受影响	删除有向弧时，变迁和库所不受影响	通过	
8		点击“清除”清空画布	清空画布	通过	
9		点击“下载”可将 Petri 网信息保存到本地，并命名为“pnet.txt”	下载成功且格式正确	通过	
10		点击“打开”唤起文件选择页面，选择文件绘制图像，选择错误格式或文件，不绘制图像	可以打开文件并绘图	通过	
11		点击“示例”可选择已有示例并绘图	选择县级融媒体、中央厨房、内容聚合分发均可绘制示例 Petri 网	通过	
12	Petri 网分析功能	点击“计算最大流”，右侧显示最大流计算结果	右侧显示最大流计算结果	通过	
13		点击“Petri 分析”，右侧显示关联矩阵、T- 不变量、时间性能	右侧显示关联矩阵、T- 不变量、时间性能	通过	
14		有托肯时，点击“运行”，开始动画仿真	开始动画仿真	通过	

续表

序号	待测功能	操作及预期效果	实际效果	测试结果	备注
15	Petri 网分析功能	无托肯时，点击“运行”，无效果	无效果	通过	
16		点击“暂停”，停止动画效果	停止动画效果	通过	
17	系统提示功能	按钮在鼠标悬停时提示栏显示按钮功能	鼠标悬停时提示栏显示按钮功能	通过	
18		Petri 网运行时显示“运行中”并展示动画效果	显示“运行中”和动画	通过	
19		有运行中的网络时，点击暂停后显示暂停图标		通过	
20		没有网络运行时，点击暂停，提示“没有正在运行的网络”		通过	

综上，系统通过所有测试用例，无 P4 以及 P4 级别以上的 bug，[42] 可以用于融媒体工作流分析。

三、融媒体服务模式的性能评价指标

上面介绍了 Petri 相关理论以及自开发的 Petri 网编辑仿真工具，为后续的服务模式建模和分析奠定了理论基础并提供了工具支持。由于我国目前尚无明确的融媒体服务模式评价指标，故下面我们将主要介绍融媒体服务模式的特点，并制定相关性能评价指标。

我们在选取指标时遵循以下原则：

（1）指标要尽可能全面

在选取指标时，要注意从多个角度反映融媒体服务模式的特征，且各指标之间要有一定的逻辑关系，不能重叠，不能片面强调某一指标，保证评价的科学性和准确性。

（2）指标可测性原则

选取的指标要易于量化和计算，保证评估的可操作性。

（3）相关性原则

Petri 网中有许多性质可以帮助分析一个系统，要在其中选取和融媒体服务模式相关的性质进行计算。

（4）层次性原则

所选取的指标中若存在联系紧密的指标，可将它们设置为一级指标，在一级指标下划分多个具体的子指标。

（一）融媒体服务模式的性能评价指标

我们使用基于 Petri 网的工作流模型对融媒体服务模式进行建模，建模的合理性关乎评价的准确性。在前面内容中我们介绍了 Petri 网的性质和分析方法，可以从结构特性和性能两方面对工作流的合理性和性能进行评价。此外，结合融媒体行业的特点，要制定具有针对性的评价指标，具体指标如下。

（1）融媒体服务模式工作流合理性

工作流合理性是评判工作流网络的一项重要指标，包含活性和有界性分析。一个合理的工作流网应该是有界的，且通过变迁引发的所有序列都是无死锁的。

（2）服务时间性能

评价服务模式，服务的平均时间是另外一个重要指标，它对工作流模型进行定量分析，直接影响工作流系统的可行性。在融媒体服务模式中，我们可假设一天中可采集的新闻资源是无限的但记者是有限的，如何更有效率地产出新闻就成了主要问题，所以我们要使系统的活动时间尽可能少。

（3）融媒体聚合能力

融媒体的聚合能力是区别于传统媒体的一个重要能力，融媒体可以更好地整合新闻内容，将文字、声音、图片、视频等新闻线索统一入库，实现一次采集，多元传播。聚合能力由最大流 Petri 网计算得出。

在三个指标中，最为重要的指标是工作流的合理性，若一个服务模式的工作流中存在死锁等问题，其服务时间将趋于 ∞。

（二）相关评价指标分析方法

1. 工作流模型的合理性

工作流模型的合理性是工作流研究者主要关注的问题之一。可从是否存在死锁等方面进行分析，常用的方法有基于关联矩阵的分析方法和基于可达树的分析方法。

（1）基于关联矩阵的分析方法

基于 Petri 网关联矩阵的分析是研究 Petri 网结构性质的重要方法之一，前面章节我们已经介绍了关联矩阵的定义，其构造方法如下。

设六元组 $\Sigma=(S,T;F,K,W,M_0)$ 称作一个库所 / 变迁系统，第 m 个库所 S_m，经过第 k 个变迁 T_k，到第 n 个库所 S_n，则关联矩阵 C 的元素为：

$$\begin{cases} C_{mk}=-1 \\ C_{nk}=1 \quad （m，n \text{ 为行号，} k \text{ 为列号）} \\ 0 \quad \text{其他} \end{cases}$$

Petri 网中若有变迁组合 t_1，t_2，$\cdots$ t_n，库所中托肯数不发生改变，具有这样特性的

行向量 $[t_1, t_2, \cdots t_n]$ 叫作 T– 不变量。Alast 等人使用 T– 不变量分析工作流网，求得关联矩阵后使用如下算法计算 T– 不变量：[43]

步骤 1：设 Petri 网的关联矩阵为 $C = C_{m\times n}$，A 为 m 阶单位矩阵，$A = I_{m\times m}$

步骤 2：构造新矩阵 $D= [C \mid A]$，对 D 中任意两行 r_1 和 r_2 进行非负的线性消解，若 $\exists k_1\ k_2 > 0$，使得线性组合 $k_1r_1 + k_2r_2 = O_{1\times n}$，即行向量为 0，消解后的矩阵为 $[C' \mid A']$。

步骤 3：C^1 中所有为 0 的行向量所对应的 A^1 中的行向量即为 Petri 网的 T– 不变量。

不是所有的 Petri 网都有 T– 不变量，T– 不变量的存在表明网系统具有对系统状态复制的能力。此算法求出的是一组相互线性独立的 T– 不变量，可由这个不变量的线性组合得到其他不变量。

为验证算法的正确性，下面用一个实例来说明关联矩阵和 T– 不变量的求解。

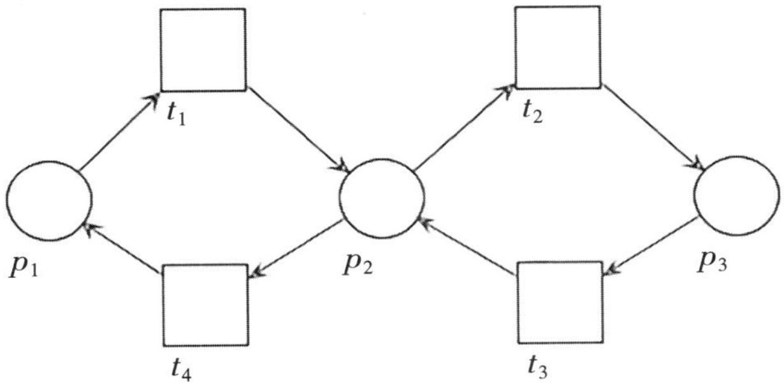

图 4.21　Petri 网示例

图 4.21 所示的 Petri 网中，按照上述规则，C_{11} 是由 p_1 指向 t_1，C_{11}=–1，C_{21} 是由 t_1 指向 p_2，故 C_{21}=1，由此类推，该 Petri 网的关联矩阵为：

$$
\begin{array}{cc} & \begin{array}{ccc} p_1 & p_2 & p_3 \end{array} \\ \mathrm{C} = \begin{array}{c} t_1 \\ t_2 \\ t_3 \\ t_4 \end{array} & \left[\begin{array}{ccc} -1 & 1 & 0 \\ 1 & -1 & 0 \\ 0 & -1 & 1 \\ 0 & 1 & -1 \end{array}\right] \end{array}
$$

将计算出的关联矩阵与单位矩阵组合，得到新矩阵 D，并对其进行非负线性消解，其过程如下所示：

$$
D = (C|I) = \begin{bmatrix} -1 & 1 & 0 & 1 & 0 & 0 & 0 \\ 1 & -1 & 0 & 0 & 1 & 0 & 0 \\ 0 & -1 & 1 & 0 & 0 & 1 & 0 \\ 0 & 1 & -1 & 0 & 0 & 0 & 1 \end{bmatrix} = \begin{bmatrix} -1 & 1 & 0 & 1 & 0 & 0 & 0 \\ 0 & 0 & 0 & 1 & 1 & 0 & 0 \\ 0 & -1 & 1 & 0 & 0 & 1 & 0 \\ 0 & 0 & 0 & 0 & 0 & 1 & 1 \end{bmatrix}
$$

最终得到 T– 不变量 I_1=［1　1　0　0］、I_2=［0　0　1　1］，即当 t_1 和 t_2 各发生一次或者 t_3 和 t_4 各发生一次时，库所中托肯数两不发生改变。这与实际情况相符，算法正确。

S– 不变量与 T– 不变量计算方法相同，只需将关联矩阵进行转置即可。

（2）基于可达树的分析方法

可达树分析是工作流 Petri 网的合理性分析中另一种重要的分析方法，在求解死锁问题和确定过程定义的执行能否结束的问题中起着重要作用。在前面我们已经介绍了可达树的构造方法，它可以对 Petri 网以下几个性质进行分析。

1）安全性和有界性

若 Petri 网中每个库所的最大容量即托肯数不超过 1，则称 Petri 网是安全的。通常使用可达树分析 Petri 网系统的安全性和有界性，若可达树每个位置的标志数不超过 1，就称该 Petri 网系统是安全的，若任意位置标志数不超过 k，则称 Petri 网是有界的，若出现标记 ω，则存在一个变迁序列可以重复任意次，使得标志数成为无界值，这样的 Petri 网有潜在无界的可能性。[44]

2）死锁分析

在一个可达树中，设 x 为 Petri 网的叶子节点，其关联标识为 M_x，检测死锁的算法如下。

步骤 1：若 x 为端点，则 Petri 网有死锁且标识为 M_x。

步骤 2：若 x 是重复节点，则有两种情况，一类是标识节点中不包含符号 ω 的节点，这类节点不是死锁标识，另一类节点是标识中含有符号 ω，则需消除 ω 后进行分析，[45] 得到新标识 M_x'。如果 $\delta(M_x', \lambda^k)$，$k \in N$ 为死锁标识，则 Petri 网有死锁；否则 M_x' 中不含可达的死锁标识。

2. 工作流模型的时间性能

完成对工作流模型的验证后，需要对工作流的性能进行进一步分析。在融媒体工作流中最重要的是服务时间，分析工作流的时间性能主要包含指标有 Petri 网活动时间、单位时间处理的任务量、触发任务平均响应时间等。

活动时间由两部分组成，分别是工作时间和等待时间，具体公式如下所示：

$$\begin{cases} \text{活动时间} = \text{工作时间} + \text{等待时间} \\ \text{等待时间} = \text{等待资源时间} + \text{阻塞时间} + \text{非活动时间} \end{cases}$$

其中，工作时间指 Petri 网处理事务时所需要的时间。等待时间是指资源被占用而无法处理事务的等待时间，包含等待资源的时间、阻塞时间和非活动时间。

工作流模型的变迁时延通常服从指数分布，下面我们给出工作流路由四种基本结构的性能等价公式。[46, 47]

（1）顺序路由

顺序路由由 n 个变迁串联组成，其活动时间等于 n 个变迁服务时间之和。设这 n 个变迁$t_1,t_2,\ldots,t_n$的时延相互独立，且分别服从参数为$\lambda_1,\lambda_2,\ldots,\lambda_n$的指数分布函数，则$n$个变迁的平均时延分别为$\frac{1}{\lambda_1},\frac{1}{\lambda_2},\ldots,\frac{1}{\lambda_n}$，最终，顺序路由的总时延为$t=\sum_{i=1}^{n}\frac{1}{\lambda_i}$。

（2）并行路由

并行路由由各个变迁并联组成，设n个并联变迁为n个相互独立的顺序统计量$X_1,X_2,\ldots,X_n$，且分别服从参数为$\lambda_1,\lambda_2,\ldots,\lambda_n$的指数分布函数，则最终并行路由的总时延为$t=\sum_{i=1}^{n}\frac{1}{\lambda_i}-\sum_{i=1}^{n-1}\sum_{j=i+1}^{n}\frac{1}{\lambda_i+\lambda_j}+\sum_{i=1}^{n-2}\sum_{j=i+1}^{n-1}\sum_{k=j+1}^{n}\frac{1}{\lambda_i+\lambda_j+\lambda_k}+\cdots+(-1)^{n-1}\frac{1}{\sum_i^n\lambda_i}$。

（3）选择路由

选择路由中包含特殊参数α，即变迁执行的概率，设n个选择变迁$t_1,t_2,\ldots,t_n$的时延为n个相互独立的随机变量$\hat{t_1},\hat{t_2},\ldots,\hat{t_n}$，且分别服从参数为$\lambda_1,\lambda_2,\ldots,\lambda_n$的指数分布函数，且每个变迁的执行概率分别为$\alpha_1,\alpha_2,\ldots,\alpha_n$（$\sum_{i=1}^{n}\alpha_i=1$），则最终选择路由的总时延为$\sum_{i=1}^{n}\frac{\alpha_i}{\lambda_i}$。

（4）循环路由

循环路由是一种特殊的选择路由，可看作具有两个选择变迁的系统，设两个选择变迁t_1和t_2的时延为两个相互独立的随机变量$\hat{t_1}$和$\hat{t_2}$，且分别服从参数为λ_1和λ_2的指数分布函数，假设变迁t_1执行完后执行t_2的概率为α，则循环路由最终的总时延为

$$t=\frac{\lambda_2+\alpha\lambda_1}{(1-\alpha)\lambda_1\lambda_2}$$。

3. 融媒体服务聚合能力

新闻的时效性是新闻的一个主要特点，融媒体服务模式的聚合能力是指假设新闻资源无限多，但具体时间内可处理的新闻资源是有限的，我们将工作时间内可处理的新闻资源的数量即最大流叫作聚合能力。我们在前面已经简单介绍了基于最大流Petri网的最大流计算方法，具体计算方法如下：

（1）根据融媒体服务模式流程图绘制Petri网；

（2）对（1）中得到的Petri网进行进一步简化，得到最大流Petri网，从而计算出每个变迁的最大处理能力；

（3）按照基于最大流Petri网的最大流计算方法计算最大流。

四、基于 Petri 网的“中央厨房”服务模式的建模及分析

（一）“中央厨房”服务模式工作流程简介

2015 年，“中央厨房”这一概念正式被媒体平台引入，中央电视台、《人民日报》、新华通讯社、《解放军报》等都采取该服务模式进行新闻生产。“中央厨房”的成立打破了传统媒体运作方式，建立了统一的“指挥台”，实现了对一个素材资源同步加工，生成多种形态的产品，实现了报、网、端、微多渠道传播，适配多种新媒体终端。人民日报社作为“中央厨房”建设的领头羊，更是制作了许多现象级产品。

将餐饮业中的“中央厨房”模式引入媒体融合中可以充分发挥其优势，最大化利用新闻资源、最大限度提高新闻生产效率、最大程度满足不同读者群体需求。“中央厨房”模式最大的特点是集中式管理，“中央厨房”要汇聚所有采集来的新闻资源，包含图片、视频、音频、文字等，需对所有资源进行合理分类存储，同时，指挥平台和资源平台联动，避免通信孤岛。“中央厨房”实现了对新闻采集的统一指挥，避免了对同一新闻的多次采集，进而提升效率。

同时，“中央厨房”也存在着一些问题。在新闻生产中，由于运营成本过高、内容同质化、未形成新盈利模式等问题，“中央厨房”不能常态化运转，只有在有重大活动时高层强力推动的情况下才能运转，沦为了“节庆厨房”。因此，对“中央厨房”进行建模分析找到缺陷就显得尤为重要。[48]

为探索“中央厨房”的工作流程，这里选取较有代表性的、转型较为成功的“中央厨房”模式（人民日报社、湖北广播电视台、《中国青年报》）进行分析，对其工作流程进行总结概括。

1. 人民日报社“中央厨房”

《人民日报》作为国家中央机关报，成为带头进行媒体融合的“领头羊”。人民日报社“中央厨房”主要有图 4.22 所示的六种角色，分别是指挥员、信息员、采集员、技术员、加工员、推销员。整个工作流程以信息员为工作核心，指挥员为领导核心展开。指挥员负责全面统筹“中央厨房”工作，完成重大选题策划指导和审核。信息员是信息中枢，负责对接和回收各个成员的各类需求。采集员即记者，负责收集新闻素材。加工员与传统的编辑职能类似，主要服务于前方记者，对内容进行深加工。技术员则是整个“中央厨房”的技术负责人，主要负责各种可视化内容的生产，包括 H5 制作、UI/UE 设计、视频剪辑等。推销员负责推广传播新闻成品。[49]

下面我们详细介绍“中央厨房”的具体工作流程。

新闻采集部分：采集员将所采集的新闻资源（稿件、照片等）回传给加工员，并同步将日程和选题传给信息员，加工员对选题进行审核（对于特殊的选题交由指挥员

进行审核），信息员向采集员反馈审题结果并进行约稿。

新闻制作部分：加工员对采集员反馈的素材和信息员传回的新闻半成品进行进一步加工，向采集员提供历史资料和最新线索等，若有可视化需求则将需求反馈给信息员，具体策划交由技术员去实现，技术员将制作的可视化产品交由加工员审核。

新闻传播部分：新闻成品（半成品）完成后，信息员交给推销员进行发行、传播，推销员收集传播效果的数据反馈并进行分析，将新闻的传播效果反馈给信息员。同时新闻半成品被推送到《人民日报》的各发稿终端，各发稿终端收集落地反馈信息，便于进行舆情监控等工作。最后，信息员需对当日热点进行整理，向指挥员进行汇报，方便指挥员管理。

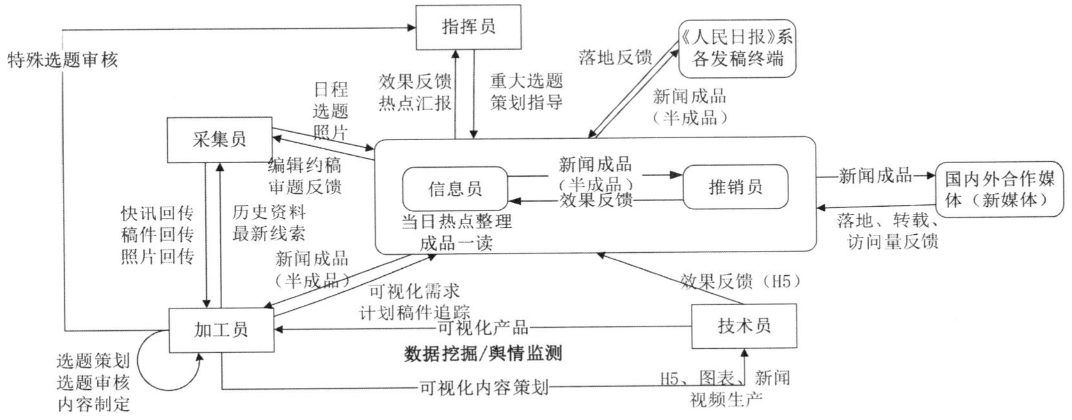

图 4.22 人民日报社“中央厨房”工作流程图

2. 湖北广播电视台“长江云”

湖北广播电视台是省级媒体“中央厨房”中比较典型的一个，实践效果较为理想，[50]2014年，湖北广播电视台正式拉开媒体融合转型的帷幕，开始筹备“中央厨房”长江云项目，打造了全国首家集新闻、广播、电视、新媒体、政务为一体的融合生产云平台。“长江云”代表了一些省市级大中型媒体“中央厨房”建设之路。[51]

图 4.23 展示了“长江云”新闻生产的业务流程，具体可以分为三大部分：新闻采集、新闻回传、新闻播出。“长江云”数据库主要由线索池、新闻共享池、选题池、报道池、移动采编报道池组成，其中处于中心地位的是选题池，为最终报道提供指导。线索池主要为新闻策划提供决策依据，对应传统新闻生产中采集部分。在新闻采集中，“长江云”结合了省级媒体新闻来源丰富的特点，将采集部分划分成 3 个渠道，即热线电话报料、移动政务平台、市州媒体供稿，并为不同渠道的入库制定了不同规则。选题池为新闻提供选题，是传统新闻生产中的第一阶段，选题池中包含各频道申报的通过审核的题目，资源调度人员根据选题内容向记者下发采访任务。报道池中包含成

熟的新闻产品，其主要来源有记者自采报道、移动采编报道以及选题池中选定的内容，且最终播出内容为报道池中内容 。

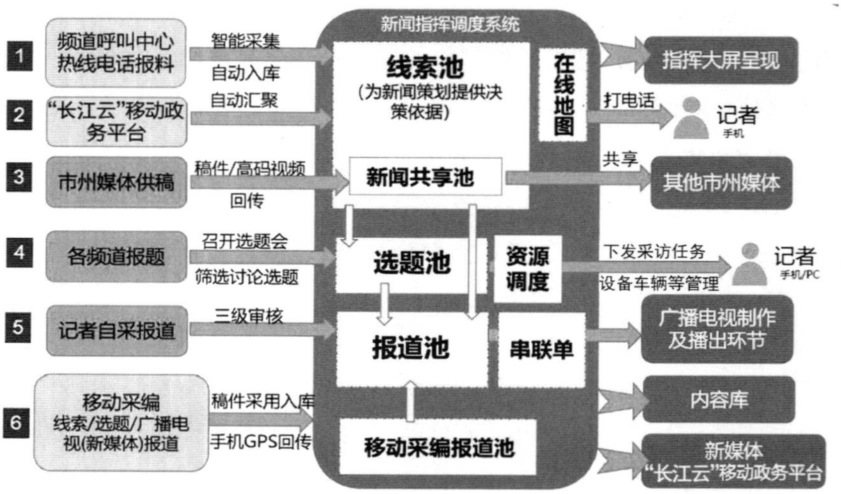

图 4.23 “长江云”新闻指挥调度系统业务流程图

3.《中国青年报》“融媒小厨”

《中国青年报》是团中央机关报，受众年龄主要在 18 岁到 35 岁之间。《中国青年报》的“中央厨房”之所以称为“小厨”，是因为其资金投入不足，并不像人民日报社、新华社“中央厨房”那样信息化程度高、规模庞大。《中国青年报》的“小厨”可以代表一些小型媒体的融合发展之路。[52]

与《人民日报》“中央厨房”不同的是，“融媒小厨”将指挥系统分为四个层面。第一层总编辑与“指挥员”相对应，主要负责统筹管理，对重大选题进行审核、策划和指导。第二层是值班副总编，负责对日常的具体选题进行管理和安排。第三层为全媒体协调中心和值班编委。协调中心与“信息员”职责相对应，负责协调不同部门的工作，是信息中枢，此外，还需负责重要选题的前期采访和策划。值班编委负责稿件的编辑和发布，与全媒体协调中心一起为“融媒小厨”的高效运转效力。第四个层面扮演“采集员”的角色，主要负责根据任务对相关素材进行采集，并将素材及时回传到“融媒小厨”数据库，然后值班编委对素材进行编辑和多渠道发布。其具体工作流程如图 4.24 所示。

总结以上三种规模不同的“中央厨房”的工作模式，我们将“中央厨房”的工作流程分为四个阶段，分别是汇聚、加工、发布和效果反馈四个阶段。汇聚不仅指一线记者的采访回传，还包括“中央厨房”素材库的历史素材以及通过其他方式获得的新闻内容。加工包含将素材生成图文产品、音视频产品、H5 等新闻成品。发布即播出新闻。效果反馈是对新闻播出后的各项数据进行分析，用于指导后续工作。

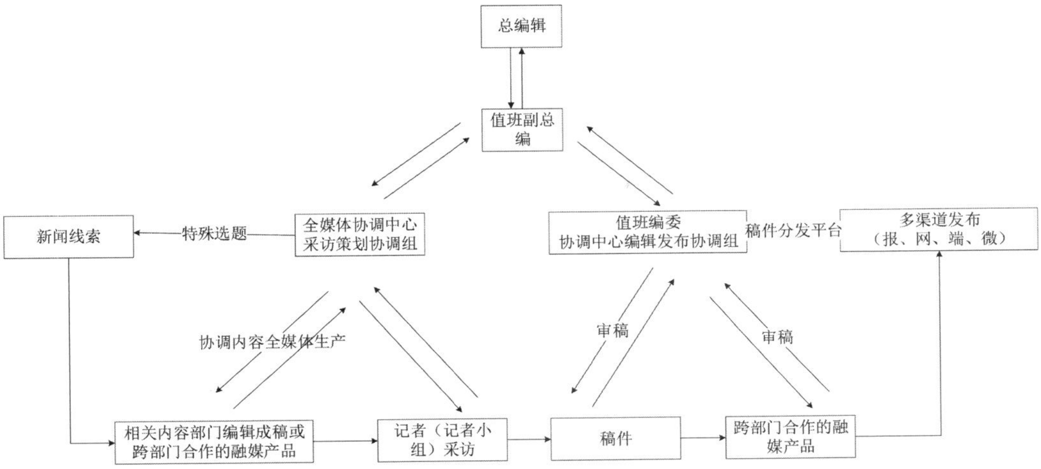

图 4.24 《中国青年报》“融媒小厨”工作流程图

如前所述，“中央厨房”的工作流程涉及多部门的协调运行，其工作流程可划分为多个子问题，这里重点对“中央厨房”整体的工作流程和新闻资源的汇聚部分进行建模和分析。

（二）“中央厨房”整体工作流程建模及分析

1. “中央厨房”整体工作流程的 Petri 网模型构建

“中央厨房”业务流程被模块化划分后，得到图 4.25 所示的流程图。

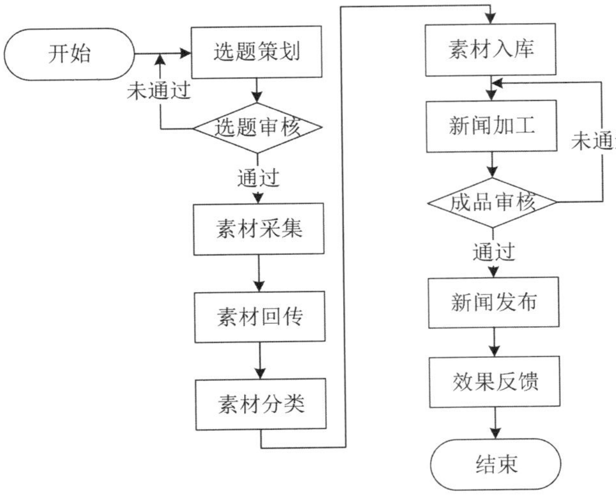

图 4.25 “中央厨房”的业务流程图

将流程图转化为工作流网 $N=(P,T;F,M_0)$，其中 P 代表工作流程中的相关群体或处理部门，其容量由各部门的具体工作处理能力决定；T 表示新闻资源具体的传输过程或加工过程，有向弧 F 表示“中央厨房”工作流程中的顺序关系；M_0 是初始标识。在该工作流中，

p_1是新闻源即起始库所，p_{23}是用户端即终止库所。变迁t_2为选择发散，t_3、t_9为并行发散，t_8、t_{14}为同步聚合。如图 4.26 所示。建立工作流模型时，要尽可能细化工作流程，由此这里将素材回传阶段划分为视频回传、音频回传、文字回传和图片回传，新闻资源在这四个阶段耗时的差异较大；将新闻加工阶段细化为图文产品加工、H5 产品加工、音视频产品加工和可视化应用产品加工，这四种产品较为常见且加工的方式、耗时区别较大。

在新闻生产的实际情况中，记者每次回传的素材和实际发布的最终产品形态不一定都包含四种，但由于系统的时间性能是一个主要指标，为得到最大的时延，我们假设每条新闻的产生需要同时采集这四种素材并生成四种不同产品。

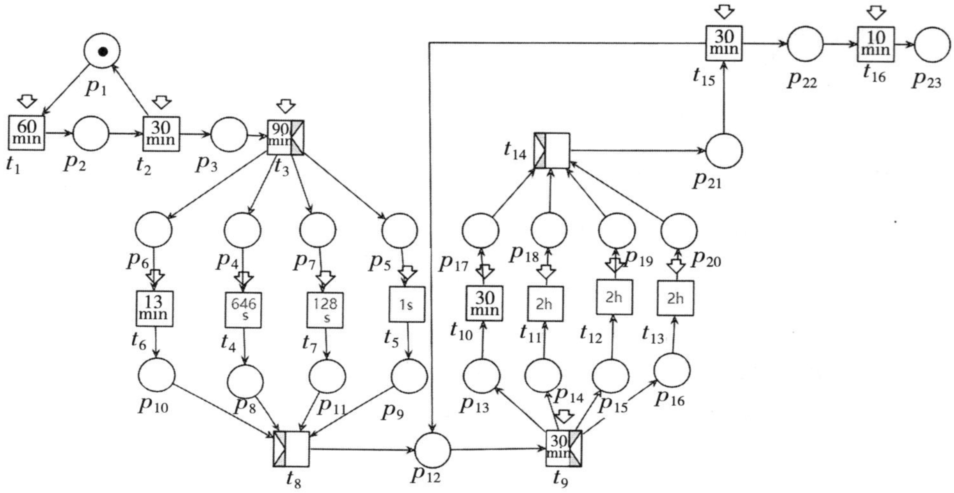

图 4.26 最大时延“中央厨房”Petri 网模型图

如图 4.26 所示，随着融媒体工作流程的推进，托肯也会从初始位置p_1转移，当由p_1转移到p_{23}时不再转移，则代表该新闻资源处理完毕，整个工作流程结束。其中变迁t_1到t_{16}的含义见表 4.5。

表 4.5 Petri 网中各变迁含义

变迁	含义	延时时间	执行概率
t_1	选题策划	60 min	1.0
t_2	选题审核	30 min	1.0
t_3	素材收集 / 采访	90 min	0.9
t_4	音频素材回传	646s	1.0
t_5	文字素材回传	1s	1.0
t_6	视频素材回传	13min	1.0
t_7	图片素材回传	128s	1.0

续表

变迁	含义	延时时间	执行概率
t_8	素材入库	0	1.0
t_9	内容制定	30 min	1.0
t_{10}	图文产品制作	30 min	1.0
t_{11}	H5 产品制作	120 min	1.0
t_{12}	音视频产品制作	120 min	1.0
t_{13}	可视化产品制作	120 min	1.0
t_{14}	提交成品	0	1.0
t_{15}	成品审核	30 min	1.0
t_{16}	多渠道新闻发布	10 min	0.9

这里主要目的是对“中央厨房”模式的模型合理性进行验证，并未研究其在实际应用中的具体工作时间，故 Petri 网中变迁的延时时间均为合理估算。考虑到记者多为外采，网络环境以 4G 网络为主，Speedtest 公布的统计数据显示，中国的 4G 移动网平均下载速度可达 3.74MB/s，上传的平均速度为 1.56MB/s。[53] 假设回传的文字素材大小为 1 MB，视频素材大小为 1 GB，音频素材大小为 200MB，图片素材大小为 20MB，估算其上传时间分别为：1s、656s、128s、13s（四舍五入，只保留整数部分）。

由流程图可以看出，若选题审核和成品审核一直处于未通过状态，则系统会陷入死锁，但在实际情况中并不存在该情况，故我们将 Petri 网中 t_2 指向 p_1，t_{15} 指向 p_{12} 的情况去除，将审核未通过的情况和通过的情况的平均时延作为选题审核和成品审核时间，设两种审核未通过的概率均为 0.1，由于两变迁属于选择变迁，根据上文“工作流模型的时间性能”中“选择路由”时延的计算公式 $t=\sum_{i=1}^{n}\frac{\alpha_i}{\lambda_i}$，可得选题审核的时间为 30min × 0.9+(60min+30min) × 0.1=36min，成品审核的时间为 30min × 0.9+0.1 ×（120min+30min）=42min。更新选题审核时间为 36min，成品审核时间为 42min，“中央厨房”Petri 网如图 4.27 所示。

按照上述方式建模计算可得到服务模式工作流系统的最大时延，若要得到系统的最小时延，则需要对模型进行进一步简化。在日常新闻生产中，最简单的新闻通常由图片和文字组成。为此，在计算最小时延时，仅考虑图文素材的传送及新闻产品的制作。简化后的模型如图 4.28 所示。

其中，变迁的含义与最大时延“中央厨房”Petri 网模型的变迁的含义基本相同，见表 4.6。

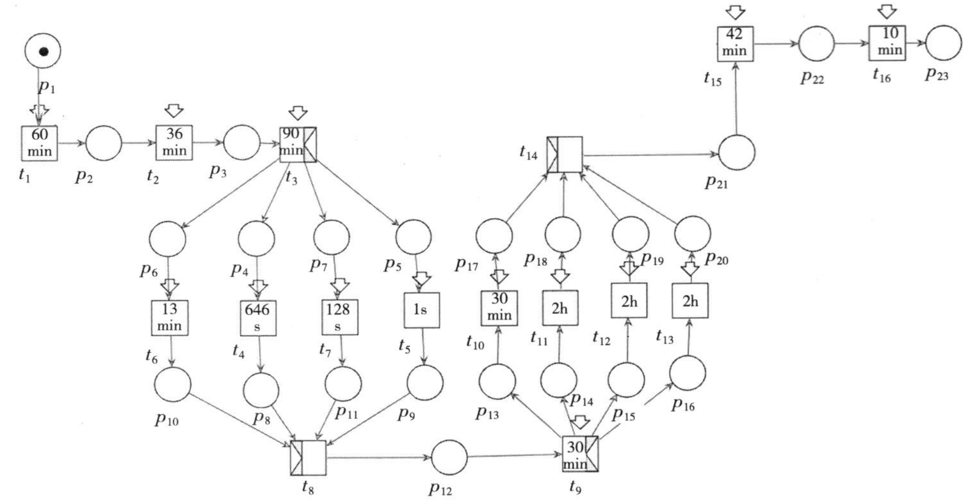

图 4.27　更新时间后的“中央厨房”Petri 网模型

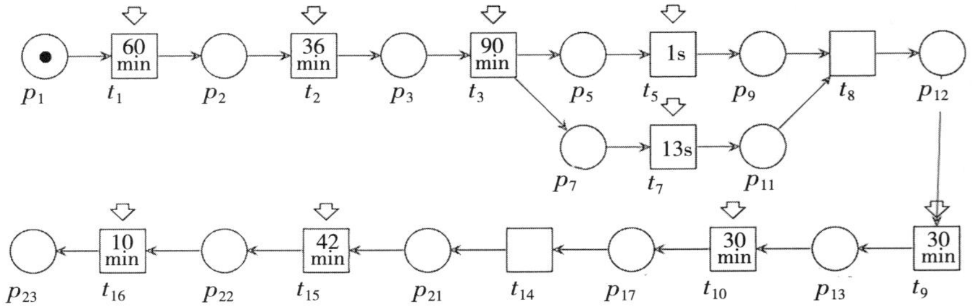

图 4.28　最小时延“中央厨房”Petri 网模型

表 4.6　最小时延“中央厨房”Petri 网模型各变迁含义

变迁	含义	延时时间	执行概率
t_1	选题策划	60 min	1.0
t_2	选题审核	36 min	1.0
t_3	素材收集 / 采访	90 min	0.9
t_5	文字素材回传	1 s	1.0
t_7	图片素材回传	13 s	1.0
t_8	素材入库	0	1.0
t_9	内容制定	30 min	1.0
t_{10}	图文产品制作	30 min	1.0
t_{14}	提交成品	0	1.0
t_{15}	成品审核	42 min	1.0

续表

变迁	含义	延时时间	执行概率
t_{16}	多渠道新闻发布	10 min	0.9

这里主要目的是对“中央厨房”模式的模型合理性进行验证，并未研究其在实际应用中的具体工作时间，故 Petri 网中变迁的延时时间均为合理估算。我们考虑到记者多为外采，网络环境以 4G 网络为主，Speedtest 公布的统计数据显示，中国的 4G 移动网平均下载速度可达 3.74MB/s，上传的平均速度为 1.56MB/s。[19] 假设回传的文字素材大小为 1 MB，视频素材大小为 1 GB，音频素材大小为 200MB，图片素材大小为 20MB，估算其上传时间分别为：1s、656s、128s、13s（四舍五入，只保留整数部分）。

2. “中央厨房”整体工作流程的 Petri 网模型特性分析

“中央厨房”整体工作流程 Petri 网模型特性分析主要利用 Petri 网编辑仿真工具和 WoPeD 工具从关联矩阵、*T*- 不变量、*S*- 不变量和时间延时方面进行分析，验证“中央厨房”工作流程合理性的同时进一步验证 Petri 网编辑仿真工具的正确性。

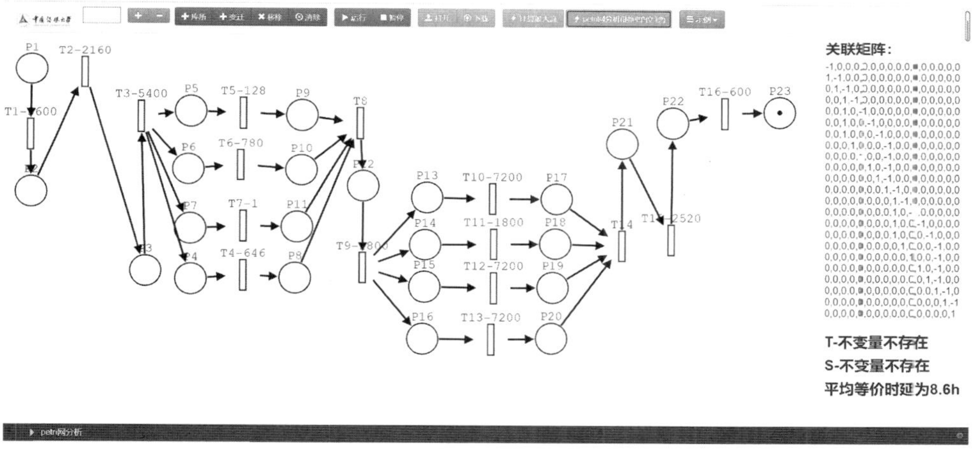

图 4.29　Petri 网编辑仿真结果图

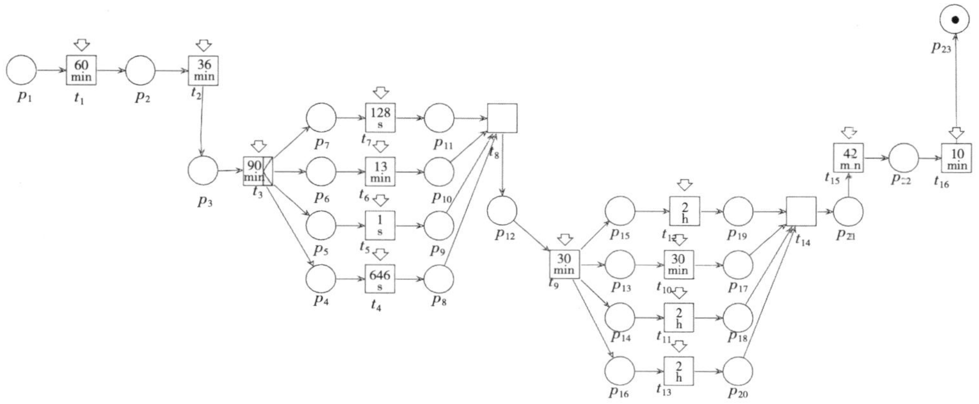

图 4.30　WoPeD 仿真结果图

由图 4.29 和图 4.30 可以得到，托肯按照预期由 p_1 位置移动到了 p_{23} 位置，且不再继续运行，Petri 网编辑仿真结果与 WoPeD 中的仿真结果相同，说明整个“中央厨房”的业务流程是可行的。

因 Petri 网编辑仿真结果图中显示不存在 S- 不变量和 T- 不变量，故无法使用不变量对“中央厨房”工作流程进行分析，使用可达树对其进行分析，得到图 4.31 所示的可达树。

图 4.31 “中央厨房”Petri 网可达树

由可达树分析可得到“中央厨房”的工作流程是有界的、安全的且不存在死锁与冲突，利用 WoPeD 对业务流程进行分析，分析结果如图 4.32 所示，可得到“中央厨房”业务流程是合理的、无死锁和冲突的。

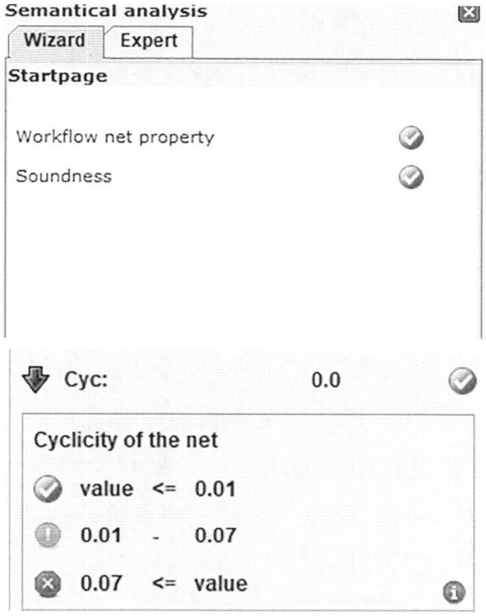

图 4.32　WoPeD 分析结果图

在计算时间性能时，需将模型进行由里至外、由繁到简的化简，逐步得到整个模型的时间性能。在“中央厨房”工作流程中，t_4、t_5、t_6、t_7 可以化简为变迁 t_a，其含义为新闻素材回传，且四个变迁属于并联关系，并联后的平均等价延时时间为：

$$t_a=\sum_{i=1}^{4}\frac{1}{\lambda_i}-\sum_{i=1}^{3}\sum_{j=i+1}^{4}\frac{1}{\lambda_i+\lambda_j}+\sum_{i=1}^{2}\sum_{j=i+1}^{3}\sum_{k=j+1}^{4}\frac{1}{\lambda_i+\lambda_j+\lambda_k}+\cdots+(-1)^3\frac{1}{\sum_i^4\lambda_i}\approx 1087\text{s}$$

同理，t_{10}、t_{11}、t_{12}、t_{13} 可以化简为变迁 t_b，其含义为新闻内容加工，其平均等价延时时间为：

$$t_b=\sum_{i=1}^{4}\frac{1}{\lambda_i}-\sum_{i=1}^{3}\sum_{j=i+1}^{4}\frac{1}{\lambda_i+\lambda_j}+\sum_{i=1}^{2}\sum_{j=i+1}^{3}\sum_{k=j+1}^{4}\frac{1}{\lambda_i+\lambda_j+\lambda_k}+\cdots+(-1)^3\frac{1}{\sum_i^4\lambda_i}\approx$$

$13\ 912s\approx 3.86\,\text{h}$

最后，可将上述工作流网化简为如图 4.33 所示的工作流网，此时所有变迁都为串联变迁，由串联路由平均等价时延计算公式得最大时延 t = 3 600s + 2 160s + 1 087s + 5 400s + 1 800s + 13 912s + 2 520s + 600s =31 097s ≈ 8.6 h。最终计算结果与工具计算结果相符。同理，得到最小时延 t=5h。

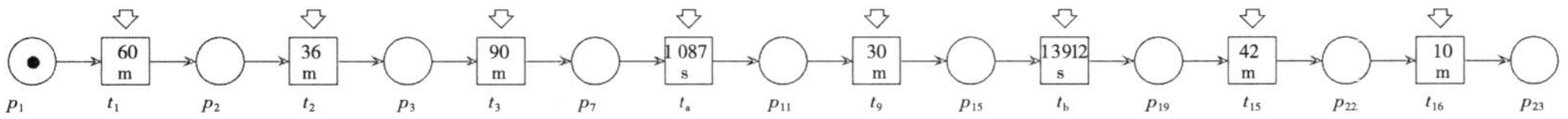

图 4.33　化简后 Petri 网模型

（三）“中央厨房”汇聚部分的 Petri 网建模和分析

上文主要对“中央厨房”的整体工作流程进行了建模和分析，由于整体工作流程更加注重各部门之间的合作关系，“中央厨房”的聚合能力没有较好地体现出来，故下面我们提取汇聚部分对其进行建模和分析。

1. “中央厨房”汇聚部分的 Petri 网模型构建

前面我们主要介绍了“中央厨房”的整体工作流程，并将工作流程划分为四个部分，其中汇聚部分主要是指从记者采集到新闻数据入库这一阶段，这部分主要体现了“中央厨房”的汇聚能力。

“中央厨房”在新闻采集阶段除上述的记者团队外，还包括专业媒体团队和自媒体，不同的采集团队制作能力不尽相同。在整个汇聚阶段，可将流程划分为编目、加工、标注、入库四个阶段，具体流程如图 4.34 所示。其中，编目是对采集的新闻资源的内容特征按照一定的规则进行描述和分析，使资源使用者对资源内容一目了然，节省时间。加工是对所采集的新闻资源进行初步简单加工，剔除劣质资源，回传优质资源。第三步是标注，团队需对产生的稿件和资源按照相关要求进行标注，如引用、时间等信息。在完成一系列操作后，即可进行新闻资源回传。

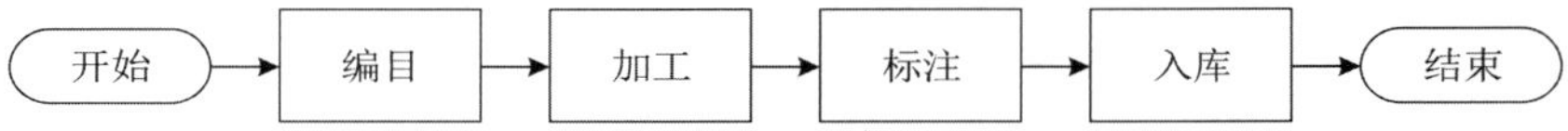

图 4.34　“中央厨房”汇聚部分工作流程图

按照上述流程图，我们建立“中央厨房”汇聚部分单个团队的 Petri 网，如图 4.35 所示，其中库所表示新闻资源的状态，变迁表示处理操作，有向弧表示汇聚工作流程中的顺序关系，其中各个变迁的含义见表 4.7。

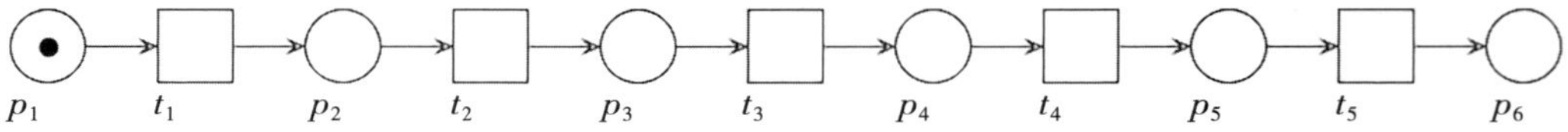

图 4.35　中央厨房汇聚部分单个团队的 Petri 网模型

前面内容中，我们估算了“中央厨房”整体工作流程的时间性能，其中包含汇聚部分，故不再对汇聚部分进行单独的时间性能分析。

表 4.7　“中央厨房”汇聚部分单个团队的 Petri 网模型中各变迁的含义

变迁	含义	概率
t_1	新闻采集	1.0
t_2	编目	1.0
t_3	加工	1.0

续表

变迁	含义	概率
t_4	标注	1.0
t_5	素材回传	1.0

使用 WoPeD 对上述模型进行验证，其结果为该 Petri 网是合理的、无死锁的，分析结果如图 4.36 所示。

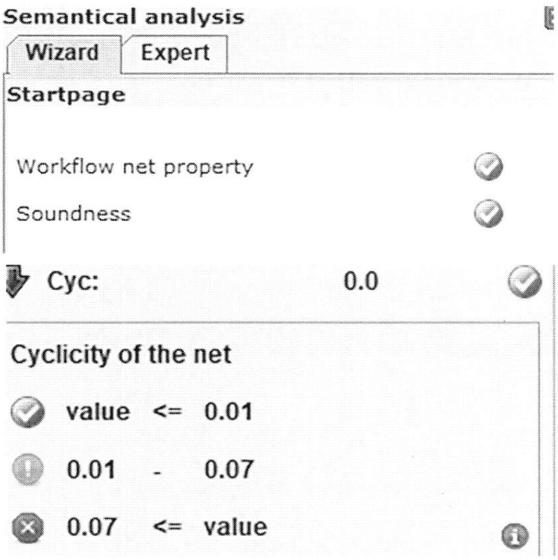

图 4.36　WoPeD 分析结果

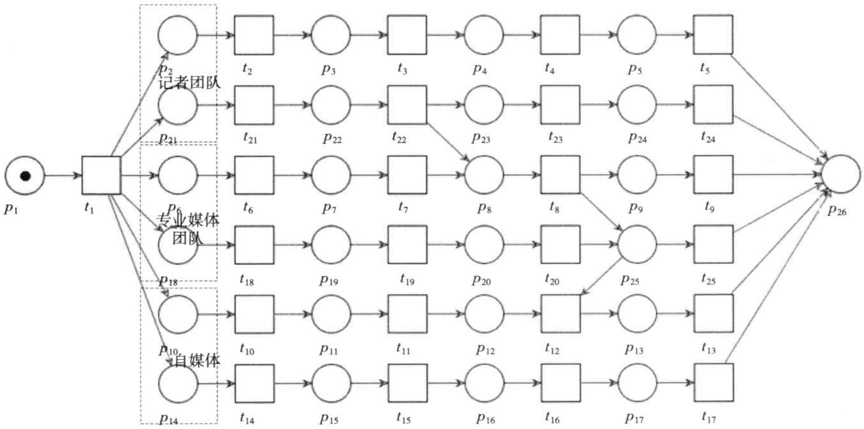

图 4.37　汇聚部分 Petri 网模型

得到单个团队的工作流 Petri 网后，考虑各个团队之间的合作关系，可由此建立整个汇聚部分的 Petri 网。由于每个“中央厨房”的规模大小不同，记者团队数量不同，所以我们在建模时的团队数量为记者团队、专业媒体团队和自媒体团队各两个。这里构建了图 4.37 所示的 Petri 网模型。其中 t_1 表示选题下发，变迁 t_2 至 t_5 表示第 1 组记者团队的工作过程，

变迁 t_6 至 t_9 表示第 1 组专业媒体团队的工作过程，变迁 t_{10} 至 t_{13} 表示第 1 组自媒体团队的工作过程；变迁 t_{21} 至 t_{24} 表示第 2 组记者团队的工作过程，变迁 t_{18}、t_{19}、t_{20}、t_{25} 表示第 2 组专业媒体团队的工作过程，变迁 t_{14} 至 t_{17} 表示第 2 组自媒体团队的工作过程。

2. “中央厨房”汇聚部分模型分析

我们已得到汇聚部分的 Petri 网模型，可由此建立最大流 Petri 网模型。在最大流 Petri 网中，我们主要关注的是路径最大流量即团队的制作能力，可将单个团队工作流 Petri 网中编目、加工、标注整合为一个变迁，最终得到图 4.38 所示的最大流 Petri 网模型。其中，变迁代表该团队的制作能力。

在实际情况中，一天中新闻资源的数量是无法估算的，新闻库中可存放的数据量也是足够大的。在本实验中，为方便计算，我们将两个数值设为 99 999。各个团队的制作能力见表 4.8（各团队的制作能力均为假设），这里使用自主开发的 Petri 网编辑仿真工具计算最大流为 1 270，计算结果在图 4.38 中也有显示。

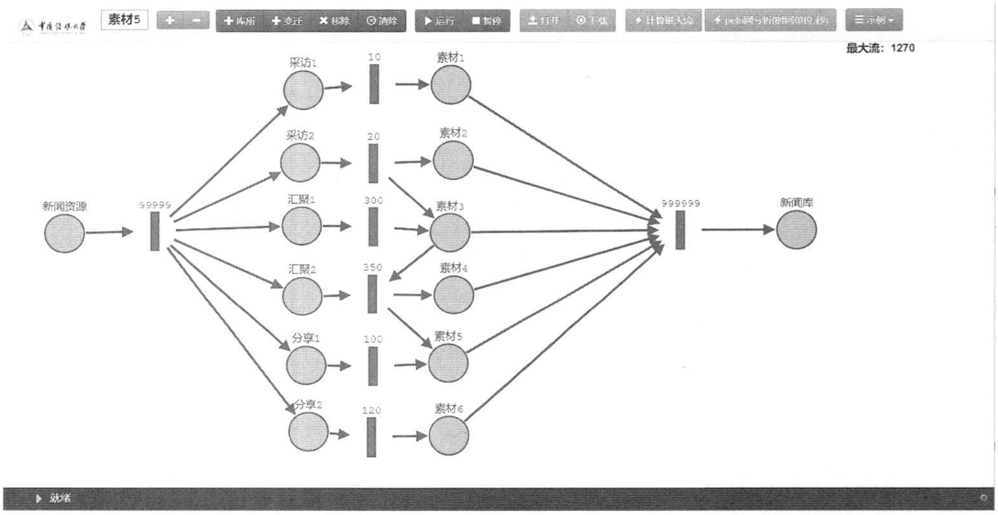

图 4.38　化简后的 Petri 网模型

表 4.8　最大流 Petri 网中的参数设置

变迁前置库所名称	数值（制作能力）
采访 1	10
采访 2	20
汇聚 1	300
汇聚 2	350
分享 1	100
分享 2	120

第五章　传统音频广播的融媒体探索与实践

融媒体模式的运行原理和优化理论仍在发展之中，需要从多个方面持续进行分析研究。在深入进行理论研究的同时，基于实践的相关服务模式的技术验证和探索亦是不可或缺的。本章以本书作者参与负责的科研课题为背景，从实践角度出发，论述在融媒体道路上，如何利用前沿信息技术支撑媒体的融合发展。

一、概述

（一）研究背景

广播事业诞生于20世纪20年代，经过20多年的发展，在二战后遍及全球。20世纪90年代，计算机技术和网络技术高速发展，并逐渐普及，传统广播电台受到冲击，其传播模式和技术特性都受到了很大影响。然而，广播媒体并没有被新媒体取代，而是大力推动制播系统的数字化网络化建设，推动广电行业的战略转型和可持续发展。在国际上，广电产业总收入依然平稳增长。广播电视产业与新兴的媒体产业在竞争的同时，也开始融合，国外主流媒体积极应用新兴媒体，巩固了传统的业务市场，推动视听媒体产业持续增长，优势地位依旧。在新旧媒体的融合趋势下，我国广播节目综合人口覆盖率一直在稳步上升。广播的受众影响力非但没有因为计算机技术和网络技术的高速发展而削弱，反而在媒体融合的推动下日益增强。

以音乐、文艺、交通为代表的类型化电台近年来得到了长足发展。随着数字媒体内容的增加，采编人员越来越难以把握海量的音频素材。以音乐为例，目前媒体机构的音乐数据都在数十万、数百万规模以上，并且每年还会有大量新音乐作品发行。传统的广播电台，往往由采编制作人员完成节目的选取，需要大量人工，更多地依赖于专业人员的知识和经验。在节目单编排方面，传统电台依赖人工设定的策略，按艺人、流派、语言等音频素材库中预先标引的少量特征进行选取，而这些数据往往是静态的、不完全的，甚至是过时的。对诸如当前流行态势的掌握完全靠主持人或编辑人员自身的知识，需要工作人员线下不断积累新知识。

大数据时代为人们获得更深刻、更全面的洞察能力，提供了极大便利。大数据分析和人工智能技术在网络营销、社会行为分析、流行趋势预测、热点话题跟踪等许多领域得到了广泛应用。当前，网络电台和音乐网站拥有大量用户，这些用户每天都会产生大量的检索、评论、标注、收听等使用行为数据。每月拥有 5 000 万听众的国际性电台 TuneIn 利用大数据推荐引擎向用户个性化推荐音乐或者歌手，目标是做到内容发现和个性化推荐，即解决在给定的时间内播什么内容的问题。

目前，互联网上有大量音乐资源与音乐标签、评论等元数据，这些多媒体资源丰富了用户的体验。音乐元素不仅是音乐电台的重要素材，也是其他类型化电台的重要素材。由于互联网音乐与元数据规模巨大、可选择性强、组织灵活，电台对音乐类素材的收集、管理和编排有更高要求，节目编播的智能化成为这类电台的重要发展方向。为了支撑面向音乐的智能检索与节目推荐，人们在智能分类与标引上做了大量研究。

（二）课题简介

北京市科技计划课题“面向广播的音频智能编播系统”（后文中简称“课题”）于2015年启动，目前课题组已完成该课题的各项研究任务。中国软件评测中心从功能性、效率、可靠性等多个角度，对课题任务进行了翔实测试，经验证该课题已达到课题任务书中各项指标的要求，顺利通过验收。

课题研制了面向智能编播的大数据平台、音频素材的智能分析与标引系统、广播节目制作系统、智能编单系统、数字音频安全播出系统以及互联网电台客户端六大子系统，并将它们整合成一个覆盖广播电台核心业务的综合平台。系统功能满足了一般广播电台节目制作、编辑、播出的要求，创新了互联网技术和广电技术融合、传统安全播出技术与大数据人工智能技术融合的服务模式，提高了节目水准，增加了听众黏性。

在调研广播电台实际需求的基础上，课题组设计开发了制作、编单、播出三大业务系统，构成典型的制播环境。制作系统可对原始的音频素材进行编辑、编目、审核等操作，完成节目制作流程，输出符合电台播出要求的节目数据；编单系统可按各种规则、策略、风格组织节目，为多个频道的栏目编排节目单；播出系统通过编单系统和制作系统提供的程序接口和数据接口，访问节目单和音频，用专业音频设备播出音频。这三个系统配合使用，可完成从音频素材编辑制作到节目播出的一套完整的电台工作流程。

为创新音频编播方式，解决自动化、智能化程度不足的问题，课题组首先以音乐为导向，研发了音乐智能分析与标引系统，基于机器学习、数据挖掘等技术实现音乐部分高层语义的自动分类和自动标引；其次，课题组构建了大数据服务平台，从互联网爬取海量的音乐信息，并进行分布式存储、管理和计算，对外提供检索、日志、推荐等服务接口，协助实现智能编单；最后，课题组将播出系统播出的音频信号发布到互联网上，开发了 Web 及手机 App 电台客户端，用户可基于移动互联网收听广播节目，并和电台主播进行交流互动。课题研究成果通过保留广播行业核心业务与技术，提高智能化水平的方式，提升行业工作效率，从而满足人民群众更趋多元、多变、多样的精神文化需求和信息需求。

二、总体技术方案

（一）系统结构

课题组研发面向广播的音频智能编播系统，提供对类型化电台的智能音乐标引、制作、编单、播出的一体化解决方案。该系统融合传统音频广播与互联网，将音频节目播出到互联网上，让互联网用户参与节目直播环节，同时该系统又从互联网采集海量数据，利用大数据分析技术与人工智能技术，为音频制播流程提供智能音乐标引、音乐推荐、智能编单等功能，形成一体化解决方案。方案包括六大子系统，分别是：大数据服务平台、音频素材的智能分析与标引系统、广播节目制作系统、智能编单系统、数字音频安全播出系统以及互联网电台客户端。一体化解决方案的系统结构如图 5.1 所示。

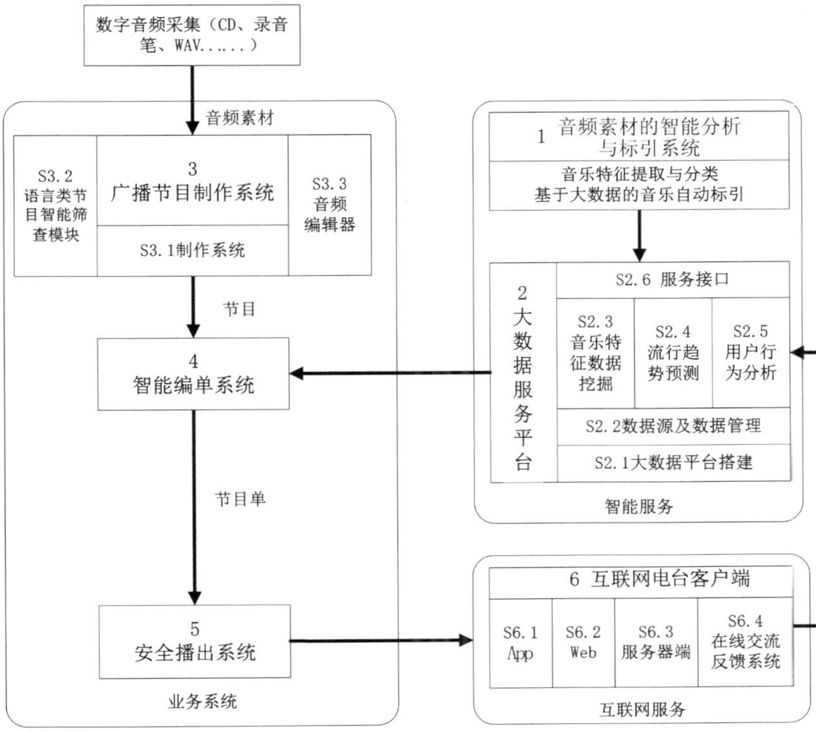

图 5.1　系统框架图

制作系统可对原始的音频素材进行编辑、编目、审核等操作，完成节目制作流程，然后输出符合电台播出要求的节目数据；编单系统可按各种规则、策略、风格组织节目，为多个频道的栏目编排节目单；播出系统通过编单系统和制作系统提供的程序接口和数据接口，访问节目单和音频，用专业音频设备播出音频。这三个系统构成了编播业务系统。在研发了满足广播基本业务需要的三个子系统之外，课题组还研发了大数据服务平台、智能分析与标引系统以及互联网电台客户端三个子系统。

课题组对各子系统的研究内容的说明如下。

（1）大数据服务平台。研究多源数据聚合和分析技术，解决面向音乐信息的实时信息爬取、主题相关搜索、冲突消解、冗余检测与去除、结构化数据自动提取、异构网站统一视图集成等核心技术问题，构建支撑广播音频智能编播的大数据平台。大数据平台拟存储 400 万首音乐、20 个频道的播出数据以及用户 App 行为数据和运维数据，为智能编播系统提供音频素材的高层语义扩展标引与检索，结合用户行为计算用户偏好与流行趋势，进一步提供趋势预测、节目推荐、收听效果统计等功能。

（2）音频素材的智能分析与标引系统。研究面向音乐作品基本属性，声音信号，感知信息 / 音乐表达要素，语义内容的提取、分析、分类和检索技术，开发音乐作品的智能标引和检索系统；研发基于网络资源聚合的扩展标引技术；支持入库素材的自动分析，为智能编单提供基础信息。

（3）广播节目制作系统。研发广播节目制作、音频编辑、智能审核、存储管理、权限控制等完整的节目制作和管理系统，提高节目制作水平。

（4）智能编单系统。结合电台风格与规划，我们研制了基于风格导向的编排引擎，为智能编排系统提供编排决策；基于风格导向的编排引擎，研发面向类型化电台的智能编排系统，其主要功能包括策略管理、Clock 管理、内容编排、内容审核、节目单管理、统计分析等。

（5）数字音频安全播出系统。研发三种播出系统，分别是自动多播系统、主播系统和便携式转播系统，同时，提供丰富便利的操作，汇集播出、录制、编排等多种功能。

（6）互联网电台客户端。研制基于手机等移动终端的 App 电台终端以及基于 Web 的电台客户端，将播出系统播出的节目扩展到 Internet 上；同时，研发支持用户直接对节目进行点评，和主持人实时交流的交互技术。

（二）实施方案

课题中的多个子系统之间是分工协作的关系，覆盖了广播电台音频编播的多个环节，数据交流复杂，控制逻辑多样。课题组首先设计规划了面向广播的音频智能编播系统总体实施方案与架构，明确了系统具体实施方法和各系统之间的关系，然后，将关键技术和难点合理分配到各个研究小组，降低小组的执行难度，保证课题实施的可行性，同时又能全面涵盖课题研究领域。课题开发任务涉及的系统实施架构如图 5.2 所示。

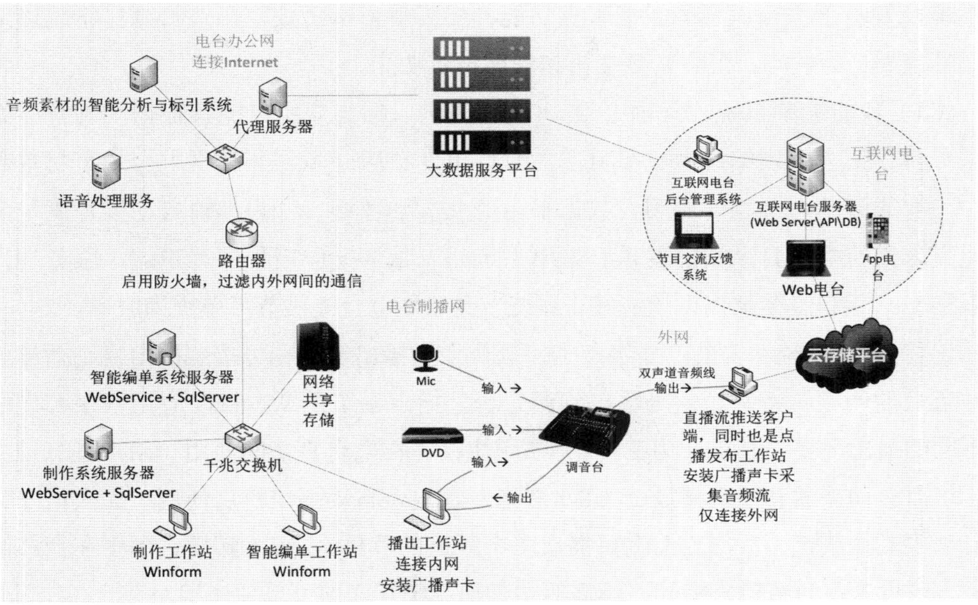

图 5.2　系统实施架构图

根据在广播电台的调研，电台的网络一般分为办公网和制播网，办公网可以连接 Internet，制播网则不允许。两个网彼此隔离，两网之间通过防火墙、安全网关、网闸等安全设备实现安全通信，保证制播网不受网络攻击和病毒的侵扰，从而保证播出安全。基于这样的网络环境，本课题将音频素材的智能分析与标引系统、语音处理服务以及其他需要使用 Internet 服务的系统放置在办公网里，将制作系统、编单系统、播出系统以及节目存储部署在制播网。同时，本课题中的大数据平台、互联网电台、发布系统等服务需要搭建在 Internet 上。

关于系统的研究思路说明如下。

（1）音频素材的智能分析与标引系统，输入是音乐音频，输出是对该音乐的标引项。该系统的研发从两个方面入手，一方面研发音乐自动化分类技术，进行各层次的音乐特征提取和分类，生成音乐本地标注信息，另一方面，研发基于网络数据聚合内容进行自动标引的技术，最后，两方面的技术进行融合。因此标引系统实现自动标引采用的三种具体方法是：（A）在大数据平台上，检索取出已有音乐的元数据辅助标引；（B）提取音频自带的标签；（C）基于机器学习技术，提取分析音频特征，自动分类，可对音乐的情感、流派、调性、节奏、响度等描述性元数据进行自动标引。上述方法可减少人工标引的工作量，有助于低成本快速构建大型音乐资源库。

（2）制作系统，从媒资系统获取音频素材，通过编辑器制作节目，执行完审批流程后，节目进入成品库。制作系统是 Windows 应用程序客户端，同时服务端提供 WebService 接口，提供节目查询、预听等服务。针对语音类节目的快速审批需求，制作系统开发基于语音识别的智能审核功能，提高节目审批效率。节目制作系统以节目制作管理平台为核心，汇集音频编辑和辅助技审功能。

（3）智能编单系统，管理栏目、Clock 时钟、播出规则，能够根据规则智能编排音乐节目，结合手动编排生成节目单，节目单发布后同步到互联网电台的节目单数据库中。智能编单系统能够调用大数据平台的 http 推荐接口，为编辑自动推荐满足其个性化需求又符合节目风格的音乐。编单系统是 Windows 应用程序客户端，服务端提供 Web Service 接口，为播出系统、发布系统、互联网电台提供节目单查询服务。

（4）播出系统，安装广播级声卡，提供专业播出功能，可按照播出规则播放节目单中节目的音频，将音频信号输出到调音台。播出系统是 Windows 应用程序客户端，在不同的播出环境，其被分为三种：（A）主播，在电台直播间使用，用户是节目主持人，可以自动播放和手动播放；（B）多播，在电台自动播出机房使用，无人值守，基于自动模式播放，一台服务器上可播出多个频道的节目；（C）转播，用于在台外使用笔记本等设备临时搭建直播间，不需要和其他系统互联即可单独使用。

播出系统的功能特点有：

（a）自动化播出控制。系统能够保证自动化播出，在多播的自动播出模式下，能够准确执行定时播出、连接播出、倒计时播出等播出任务。系统每天 0 点自动翻单，内置自动垫乐机制，以支持 7×24 小时不间断播出，保证不出现停播静音。

（b）开发专业音频中间件。广播电台对播出站的音频输出有较高要求，一般采用广播级声卡作为输入输出设备。为了在这些专业声卡上完成各种音频操作，例如音频设备管理、播放、录制、采样率转换、电平设置、声道控制等。课题组研发了音频中间件，介于声卡驱动和音频应用之间。它向上层应用屏蔽声卡型号、驱动程序的不同，提供统一、稳定、专业的音频操作接口，能够支持 Digigram、AudioScience、YellowTec 等广播级声卡，支持 s48/wav/mp3 等格式的音频。

（c）高质量录音。系统将调音台输出的播出信号录制到工作站上，为节目再编辑提供素材，同时也作为播出历史保留。系统支持自动不间断录音，录制格式支持 s48/wav/mp3，采样率支持 44 100Hz 或 48 000Hz。

（5）发布系统。电台播出间的调音台输出的播出音频信号，由直播流推送客户端进行采集，该客户端连接 Internet，与制播网并无 TCP/IP 网络连接，仅使用 AES/EBU 数字音频线路与调音台连接，因此不会对制播内网构成安全威胁。本课题研发发布系统，推流直播信号到 Internet 云端，支持互联网音频直播需求；录制频道的直播流并按节目单自动切分上传云端，支持互联网音频点播需求；开发后台管理系统，对直播 / 点播进行管理。直播音频流的分发、CDN 等不属于本课题的研发任务，因此采用第三方云服务进行直播服务。

（A）直播节目推流。系统使用音频线连接调音台的输出，使用 OBS Studio 进行音频推流到第三方直播云服务，并在后台管理系统中设置直播 URL、频道 Logo、频道 ID 等信息，用于互联网电台客户端收听直播。

（B）点播节目发布。用 Python 开发点播节目发布软件，它可以自动录制音频流，并按当天的节目单的时间块对音频流进行切片、保存，并上传至第三方云存储，上传成功后系统利用 http 接口将该节目点播地址发布到后台管理系统中，互联网电台客户端用户即可点播该音频节目。

（6）互联网电台，包括 App 电台、Web 电台、节目交流反馈系统。前两个是听众在 Internet 环境下直接使用的客户端，可以基于网络收听直播服务，同时可以与电台主持人实时交流。节目交流反馈系统则需要开发一个 Windows 应用程序，供主持人在 PC 端使用。

（7）大数据平台。基于 HDFS、Spark、Kafka、HBase、Flume 等开源组件构建一个分布式的大数据平台，可存储、检索、管理百万以上量级的音乐元数据和音频文件、电台的播出日志数据、用户行为和系统运维数据。还在此平台上研发数据挖掘、可视化、个性化推荐、流行趋势预测等技术应用，以 Web 网站或 HTTP Restful API 的方式提供大数据服务。该平台帮助电台智能化编排音乐节目单，快速获取节目播放效果，做出节目生产决策。

三、面向音频服务的大数据平台

（一）概述

课题组基于 HDFS、Spark、Kafka、HBase、Flume 等开源组件构建一个分布式的大数据平台，该平台具备大容量、分布式、易于扩展的特性，能实现低成本海量分布式存储，能在低廉的硬件上实现高容错性。在此平台上，可采集、存储、检索、管理百万以上量级的音乐元数据和音频文件、电台的播出日志数据、用户行为和系统运维数据。在此平台上课题组研发数据挖掘、可视化、个性化推荐、流行趋势预测等技术应用，以 Web 网站或 HTTP Restful API 的方式提供大数据服务。帮助电台智能化编排音乐节目单，快速获取节目播放效果，做出节目生产决策。为构建面向音频服务，能够支撑广播音频智能编播的大数据平台，本课题研究内容还包括多源数据聚合和分析技术，解决面向音乐信息的实时信息爬取、主题相关搜索、冲突消解、冗余检测与去除、结构化数据自动提取、异构网站统一视图集成等核心技术问题。大数据平台的目标是存储百万量级音乐、20个以上频道的播出数据以及用户App行为数据和运维数据，为智能编播系统提供音频素材的高层语义扩展标引与检索，结合用户行为计算用户偏好与流行趋势，进一步提供趋势预测、节目推荐、收听效果统计等功能。

（二）大数据平台实施方案

本课题具体搭建的大数据平台架构和安装使用的组件如图5.3所示。

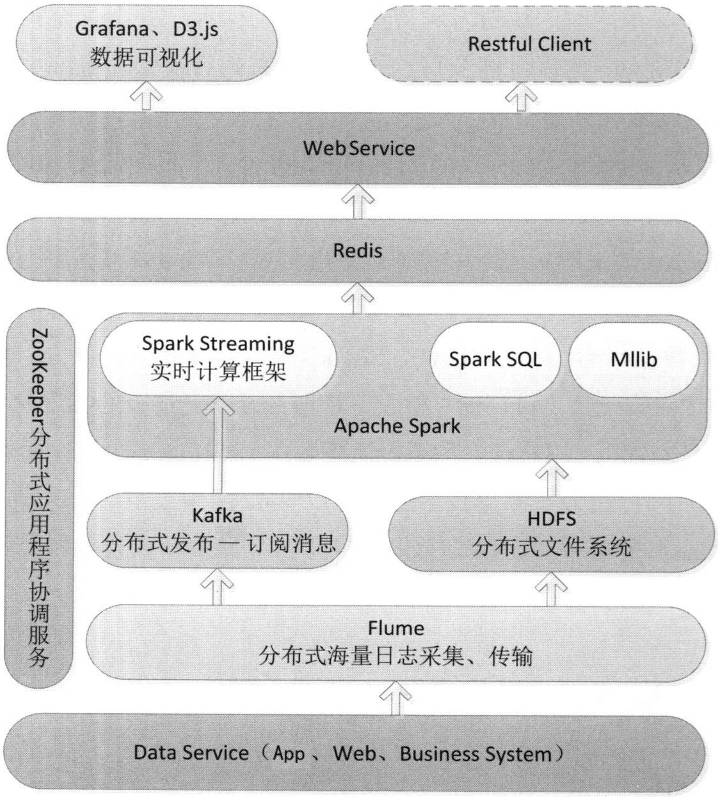

图5.3　大数据平台架构和安装使用的组件

融合媒体系统从多种渠道不断汇聚海量的媒体资源，数据量越来越大，在单操作系统管理的系统中已无法存储，为了方便管理和维护，分布式文件管理系统应运而生。通过网络在多台主机上分享数据，可让多机器上的多用户分享文件和存储空间。但是，对用户来说，这种分布式文件管理系统的底层结构是透明的。同时，分布式文件管理系统应具备良好的容错性和可扩展性。分布式文件管理系统很多，课题组参考了国内外较多使用的Hadoop开源系列，构建了面向音频服务的大数据平台。

Hadoop的核心是一个分布式的文件系统HDFS，在其基础上常用的组件有Yarn、Zookeeper、Hive、HBase、Sqoop、Impala、Elasticsearch、Spark等。

Flume是Cloudera提供的具备海量日志采集、聚合和传输功能的一个分布式系统，具有高可用和高可靠的特性。Flume 支持在日志系统中定制各类数据发送方，月于收集数据；同时，Flume 有对数据进行简单处理，并写到各种数据接受方（可定制）的能力。课题组利用 Flume 在大数据平台上进行各种业务系统的日志采集、数据处理及传输。

Kafka 是一种有高吞吐量的分布式发布—订阅消息系统，它可以处理消费者在一定规模的网站中的所有动作流数据，这些数据通常由于吞吐量的要求而通过处理日志和日志聚合来解决。Kafka 的一个目的是通过 Hadoop 的并行加载机制来统一线上和离线的消息处理，另一个目的是通过集群来提供实时的消费。

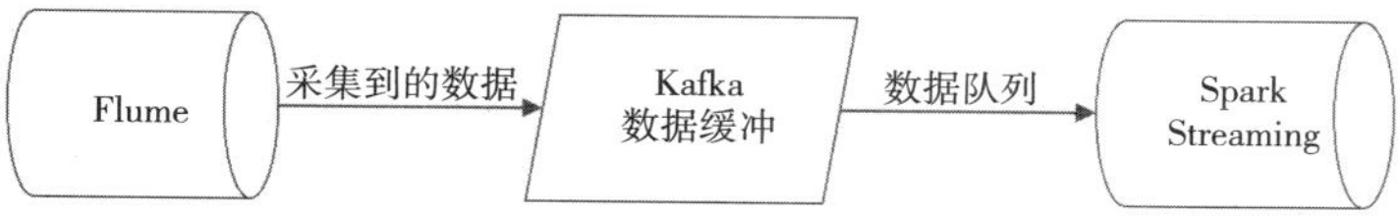

图 5.4　Kafka 数据缓冲

如图 5. 4 所示，Kafka 分布式消息集群系统作为大数据平台的数据缓冲层，接收 Flume 传送过来的数据，形成数据缓冲队列。这样做可以防止因为数据量过大或者处理数据的集群效率不高而丢失数据，保证输入数据的负载均衡，同时具备高吞吐、扩展性好等优点。之后，数据被可靠地传输给 Spark Streaming 做实时计算与分析。

针对大数据分析业务，我们采用了 Apache Spark 框架。Spark 是专为大规模数据处理而设计的快速通用的计算引擎，由美国加州大学伯克利分校的 AMP 实验室开源，是一个类 Hadoop MapReduce 的通用并行框架。Spark 拥有 Hadoop MapReduce 所具有的优点，但不同于 MapReduce 的是 Job 中间输出的结果可以保存在内存中，从而不再需要读写 HDFS。Spark 具有运行速度快、易用性好、通用性强等优点，适用于运行数据挖掘与机器学习等需要不断迭代的算法。

Spark 中的 Mllib 库提供常用的机器学习算法，如朴素贝叶斯、逻辑回归、决策树、神经网络、TFIDF、协同过滤等，调用非常方便。此外，Spark 框架中还有 Spark Streaming、Spark SQL 和 GraphX 等库，可以满足几乎所有常见数据分析需求。Spark Streaming 是一个对实时数据流进行高通量、容错处理的流式处理系统，可以对多种数据源（如 Kafka、Flume、Twitter、Zero 和 TCP Socket）进行类似 Map、Reduce 和 Join 等的复杂操作，并将结果保存到外部文件系统、数据库中，或应用到实时仪表盘中。

在本课题中基于大数据平台的音乐推荐流程中，Spark 获取从 Kafka 中得到的数据进行各种离线计算，计算每 24 小时音乐播放的 TopN 榜单。系统利用 Spark Streaming 进行实时计算，如利用用户行为进行音乐推荐，利用 1 500 多万条商业音乐平台的脱敏用户播放历史数据，基于 ALS 模型分解算法训练模型，并基于混合推荐技术，为编单系统推荐满足编单规则的音乐节目。

（三）大数据平台的音频内容与可视化

课题组开发了数据采集系统，从 Internet 实时爬取音乐信息，包括从网页中自动提取结构化音乐元数据以及音频文件（已有音乐元数据700多万条、音频文件1 000万个以上），这些数据来自 QQ 音乐、百度音乐、虾米音乐、Music Story 等国内外音乐平台。由于面向多个数据源，爬取的数据中存在着冲突、重复以及无效数据，为消解冲突，检测并去除冗余，课题组基于网格划分将网络音乐大数据进行分割划分，采用基于熵权优选的多维特征实现网络音乐聚类，根据网格划分和聚类中心形成分层组合索引，再基于分层组合索引设计了一种并行网络音乐查重算法，去掉属性值相同或语义相同的数据。

音乐元数据包括：歌名、歌手、专辑、情感、流派、语种、标签、时长、歌词、链接、发行公司、发行时间等。音频文件格式包括：flac、mp3 等多种主流音频格式。此外，数据采集系统还采集了音乐排行榜、播放量等相关数据，因此，系统支持用户按多个与音乐相关的主题进行搜索。丰富的元数据标签可为音频素材高层语义扩展标引提供数据。用户在自有大数据平台进行检索的同时，也可以在异构的搜索引擎或垂直网站进行关键词搜索，并将搜索结果显示在统一视图中。

采集系统也爬取了 20 个电台频道的历史播出数据，包括节目单信息和播出音频，用于编单系统生成编单策略模板，自动产生风格导向的音乐推荐。

课题组开发了日志采集接口，为其他业务系统开放日志写入功能，用户行为数据和系统运维数据都可以通过该接口进入大数据平台。课题组在大数据平台存储了商业云音乐的 1 588 万条脱敏用户行为数据，并进行了与音乐数据的关联计算，用于预测流行趋势、解决推荐冷启动问题。

课题组在大数据服务平台拥有海量音乐数据、播出数据、用户行为数据和系统运维数据的基础上，研发了数据挖掘、可视化、个性化推荐、流行趋势预测等大数据应用，以 Web 网站或 HTTP Restful API 的方式向电台提供大数据服务，帮助电台智能化编排音乐节目单，快速获取节目播放效果，做出节目生产决策。

（四）基于 Spark 的音乐编单推荐

广播电台的编单系统，又称节目编排系统，是指将待播出的节目提前编排组合成一次次的节目播出的节目编排系统。它是对节目播出架构的综合规划，体现为节目播出表的安排。本课题的编单系统特指对音乐歌曲编排的系统，即对音乐节目编排的系统。传统电台的编单系统无法提供基于海量音频数据、用户行为数据以及用户反馈改进的节目推荐服务。本课题依托大数据平台的热点计算和音乐推荐服务，提出和实现了一种面向编单的组合推荐与规则过滤的两层架构的推荐引擎，解决了传统电台编单模式相对固化、人力成本高、效率低、专业化程度要求过高、个性化程度低等问题。

1. 融合传统编单规则与互联网推荐技术的智能编单

基于Spark的音乐节目推荐系统的核心是围绕基于Spark的大数据架构及其海量数据计算服务，研究个性化推荐引擎。设计系统，应以实际问题为导向。本系统的音乐推荐服务编单人员。编单人员即用户，他们对于节目的要求往往并不能用准确的音频特征来描述，这就需要推荐系统具有很强的机器学习能力，能够根据用户个人偏好和编辑历史向其推荐符合其期望的节目素材，提高工作效率。另外，编单涉及一定的编单规则，要根据规则推荐与该电台风格拟合的音乐节目。本课题将根据编单人员定义的电台风格特征词，提炼出编单规则库，然后根据编单人员提供的编单规则，匹配和过滤根据推荐引擎生成的推荐节目单。但规则和风格拟合所得到的结果可能并不完全符合编单人员的预期，编单人员会对编单结果进行调整，系统会自动记录这些调整，即会记录用户行为日志，将这些日志作为推荐结果的反馈。推荐引擎根据推荐结果反馈改进推荐模型，并使得编单推荐结果不断向用户的预期靠拢，从而提升用户的体验。

面向编单的音乐推荐技术包含两大架构：即推荐和过滤，三大核心，即基于ALS的协同过滤推荐、基于用户反馈的内容推荐以及基于编单规则的过滤。三者顺序结合，相辅相成，不断改进推荐模型，提高推荐质量。面向编单的推荐流程如图5.5所示。

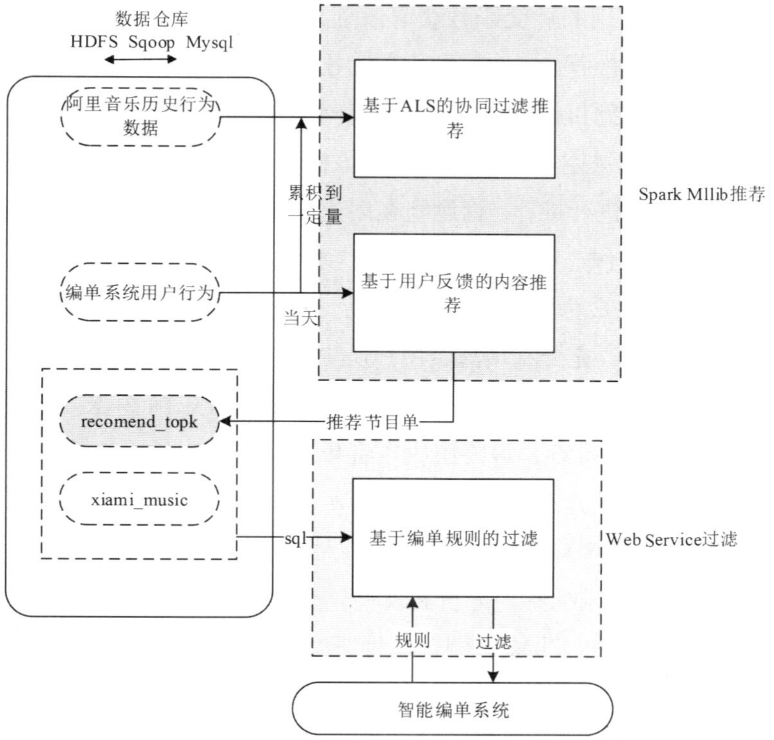

图5.5　面向编单的推荐流程设计

本系统推荐引擎首先根据商业音乐网站的脱敏用户历史行为数据，建立用户—音乐评分矩阵，基于Spark Mllib技术，使用基于ALS的协同过滤推荐算法，得到基本推荐结果，然后根据编单系统用户当天行为，建立用户短期兴趣对象，使用基于用户反馈的内容推荐算法，强化或者弱化推荐列表，得到推荐结果。若用户行为累积到一定量，则可基于用户编单行为使用上述推荐流程重新训练模型。最后，推荐引擎根据编单规则，过滤推荐节目单，最后通过 Web Service 将推荐结果返回给编单系统用户。

2. 基于正交试验与聚类解决用户冷启动问题

推荐系统是基于用户本身或者其他用户的评分或者偏好来推荐物品的。然而刚刚注册编单系统的用户没有任何评分信息，必然存在冷启动问题。冷启动问题可分为物品冷启动和用户冷启动两大类。大数据平台上已存储了百万量级的音乐，因此，音乐节目的冷启动问题并不严重。因此，重点需要解决用户冷启动问题，也就是如何给新用户做个性化推荐的问题。

一般而言，不考虑内容的解决办法有：随机推荐法、平均法、众数法和信息熵法。但这些方法在一定程度上牺牲了用户的个性化需求。在满足用户个性化需求的前提下，课题组提出了结合内容（用户或物品）信息的解决办法。（1）利用用户注册信息，即根据用户注册过程中填写的年龄、性别、职业等人口统计学信息，采用粗粒度推荐，或者利用用户登录时使用的社交账号获取信息，例如，获取用户在微博上的行为数据及社交数据进行个性化推荐。（2）运用融合用户特征的相似度计算方法，即计算用户特征之间的相似性，找到目标用户的最近邻集合进行推荐。（3）利用物品内容信息。物品内容可以用多维向量空间模型来表示，该模型将物品表示为关键词向量，可通过计算物品内容的相似度进行推荐。课题组在用户注册时获取其少量的人口统计学信息：性别、年龄、城市、工作、教育水平等。但这类少量用户信息如何与用户的音乐兴趣模型之间建立映射关系成为难点之一。随后，课题组借助 Spark 大数据平台计算效率高，迭代速度快等优势，充分利用海量用户历史数据，提出使用正交试验法 (Orthogonal Experimental Design) 挖掘新用户音乐标签模型和用户—音乐标签 (K-means) 聚类，然后进行相似类簇 TopN 节目推荐，最终解决本音乐推荐系统中的冷启动问题，简称 OED-KMEANS-TOPN 算法。其算法架构如图 5.6 所示。

OED-KMEANS-TOPN 算法思想主要包括四大点：

（1）挖掘新用户音乐标签。分析和设计正交试验法，选择适量的具有代表性的普遍性听众，通过问卷调查，生成典型普遍性听众自画像—音乐标签模型，并通过新用户内容属性和典型普遍性听众之间的相似度加权计算，生成新用户—音乐标签向量。但本课题中，新用户注册并且首次使用该系统时，没有任何音乐评分记录；用户历史数据为脱敏数据，不包含任何用户内容属性。在此前提下，挖掘新用户自身内容属性和音乐类型标签之间的映射关系，成为解决用启冷启动问题的重难点。同时，在此课题中，影响用户类型划分的因素繁多，课题组至少要划分出上千万种组合（不考虑重复的情况）进行实验，即便剔除不符合实际情况的用户类型，剩下的用户类型数量也十分巨大。这显然给用户调研工作增加了难度，所以，课题组考虑结合正交试验法从大量的用户类别中，均衡抽样，得到具有代表性的用户类型进行调研。结合正交试验法进行实验会大大降低调研难度，同时也不会给调研的可行性以及调研效果带来不利影响。

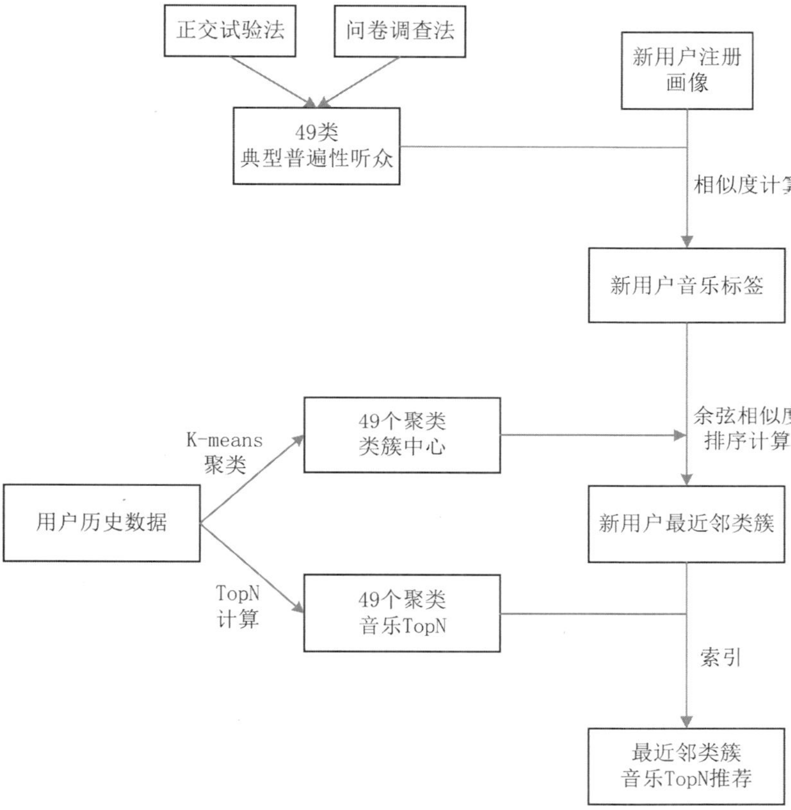

图 5.6　OED–KMEANS–TOPN 算法架构

开展课题之初，课题组先利用身边的资源进行定性的用户访谈，再结合网上所查到的资料，寻找划分用户群的因子。根据访谈以及查找结果，课题组分析出的因子来源于基本的人口属性（如年龄、性别、教育程度、职业等）。在此前提下，课题组将划分用户群的因子设定为：性别、城市、年龄、职业、学历、爱好。然后课题组通过正交试验法，快速划分用户群，选取具有代表性的用户群，再进行用户调研。

在这个调研过程中，课题组了解到年龄是一个非常重要的因子。不同年龄段，就是用户形成音乐口味的不同阶段。对于年龄这个因子，水平划分得越细，则调研结果越具有代表性。因而课题组将年龄这个因子划分为 00 后、95 后、90 后、85 后、80 后、

75 后、70 后、65 后、60 后这 9 个水平。

除此之外，课题组把性别划分为男、女两个水平；把城市分为一类城市和二类城市（一类城市代表省会城市以及直辖市，二类城市为剩下的其他城市）；对于职业这个因子，以行业为依据，设定学生、销售人士、IT 人士、金融人士、教育人士、政府人士、人力资源、技术工人等水平，然后将剩下的情况设为其他；学历因子中，设定了小学、初中、中专、高中、大专、本科、硕士、博士、其他这 9 个水平；爱好也是一个很重要的因子，具有相似背景的人，爱好不同，那么音乐口味就会差别很大，于是把爱好因子分为美食 / 营养、游戏 / 数码、生活 / 家居、健康 / 养生、运动 / 户外、职场 / 理财、情感 / 交际、母婴 / 教育、时尚 / 美容这 9 个水平。

课题组最终设定了 2 因子 2 水平以及 4 因子 9 水平的混合正交试验。因子与水平设定见表 5.1。

表 5.1　因子与水平表

因子 水平	A 性别	B 城市	C 年龄	D 职业	E 学历	F 爱好
1	男	一类	00 后	学生	小学	美食 / 营养
2	女	二类	95 后	销售人士	初中	游戏 / 数码
3			90 后	IT 人士	中专	生活 / 家居
4			85 后	金融人士	高中	健康 / 养生
5			80 后	教育人士	大专	运动 / 户外
6			75 后	政府人士	本科	职场 / 理财
7			70 后	人力资源	硕士	情感 / 交际
8			65 后	技术工人	博士	母婴 / 教育
9			60 后	其他	其他	时尚 / 美容

因为涉及的因子与水平较多，而且属于 2 因子 2 水平与 4 因子 9 水平的混合正交设计，所以，课题组使用 SPSS 软件，来设计正交表（由于正交表过大，因此就不在书中列出了），根据实际情况对实验组合进行约减，例如第 23 组实验组合“118124”代表的用户类型是：在一类城市的一位 65 后男士，现在是一名拥有初中学历的学生，爱好为健康 / 养生。这种组合显然是不符合实际情况的，故剔除掉。经过一系列设计，课题组最终得到了 49 类试验对象。

选出 49 类典型用户后，就需要设计调查问卷，课题组采集了这 49 类用户对 37 个音乐标签的评分数据，建立典型普遍性听众—音乐标签模型。当新用户注册时，系统即可根据相似度计算挖掘新用户—音乐标签模型。

（2）K-means 聚类。根据音乐标签数据集和脱敏用户行为数据集，课题组计算了所有音乐用户的 37 个音乐标签的得分，生成历史用户—音乐标签关键词向量，该关键词向量从 genre、mood、 period、language 几个维度描述用户喜欢的音乐类型，作为聚类的特征模型。其中，每个用户其标签的分数是通过总计和加权用户对所有歌曲的行为获得的。课题组通过历史用户—音乐内容属性的关键词向量，使用 K-means 聚类算法，将 5 万左右用户分成少量类簇，相同类簇之间用户音乐偏好相似。

（3）TopN 计算。在聚类的基础上，课题组根据历史行为数据，计算每个类簇的 TopN 曲目，即该类簇内的热门歌曲。

图 5.7　新用户注册信息

每页 20 项

类簇ID	歌曲名称	专辑	作者	语种	情感	流派	年代	播放链接
15	Oceanside	Melody Lane	Lainey Lou	英语	治愈,寂寞,甜蜜,安静,快乐	Pop 流行	10年代	▶
15	Bye Bye Bye	Rising Love	Lovestoned	英语	快乐,伤感,寂寞,安静,治愈,思念	Pop 流行,蓝调	10年代	▶
15	我不愿 让你一个人(《真爱找麻烦》电视剧片尾曲)	第二人生（明日版）	五月天		伤感		None	▶
15	一生所爱 (剧场版)	齐天周大圣之西游双记	卢冠廷,莫文蔚		快乐		None	▶
15	Young For You	Young For You	GALA	英语	宣泄,快乐	Rock 摇滚,流行,嘻哈	00年代	▶
15	一次就好(《夏洛特烦恼》电影暖水曲)	夏洛特烦恼 电影原声带	杨宗纬	国语	思念,伤感,甜蜜,治愈,快乐	Soundtrack 原声,流行	10年代	▶
15	Jar Of Love	Everything In The World (白金庆功版)	曲婉婷	英语	治愈,甜蜜,快乐	Pop 流行	10年代	▶
15	Stay Here Forever	Valentine's Day (Original Motion Picture Soundtrack)	Jewel	英语	思念	Soundtrack 原声	10年代	▶
15	Almost Lover (Album Version)	Almost Lover	A Fine Frenzy	英语	伤感,寂寞,安静,	Rock 摇滚,流行,轻音	00年代	▶

图 5.8　新用户节目单

（4）新用户节目推荐。新用户注册时，需填写用户自画像（性别、年龄、城市、工作、教育水平、爱好），系统将计算新用户注册信息与典型普遍性听众自画像的相似度，取出相似的这部分典型普遍性听众的音乐标签的分值，进行求和并作归一化处理，得到新用户的音乐标签向量 [t_score0,t_score1,…t_score36]。然后，课题组就可以计算新用户的最近邻类簇，并推荐该类簇的 TopN 热门音乐节目给这个新用户。

整个冷启动系统架构完成后，即可为新用户生成节目单。例如，图 5.7 的注册用户，课题组经过 49 类典型用户相似度计算后，挖掘的新用户音乐标签向量为 [30, 4, 9, 3, 8, 2, 5, 5, 5, 10, 0, 0, 0, 0, 0, 0, 23, 18, 17, 20, 9, 21, 10, 15, 18, 0, 0, 2, 0, 12, 27, 10, 24, 0, 0, 0, 7]，经过 K-means 聚类计算后得到相似类簇为 15，完成相似类簇 TopN 节目推荐后，生成的新用户节目单 Web 界面截图如图 5.8 所示。

四、音频智能分析与标引系统

（一）概述

音频素材的智能分析与标引技术的主要研究内容包括三个部分：音乐情感分析、音乐流派分析、音乐指纹识别。在三个研究内容的基础上，本课题还实现了未知音乐的自动标引，辅助人工实现音乐编目。系统运行的基本流程如图 5.9 所示。

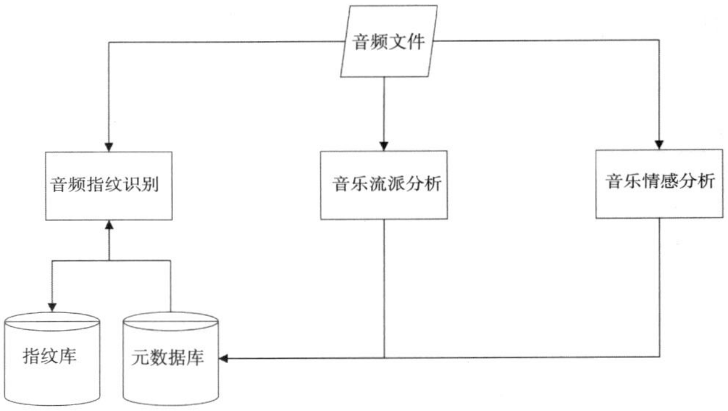

图 5.9　音乐分析与自动标引基本流程

当输入一个音频文件时，系统首先调用音乐指纹识别模块对音频进行分析，查找该文件是否在库中，如果已经在库中，则读取元数据供用户修订；当音频无法被识别时，系统调用音乐流派分析和音乐情感分析模块对音频进行分析，得到其流派、情感信息，来为标注用户提供辅助信息。为了提升辅助标引的准确性，本课题对这三个技术进行重点研究。

音乐标引系统的输入是未知音乐的音频文件，输出是对该音乐的标引项。课题组从两个方面入手对该系统进行研发，一方面深入研发音乐自动化分类技术，进行各层次的音乐特征提取和分类，生成音乐本地标注信息，另一方面，研发基于网络数据聚合内容进行自动标引的技术，最后融合两方面技术。因此标引系统实现自动标引采用的三种具体方法是：第一，在大数据平台上，检索取出已有音乐的元数据辅助标引；第二，提取音频自带的标签；第三，基于机器学习技术，提取分析音频特征，自动分类，对音乐的情感、流派、调性、节奏、响度等描述性元数据进行自动标引。上述方法，减轻了人工标引的工作量，有助于低成本快速构建大型音乐资源库。

课题组从音乐流派分类的角度出发，研究了音乐自动分类的基本流程，提出了一种基于 SVM 分类器的音乐流派自动分类方法和一种 DW-KNN 算法，可以较好地实现音乐流派自动分类，有着较高的分类准确率以及运算效率。GTZAN 音乐数据集将音乐流派分为 Blues、Classical、Country、Disco、Hip-hop、Jazz、Metal、Pop、Reggae、Rock 十个，课题组对 GTZAN 音频数据集的 1 000 个音频文件进行音乐流派自动分类标引，准确率平均为 73.4%。

在音乐情感研究领域，一般重点关注音乐特征与音乐情感之间的联系，本课题选择研究以下内容来解决情感分类的难点：第一，音乐特征与音乐情感的联系。本课题研究音乐特征，利用特征选择算法，将音频特征与音乐情感联系起来。第二，音乐特征自动学习。音乐信号是种复杂多样的时域信号，传统的特征提取需借助人工的先验知识，具有很大局限性，不能充分挖掘特征。本课题使用深度学习，自动学习特征，得到更好的特征表达。本系统实现音频特征提取并进行四类情感自动分类，得到该首音乐所属的情感分类，对 1 606 首音频数据集进行情感流派分类标引，准确度平均为 66%，其中情感分为愤怒宣泄、激昂欢快、轻松惬意、压抑伤感四类。

音乐分析与自动标引系统采用 B/S 架构。系统的主要后端功能大部分借助 Python 的科学计算库来实现，系统的前端提供了用户注册、登录、数据查询、标注、智能分析、播放、数据统计等功能。

（二）音乐特征提取与选择

音乐是各类音频中的一种，其包含声音的基本特性，同时又带有自身特有的特性。音频具有三个特性：幅度、频率与相位。人耳对声音的感知则是通过三个特性，即响度、音调与音色实现的。声音的物理三特性与人耳的感知三要素并不是一一对应的，也不是线性关系的。所以系统要先提取声音的物理特性，然后建立物理特性与感知特性之间的联系。

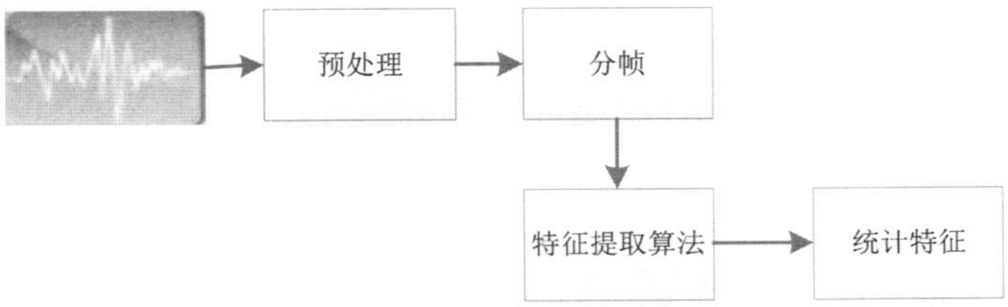

图 5.10　音乐特征提取路线

图 5.10 是底层特征提取路线。由于普遍采用的 S48 格式的广播音频采样率为 44

100Hz，比较大，一般先下采样到 22 050Hz，减少一半处理数据；接着可以对音频进行归一化，因为不同厂家录音的音量不一致，归一化后才能保持音频音量一致。然后进行预加重处理，目的是将音乐信号频谱中的高频部分调高，使得信号在低频到高频的整个频带中频谱变得平坦，令信噪比基本一致，使后续处理不致造成音频信号的丢失。音频是短时稳定信号，所以要分帧加窗，将音频信号分割成一个个很小的帧，每帧的时间在几十毫秒之内，如果要对旋律进行提取，可以由多个帧组成一个大帧，时间在 0.5—1.5 秒之间。

本课题总结了音乐流派分类领域中主要的声学特征量，结合 Mirtoolbox 中声学特征量与音乐要素的对应关系，选择了 13 个能充分表征音乐的力度、节奏、音色、音高和音调五大要素的声学特征量，见表 5.2。这些声学特征量物理意义明显，并在一些学者的研究中证明了具有较好的流派分类效果。

表 5.2　音乐流派分类中的声学特征量

特征	帧特征	统计值	维度
力度特征（dynamics）	短时能量（STE）	低能量帧比率	1 维
	短时能量均方值（RMS）	平均值	1 维
每秒音符初始数量（event density）	节奏特征（rhythm）	平均值	1 维
	节拍速度（tempo）	节拍速度和	1 维
音色特征（timbre）	高频能量（rolloff）	平均值	1 维
	频谱质心（centroid）	频谱质心均值	1 维
	平整度（flatness）	均值	1 维
	梅尔倒谱系数（MFCC）	MFCC 均值	12 维
		MFCC	方差
	MFCC 差分	MFCC	差分均值
		MFCC	差分方差
音高特征（pitch）	过零率（zero crossing）	高过零帧比率 High zero crossing	1 维
	音高（pitch）	平均音高	1 维
	无谐性（inharmonicity）	均值	1 维
音调特征（tonality）	音调（mode）	均值	1 维
	色谱（chroma）	均值	12 维
	色谱（chroma）	方差	12 维

这样，在音乐流派分类的工作中，每首歌曲可以由 15 个声学特征来描述。

特征选择方法根据评价函数的不同主要分为两大类：过滤法（Filter）和封装法（Wrapper）。Relief 系列算法（包括 Relief 和 ReliefF）是研究者们公认的特征选择效果较好的过滤式特征选择算法。但 Relief 算法的一个重要不足是容易将一些本身权值较低，但与其他特征组合在一起会有较好分类效果的特征去掉。封装法利用递归式特征消除的思想，进行多轮训练，因此运算量大，时间效率低。

特征选择过程中，课题组选取了过滤式的特征选择算法中的 ReliefF 与封装式特征选择算法 SFS 相结合，既可以克服 ReliefF 与分类器无关可能最终造成的分类准确度下降，又可以降低 SFS 算法计算的复杂度。

（三）音乐指纹识别

音频指纹技术通过建立音频指纹数据库，将未知音频与数据库中的音频比较，从而达到识别未知音频的目的，研究内容一般包括两部分：音频指纹提取和音频指纹检索。

音频指纹提取是指通过特定的算法将一段音频中具有代表性的特征以标识符的形式提取出来，用于识别海量的声音样本或跟踪定位样本在数据库中的位置。一个有效的音频指纹提取算法是音频指纹系统构建的基础，它应该能够适应各种情况，对不同类型的音频文件进行指纹提取。在对未知音频提取完指纹后，高效的指纹数据库搜索能够迅速地在包含大量数据的指纹数据库中找到与之对应的条目，或给出不在指纹数据库的结论。一个良好的音频指纹系统应能够识别经过信号失真、衰减甚至重采样处理的音频，能高效地识别出指纹数据库中有无与该音频对应的信息，若有则反馈给用户。

课题组采用基于频谱极值的音频指纹算法来实现音频指纹识别，使用的音频特征是频谱极值，以若干个频谱极值点作为指纹生成的依据。基于频谱极值的指纹提取算法流程如图 5.11 所示。

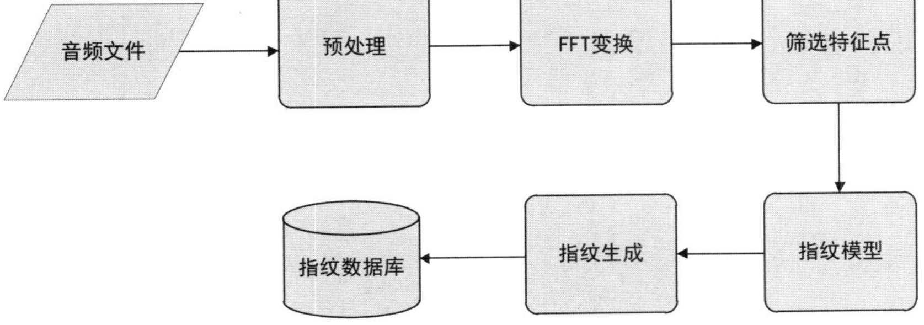

图 5.11　基于频谱极值的指纹提取算法流程图

针对上述算法流程中的关键步骤这里做简单介绍。

（1）音频预处理阶段。在音频预处理阶段 FFmpeg 和 Python 提供音频的处理工具包 Pyaudio，将音频文件转化为数字信号。使用 FFT 对音频文件进行时频转换时，一个重要的缺点是它会丢失原始音频文件的时间信息，经过变换的信号只是一些列频率和其在纵向的幅值，因此在使用 FFT 时需加入滑动窗口技术：每一次只处理一块区域即一帧的信号，然后将这一块区域沿时间轴滑动，每一次滑动的长度小于帧的时间范围值，使得相邻的两块区域有重合的部分。借由重合区域的多少可以推算出每一块区域的时间信息，计算的时间与原始音频文件中的时间并不一致但存在线性比，这个线性比例的大小与帧的重叠率有关，相对于原始的时间，计算出的时间发生了一定程度的“位移”，因此称计算出的时间为指纹的时间偏移。常见窗函数包括：矩形窗、汉宁窗和汉明窗。此外，还有平顶窗、高斯窗和切比雪夫窗等窗函数，对窗函数的选择，需要考虑实际情况。结合信号的性质和系统的要求，课题组选择的音乐特征是信号的频谱极值，采用的是窗函数汉宁窗。

（2）FFT 变换构造频谱图。数字音频信号经过 FFT 变换后得到频谱图，图 5.14 展示的是测试音乐集中一个大小为 2.07M，时长 90s 的 MP3 歌曲《失孤》生成的频谱图。

图 5.12 是一个二维频谱图，表示时间与频率幅度的函数，同时色调的变化表示振幅的强弱。我们通过傅里叶变换，能够得到一列在特定频率下的信号强度，设置 FFT 窗口大小、重叠率等参数就能得到频谱图。图 5.14 示意了频率与离散时间值，图中的灰度图代表不同的振幅强度，颜色越深表示强度越高。如果只是记录和创建单一色调的频谱，会得到一条水平直线，这是因为滑动窗口中，频率并不发生变化。此时的时频图是对应整个音频文件的，如果音频中有噪音，它并不区分外音、噪音，因此需要一个有效的方法从音频信号中获取特定的“指纹”信息。针对得到的时频图，我们需要设计一个高效的过滤器来筛选出特定的标记点。

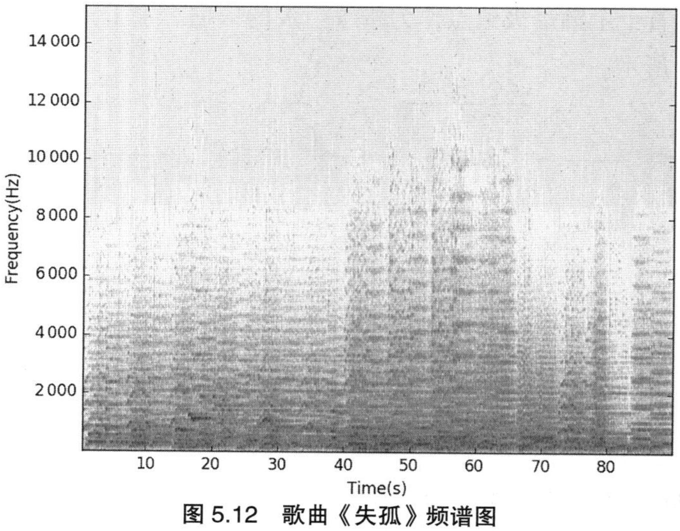

图 5.12　歌曲《失孤》频谱图

（3）筛选特征点。定义频谱图中“峰值”为在以自身为中心的局部范围 α 内，拥有最大振幅值，类似数学中极值的定义，即局部最大值。在限定的范围内，“峰值”周围是振幅低于自身的点，因此对噪声等干扰项有较强的鲁棒性。借助图像处理工具和 Python 集成的 Scipy 工具可以找到峰值，而一旦找到这些峰值，就可以将它们作为歌曲的标记点，此时标记点由时间和频率给出，可以不再考虑振幅。如果将这些标记点在时频图中展示出来，得到的效果如图 5.13 所示。

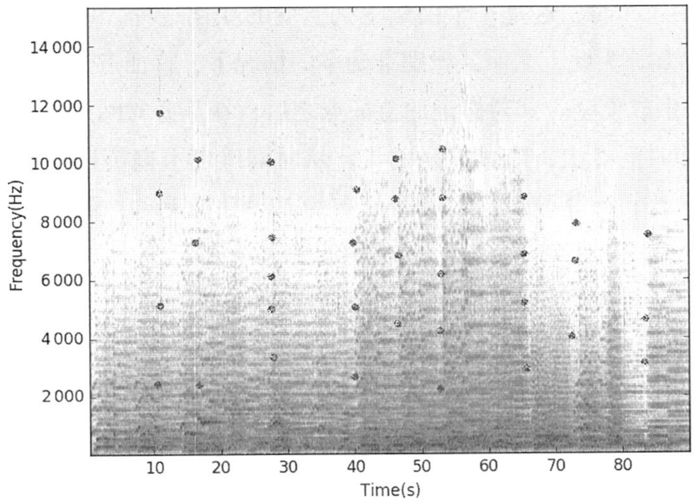

图 5.13　频谱加点图

实际测试表明，即使一个小的音频片段也包含大量的标记点，一首普通的歌曲的标记点数量也是可观的，因此，设置“峰值”的比较范围，可以影响提取的标记点数量，比较范围越小，标记点越多，反之则越少。一方面，去除噪声能将信号的峰值转化为离散的二进制数据对，另一方面因为数据已经离散化，峰值信息将从无限转化为有限，这意味着一首歌中的峰值会产生冲突，不同音频甚至可以产生相同的峰值，这种情况通过哈希函数得以解决。

经由 FFT 变换得到的频谱图，会依据过滤器筛选出峰值点。峰值点的数量是对指纹生成数量影响较大的元素之一。整体筛选出的峰值点越少，生成的指纹越少，匹配速度也越快，但是会影响匹配的准确度。峰值过滤器的比较范围直接影响筛选得到的极值点的数量。在过滤极值时，设定比较范围越小，得到的极值点就越多，设定范围越大，得到的峰值点越少。在某些情况下，两个峰值点之间的距离非常近，并且幅值相差较大，当受到噪声影响时极有可能幅值较低的峰值点会消失。因此峰值过滤器的比较范围，也会影响最终指纹生成的鲁棒性。设定比较峰值的范围并没有绝对的标准，同样，在计算不同歌曲的指纹时，使用同样的比较峰值的范围也会表现出不一样的性能，为此设置这个范围时，需要依据最终音乐识别率这一原则。

确定筛选出来的极值点之后，考虑每组极值点的数量多少为一个单位作为生成指纹的指标。在二维图上，这类似于用一个矩形框框住固定数量的点作为一个单位，在进行指纹匹配时，只有矩形框中绝大多数的点重合时才表明歌曲是匹配的。为此，需要确定这个矩形框所框住的峰值点的数量。而选取数量的多少也影响着最终音频指纹的特性，选取数量过少，生成指纹的速度快，而指纹碰撞的概率增大，会最终影响识别正确率，反之如果选过多数量的特征点，虽然能保证识别准确率，但是指纹生成的速率会下降，在入库时，这是一个由量变到质变的变化过程，处理大量数据时，花费的时间会大大增加，为此，在保证识别准确率的情况下，特征点选取的数量越少越好。

（4）指纹生成模型。获得标记的特征点之后，在某些时间点上会有多个特征点，需要选取在这些时间点上，能量最高的点，从时间维度上遍历这些点，将每个点与其后的若干个点组合，计算该点与其后若干点的时间和频率差，计算结果作为一组。每一组进行哈希映射，生成音频指纹。其结构如图 5.14 所示。

课题组以一个点为基准，让其与其后的若干点组合，每两个点 (t_1,f_1) 和 (t_2,f_2) 之间构成一个四维元组 $(t_1,t_2.f_1,f_2)$，同时计算时间差 Δt 与频率差 Δf ，以它们作为哈希函数的输入构造指纹。

构建音频指纹时，利用哈希函数，引入频谱图中峰值之间的时间差以及峰值频率，这样可以消除相同峰值带来的影响。对于生成的指纹，要求所有的指纹保持相等的长度，这样有利于指纹的比对，在数据库中存储时也方便。指纹函数使用安全哈希算法（SHA1）。对每一个峰值点，都需要进行一次 SHA1 计算，传入参数中还包括时间差、起始频率。SHA1 计算完返回 160bit 长度的“指纹”数据，每一帧都包含多个“指纹”片段。

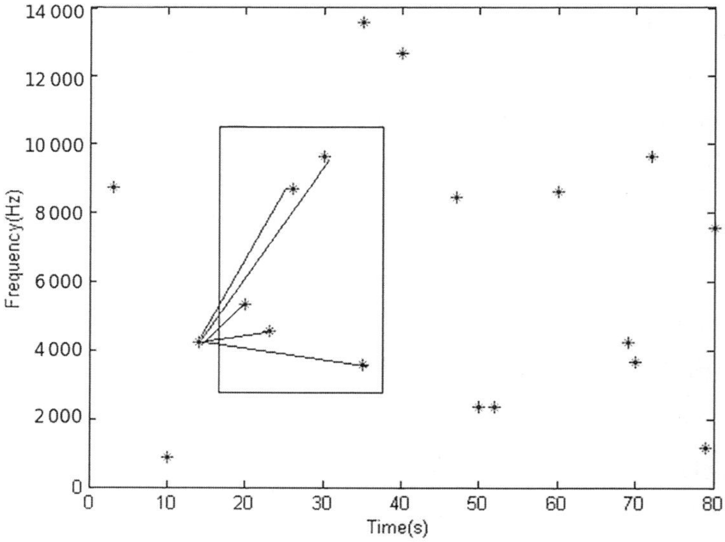

图 5.14　特征点组合

在考虑生成指纹的算法时，首要考虑的便是算法生成指纹的唯一可靠性，这意味着算法对于在一定数量级下的输入是不会产生两个相同的输出的，如果生成两个相同的输出，则称之为产生碰撞。为了区别音频文件，每一首歌生成的指纹都应该不一致，这样才能保证在音乐识别时，不会发生碰撞。SHA1 算法的输出有 160 位，所能代表的指纹量有 2^{160} 个。每一首歌计算得到的指纹量在 20 万左右，最终应用场景的 160 万首歌的总指纹量估计在 3 200 亿量级，说明 SHA1 对于需求是够用的。

由此可见，如果输入音频内容相同，生成的指纹也必然相同。由于翻唱、浸录、多次发行等常见情况，一首歌曲会存在多个副本或极其相似的歌曲，这种情况下会生成相同的指纹。尽管提取的音频特征在大多数情况下都是歌曲的唯一特征，但是相似性歌曲的存在使得提取到相同指纹的可能性仍然存在。生成频谱图后，提取的特征点是以固定数量为一组作为生成指纹算法的输入，基于以上分析，生成的指纹的确存在相同的可能。为了解决这个问题，引入时间偏移量，即每个指纹片段都对应原音频文件时间轴的时间点，这样，即使发生了碰撞，也可以通过时间偏移的对比来判断是否匹配。

（四）音乐自动标引研究

1. 音乐情感分析

音乐情感分类是一个十分困难的问题。对于音乐来说，同一首歌的音乐，其各个音乐片段表现的情感具有一定差别，创作者想要传递的情感与听众感知的情感也可能不一致，同一首歌不同的人听也会有不同的情感体验，同一个人在不同的心情下听同一首歌曲也可能得出不同的情感反应。依据细粒度的情感分类很难得出有意义的结果。本课题依据标注的情感综合考虑积极度和强烈度最终将情感分为四大类，分别为激昂欢快 (exuberance)，愤怒宣泄 (anxious), 压抑伤感 (depression), 轻松惬意 (contentment)。四大类情感在情感坐标中的位置如图 5.15 所示。

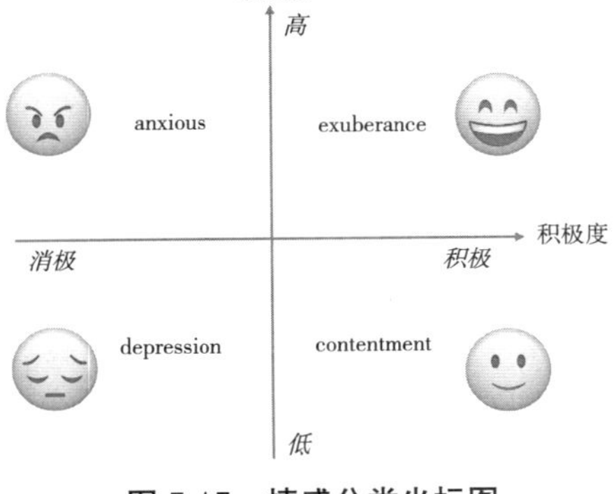

图 5.15　情感分类坐标图

每大类包含三个情感概念，细分情况如下。

（1）激昂欢快（exuberance）：激昂，欢乐，高兴。

（2）愤怒宣泄（anxious）：紧张，愤怒，恼怒。

（3）压抑伤感（depression)：悲伤，无聊，缓慢 。

（4）轻松惬意（contentment）：轻松，平和，舒缓。

各类情感在情感坐标中的位置如图 5.16 所示。

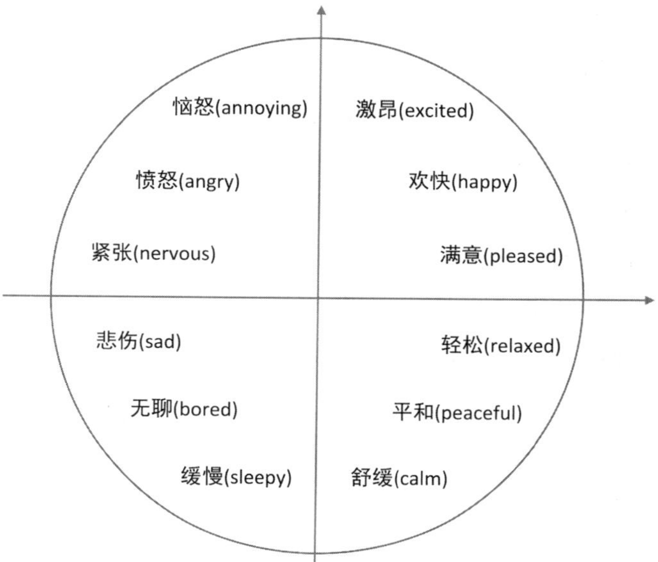

图 5.16　情感细分坐标图

当然，人类表达情感的概念绝不限于文中所列的 12 个，但可以进行近义词归纳，将其他情感放入 12 个情感概念中，并进一步归入本课题的四类情感坐标中。

在本课题音乐自动标引的研究中，有关音乐流派分类的国内外研究较为充分，有比较权威的数据集。而在情感分类方面，缺少比较权威的分类数据集。经过人工验证公开了原始音频的数据集最多含有 728 首 45 秒的音乐片段，均为西方音乐。一方面这一数据集歌曲数量不多，与我国音乐作品和听众的情感表现和感知存在一定差距；另一方面，由于课题组要对整首歌曲进行音乐情感分类标引，只有音乐片段数据与目标应用场景不一致，因此，课题组开发了含有 1 606 首音乐的音乐情感数据集。

在音乐数据集的开发中课题组采用如下方法。随机选取网络音乐 3 600 首作为待标注音乐，在爬取音乐音频的同时，也爬取该音乐的情感标签。雇请音乐爱好者对 3 600 首音乐进行人工标注，每首音乐均由三人进行独立标注。含该音乐的歌曲的名字、歌手信息对标注人不可见，以尽量使标注者少受到非音乐因素影响。课题组也对标注者提出了尽可能以音乐本身为依据的标注要求。标注之后，经过统计分析，课题组得到情感意见完全一致的歌曲 1 606 首，课题组将其命名为 CUCMood 数据集，分布见表 5.3。

表 5.3　音乐情感分析数据集分布

情感类别	exuberance	anxious	depression	contentment
数量	425	172	498	511

课题组在 CUCMood 数据集上对支持向量机 SVM、随机森林 Random Forest、最近邻 KNN、极端随机树 Extra-Trees、Adaoost、逻辑回归 Logistic Regression 等分类器进行了实验评估，采用十折交叉验证的方法对不同分类器的性能进行了评估。根据准确度等评估结果，课题组选择 SVM、随机森林、极端随机树和逻辑回归组成集成风格分类器 IEClassifer。集成分类器取得了稍好于最好的单个分类器的分类准确度，集成分类器各次分类最坏的情况要好于单个分类器最坏的情况，表现出较强的稳定性。IEClassifer 的情感分类对 anxious 分类精度较低，depression 和 exuberance 的分类结果较好。

2. 音乐流派分析

GTZAN 数据集由 1 000 个 30 秒的音频文件组成，包含 10 个流派，每一个流派包含 100 个音频文件。音频文件均为采样率 22 050Hz，量化深度 16 位的 wave 类型的文件。目前该数据集已公开，数据集包含音乐类别有 Blues、Classical、Country、Disco、Hip-hop、Jazz、Metal、Pop、Reggae、Rock。

与音乐情感分类类似，课题组在 GTZAN 数据集上采用十折交叉验证的方法对不同分类器进行了性能评估。根据评估结果，课题组选择 SVM、随机森林、极端随机树和逻辑回归组成集成风格分类器 IGClassifer。IGClassifer 在平均分类精度上比最好的极端随机树稍高，在分类稳定性上也比极端随机树略好，最低的一次准确率为 69%，而极端随机树为 66%。另外，摇滚（Rock）的分类效果不理想，而古典（Classical）和金属（Metal）的分类精度最高，可能跟这两个类别特征鲜明有关。

五、广播节目制作系统

（一）概述

制作系统位于广播电台节目采编播传统流程中的核心位置，其主要任务是把多方采集或录制的音频素材编辑制作成符合播出规范的音频节目。课题组调研广播电台的现有制作流程和新的业务需求，研发更具灵活性的制作编辑技术来规范制播流程，整合节目资源，提高节目制作水平。研发内容涵盖广播节目制作、音频编辑、智能审核、存储管理、权限控制等。

（二）制作系统的功能模块

节目制作管理平台主要包括两个子系统：节目制作管理子系统和音频编辑器子系

统。其中节目制作管理子系统分为七个子模块：配置管理、工程制作、成品管理、任务审核、审核查询、权限管理和存储管理。存储管理又可划分为三个子模块：存储配置管理、制作部门管理、回收站管理。权限管理可分为四个子模块：用户管理、用户组管理、角色管理和权限管理。音频编辑器子系统分为五个子模块：主控模块、音轨管理模块、音频控制模块、波形显示模块和外部数据接口模块。

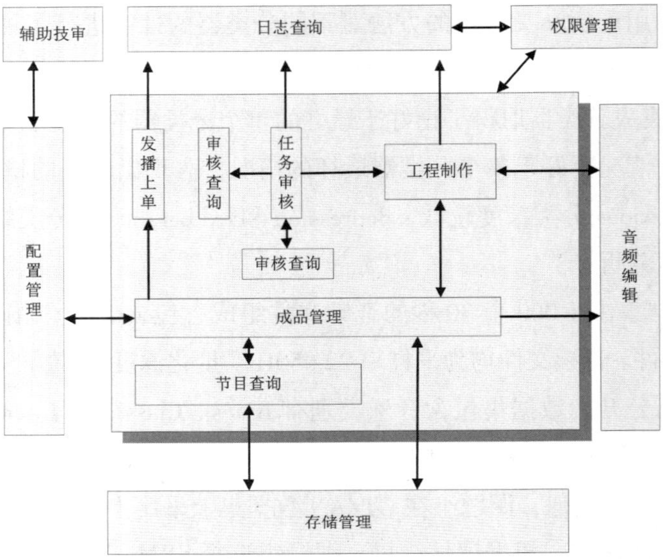

图 5.17　制作系统核心功能模块图

节目制作的核心功能和系统间交互如图 5.17 所示，系统内部各子系统除完成内部业务交互外，还对外提供业务接口，与编单系统、播出系统等实现数据交互。

（三）节目制作管理子系统

节目制作管理子系统实现的主要功能模块如下。

（1）工程制作。工程制作完成对节目工程的创建、编辑、发送、查询等操作。

（2）成品管理。在播出成品区存放将要进行上单操作的播出成品。播出成品区可分为部门播出成品库、播出成品分类库。成品区的可执行功能包括：再编辑成品复用、查看 / 编辑属性、导出、查询、试听、删除。

（3）任务审核。审核人员通过对节目的审听和辅助技审，评估待审节目内容、播出效果是否符合要求。辅助技审：通过音频检测算法对待审节目音频的某些属性进行检测，以保证音频质量和播出效果。针对语言类音频，应用语音识别技术研发了音频智能审查功能，其将音频转化为文本并提供快速音频文本对照功能，大大提高了审核效率。

（4）存储管理。存储管理主要完成对各频道、各制作部门下的各类存储区的存储空间的设定和维护。存储区包括工程区、播出成品区和回收站。

（5）权限管理。权限管理模块对用户操作权限进行分配与控制，按照基于角色的访问控制思想，将权限与角色相关联，同时按具体需求，将用户划分成用户组，通过为用户组分配适当的角色，实现对多个用户权限的统一分配，简化权限分配的流程。

节目制作管理子系统的软件界面如图 5.18 所示。

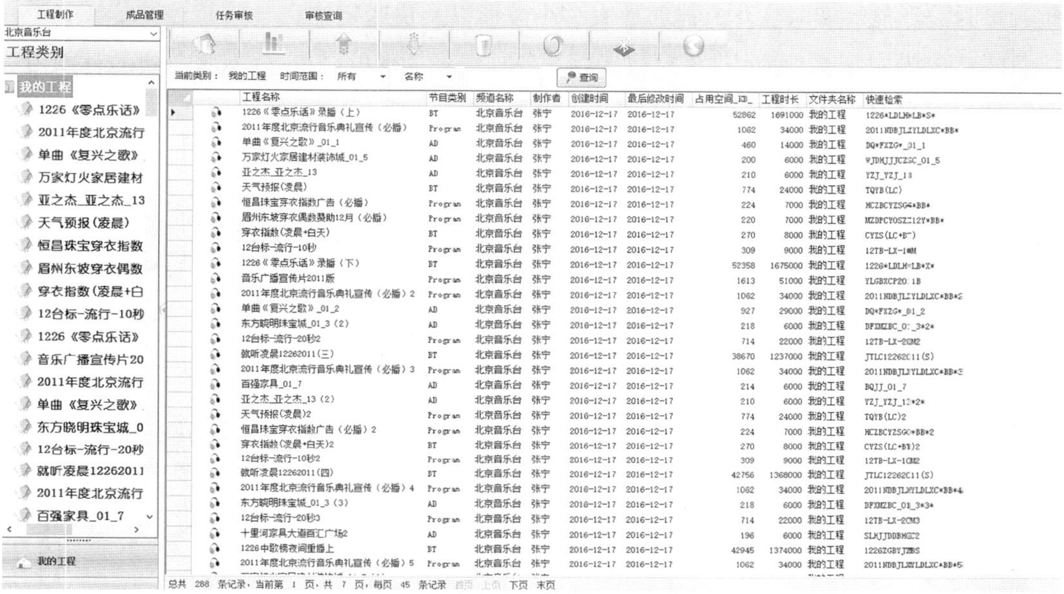

图 5.18　节目制作管理子系统操作界面

（四）音频编辑器子系统

音频编辑器子系统可实现播放、录音、监听、处理、显示、操作现场恢复等功能，采用图形化操作界面，方便用户学习与使用。音频编辑器的功能模块包括：

（1）主控模块。该模块设计和实现了用户交互界面，提供用户偏好设置、素材搜索入口、文档数据保存以及系统初始化设置等功能。

（2）音轨管理模块。该模块是音频编辑器的核心模块，承上启下，是用户交互界面的主要部分，内容包括支持音轨的添加、删除、命名、编组；支持音轨独奏、静音、重采样、轨道整体音量及声像控制、在轨道上添加音效（混响、延时、均衡、变调等）。计算机编程系统的音轨，可以通过轨道管理，配置固定的物理通道，也可以通过全方位效果程序的控制，实时路由到不同的一个或多个物理通道。音效处理是直接给轨道上的音频素材加上效果，如均衡、淡入淡出效果，满足广播节目的实际播出需求。

（3）音频控制模块。该模块控制多轨音频的放音、录音、编辑、效果器添加，也有对波形的音量、声像调整等操作。音频放音可有多种模式，包括快进快退，可以在任何位置播放，并且播放时间段可选。录音主要是录制调音台输入输出信号。编辑的部分包含复制、剪切、粘贴、切割、时间移动、音轨波形块的轨间移动等。效果处理包含均衡、淡入淡出等。对波形的音量及声像的控制功能，能保证音量合理及声像定位明确。

（4）波形显示模块。波形显示模块是音频编辑与制作软件的重要部分，把无形的声音显示为动态的波形，使音频编辑实现可视化操作。要求该模块声音显示准确、调整音量时波形能够实时变化，能够放大缩小波形以及快速定位。

（5）外部数据接口模块。该模块保存了各种编辑操作的结果，实现和外部程序交互，并管理交互数据。

音频编辑器的软件界面如图 5.19 所示。

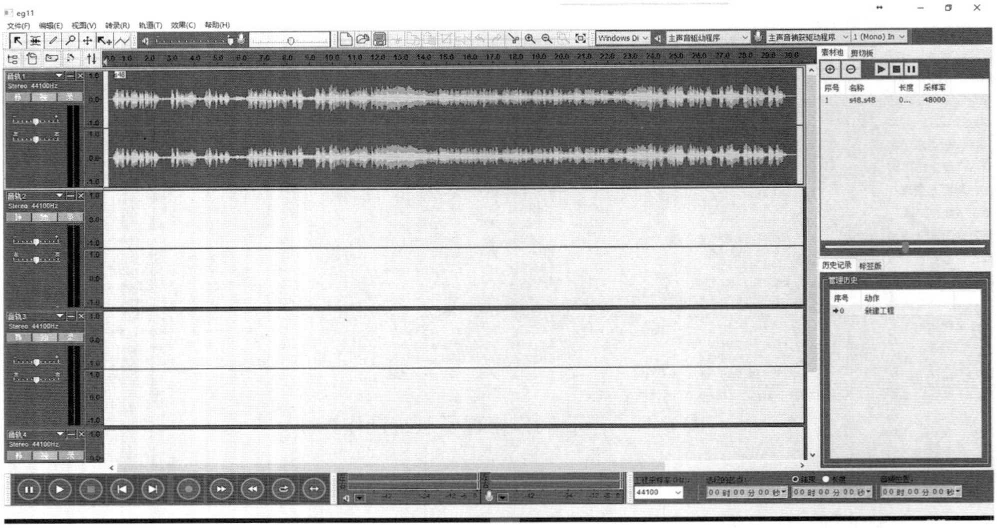

图 5.19　音频编辑器子系统的操作界面

六、广播节目智能编单系统

（一）概述

现有的广播节目编排系统，在音乐内容、制作规则、热点事件等方面，有着明显欠缺。课题组通过大数据服务平台所提供的热点，预测和推荐服务信息，结合电台的整体风格和发展规划，研制基于风格导向的编排引擎，研发面向类型化电台的智能编排系统，其主要功能包括策略管理、Clock 管理、内容编排、内容审核、节目单管理、统计分析等，为用户提供自动化、智能化、合理快捷的编排服务。

智能编单系统成为集时段、分级分类、广告时间控制、时钟式设计、播出频率控制等一系列策略的编排引擎。策略实际上是一系列和节目属性相关的规则集合。在制定策略时，用户选取需要的规则。当这些规则应用到节目编排中时，系统就会根据所选策略的规则来选择合适的节目。策略用到的规则有音乐的情感、流派、年代、能量等。

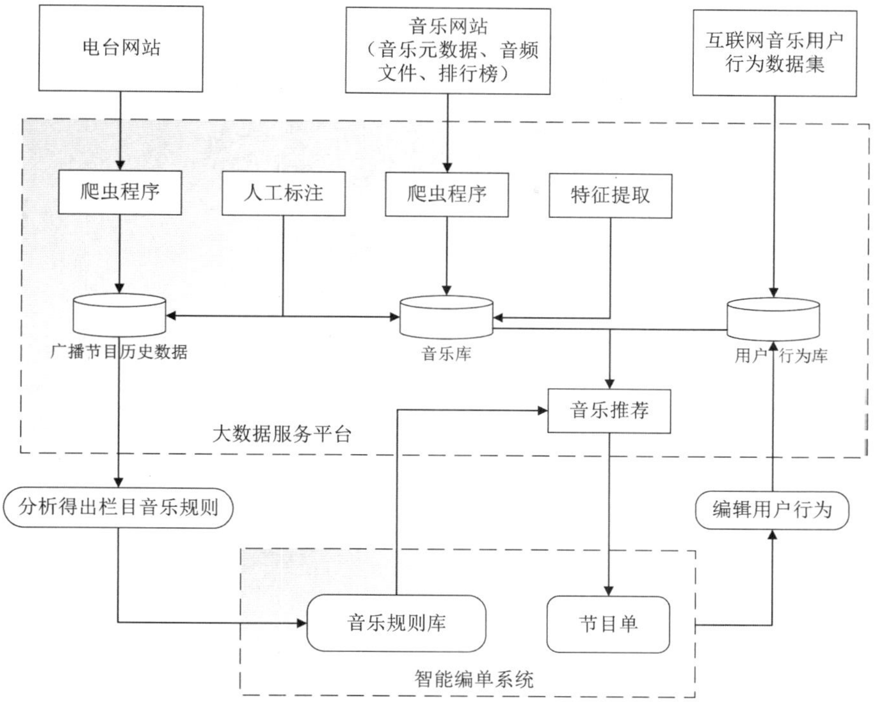

图 5.20　智能编单流程结构图

智能编单系统结合使用大数据服务平台的推荐服务，完成了主播个性化推荐和节目风格导向相结合的音乐推荐功能。系统为编播用户计算推荐音乐列表，而用户可以根据实际情况和个人喜好手动调整自动生成的节目单。这些调整情况以及最后生成的节目播出单都将作为反馈信息回送到大数据平台，成为系统以后推荐音乐节目的参考。系统在不断学习调整的过程中改进节目的推荐，使得智能生成的节目单越来越准确，越来越贴近实际需求。

智能编单系统的编单策略除了以人工输入的方式手动生成，还可以在电台历史播出数据的基础上分析生成策略模板。编辑只需选择某一期历史节目，系统就可以基于内容检索分析出节目中使用到的音乐，由该期节目的音乐风格生成编单策略模板，进而自动推荐与历史节目相关的音乐列表。

这种编单 + 大数据的模式不仅可以在大型电台使用，还可以以编单服务的方式为中小型电台甚至个人主播服务，成本低，效果好，是创新的节目智能编排应用模式。

智能编单系统实现了策略管理、Clock 管理、自动编单、手动编单、智能推荐、行为反馈、内容审核、节目单管理、统计分析、节目单发布等诸多复杂的业务功能，为用户提供自动化、智能化、合理快捷的编单服务。

节目单智能编排功能由风格导向的编排引擎和智能编排系统两个核心系统来实现，其技术架构如图 5.21 所示。

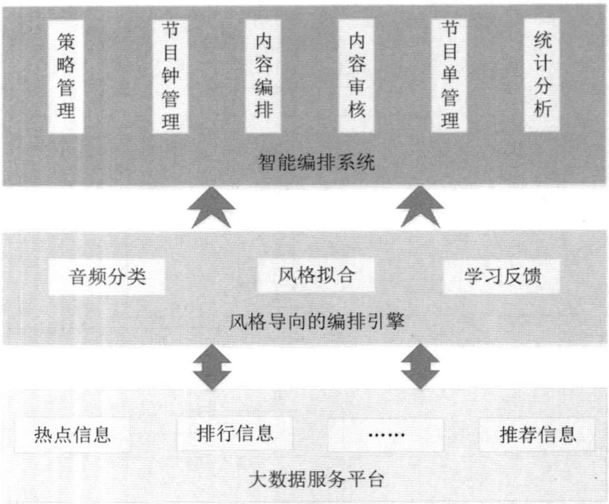

图 5.21 智能编排技术架构

（二）风格导向的编排引擎

电台采编人员对节目的要求往往并不能用准确的音频特征来描述，传统广播电台广泛采用的编单系统基于自有的资料库可以较好地解决编排问题，但其也存在着一些不足之处，最主要的问题是编单模式相对固化、编单人力成本过高导致的编单效率低下。针对这种不足，就需要编单系统能够根据节目采编人员的个人偏好和编辑历史向其推荐符合其期望的音乐节目素材，并具备推荐模型的反馈优化机制。如何通过智能编单技术辅助电台形成、发展自己的节目风格，是智能编播系统要解决的重要问题之一。向节目采编人员准确推荐其期望的音乐素材能够极大地提高采编人员的工作效率，从而实现以主持人为代表的具有特定栏目风格的个性化音乐推荐，提高受众黏性。

1. 风格拟合

每个电台栏目都有对自身和受众的精确定位，从而形成自己独特的栏目风格。风格拟合的目的，是结合各方面和层级的需求，自动形成符合电台栏目定位的节目单。这里主要针对栏目中音乐类节目的风格拟合和自动推荐进行研究。

智能编单系统与利用大数据平台的推荐服务，完成了基于用户个性化推荐功能和节目风格导向的音乐推荐功能。系统每天都会为用户计算推荐音乐列表，而用户可以根据实际情况和个人喜好手动调整自动生成的节目单。

智能编单系统的编单策略除了人工输入的方式外，还可以在分析电台历史播出数据（包括网上爬取的电台历史播出数据，节目音频、节目单等节目元数据信息）基础上生成策略模板，编辑只需选择已播的某一期节目，系统就可以基于内容检索分析出节目中使用到的音乐，根据该期节目的音乐风格（包括音乐播放数量情况、音乐播放总时长情况、不同情感音乐数量和时长情况、不同流派音乐数量和时长情况、不同年代音乐数量和时长情况、不同语种音乐数量和时长情况、不同场景音乐数量和时长情况、不同主题音乐数量和时长情况等）生成编单策略模板，于是便可得到与历史节目相关的音乐列表。

2. 学习反馈

系统对主持人的实际编单行为和受众的收听行为（如对歌曲的喜好程度、歌曲实际播放与否等）进行汇总和分析，并将这些行为信息定时接入大数据分析平台进行矩阵计算和数据建模，逐步完成数据优化，提高编排引擎的个性化推荐精准度。

（三）基于大数据平台的技术方案

在本书前面提到的面向音频服务的大数据平台基础上，面向编单的智能音乐推荐系统应用电台主持人的行为反馈数据，基于 Spark 实现用户—歌曲评分的数据建模和反馈模型优化，以提高歌曲推荐的准确度，技术框架如图 5.22 所示。其中大数据分析平台完成数据训练与建模、用户—歌曲评分的预测、用户行为数据的分析处理、歌曲智能推荐等过程；编单系统完成节目编单规则的设定、用户编单操作行为的采集、编单结果的手工调整和展示下载等。

具体处理流程如下：

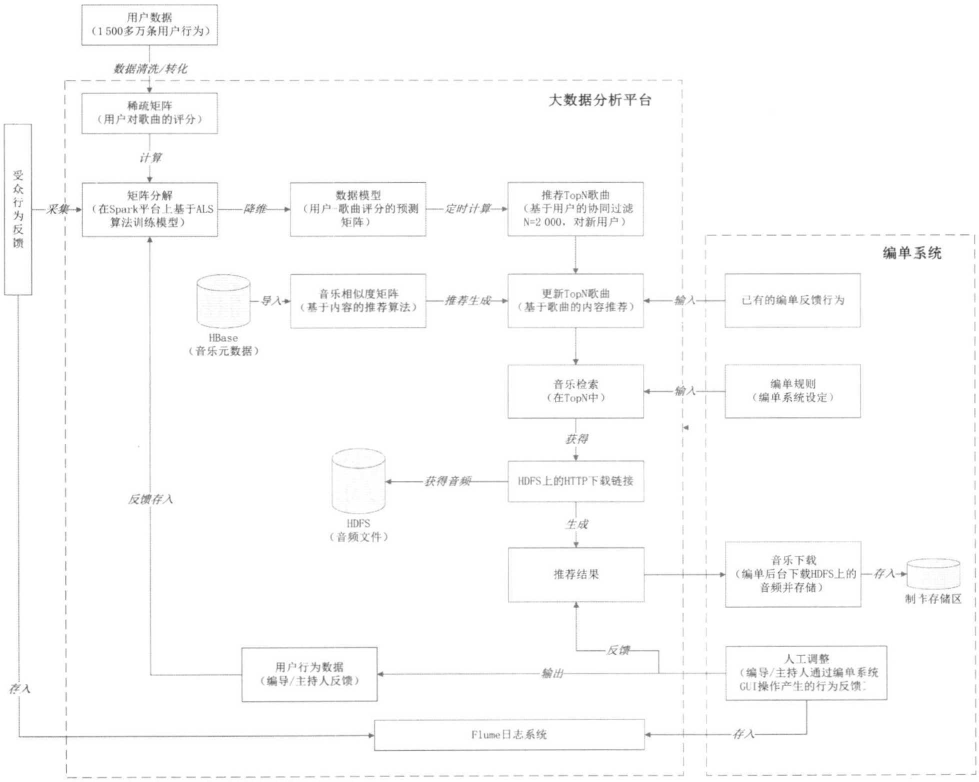

图 5.22 面向编单的智能音乐推荐技术框架

（1）基于脱敏用户行为数据集中 2 万多首歌曲上产生的 1500 多万条用户行为数据进行数据清洗和转化，建立用户—音乐评分数据模型；

（2）基于 Spark 计算平台运用 ALS 算法训练数据，完成步骤 1 中海量稀疏矩阵的分解和降维，生成用户—音乐评分的预测矩阵模型；

（3）每天定时（为不影响业务应用，系统设定 0 点）批量进行基于用户协同过滤的 TopN 歌曲推荐（系统初步设定 N=2 000）；

（4）根据系统中已有的用户编单行为数据计算用户偏好，基于大数据平台中 HBase 存储的音乐元数据计算音乐相似度矩阵，结合以上两个计算结果对步骤 3 输出的 TopN 歌曲列表进行更新；

（5）在实际的编单业务应用中，系统根据编单系统预设的节目单编单规则（例如年代规则、主题规则、情感规则、BMP 规则等）对步骤 4 输出的 TopN 歌曲集进行匹配和检索，并获得推荐的歌曲的元数据信息集合；

（6）用户根据歌曲的元数据信息得到大数据环境（HDFS）下的音频存储链接，下载音乐文件，获得最终的歌曲推荐结果；

（7）编单系统完成歌曲的本地下载，并将歌曲存入本地制作存储区。

在实际的编单应用中，系统推荐的最终歌曲集合也不一定完全符合用户的实际需要，此时用户对编单数据的操作反馈和受众的收听行为反馈也会被实时存入 Flume 日志数据库并导入大数据分析平台，以逐步提高用户—音乐评分数据模型预测的准确度。

七、数字音频安全播出系统

（一）概述

针对电台中的业务播出，课题组研发了三种播出系统，分别是：自动多播系统，备播机房中无人值守的服务器使用该播出系统，可实现 7×24 小时不间断播出多个频道节目的功能；主播系统，面向台内主持人和导播研制的播出系统，提供丰富的功能和便利的操作界面；便携式转播系统，在台外转播大型会议、体育赛事时，能快速构建小型的专业转播系统，基于笔记本电脑和外置式声卡，拥有播出、录制、编排等多种功能。

课题组研发了数字音频安全播出系统，开发了专业音频中间件，可支持专业声卡的操作控制和电台专业音频需求的实现。播出系统作为桌面应用程序，提供了功能强大、友好易用的人机交互界面。播出系统包括安装了广播级声卡的播出工作站硬件部分和播放软件部分。播出系统符合广播行业播出标准和专业需求，可按播出规则自动播放节目单中的节目音频，也可由用户手动播放和控制。在不同的播出场景下，播出系统分为三种工作模式：第一种主播，在电台直播间使用，用户是节目主持人，以直播节目为主；第二种多播，在电台自动播出机房使用，用作安全备份，无人值守，基于自动模式播放，自动获取节目单，自动垫乐，确保播出无静音，一台服务器上可播出多个频道的节目，可支持不少于 4 个频道同时播出，每天 0 点自动翻单，支持 7×24 小时不间断运行；第三种转播，用于在台外使用笔记本等设备临时搭建直播间，不需要和其他系统互联即可单独使用，适合在台外转播大型会议、体育赛事时，快速构建小型的专业转播系统，该转播系统也可作为录制站自动录制节目音频，保存历史播出数据。

图 5.23　数字音频安全播出系统的操作界面

在研发过程中，课题组参考和采纳了大量专业广播行业人员的意见，易用、专业、稳定是播出系统的定位。为了实现安全可靠播出，播出系统具备以下特点。

（1）安全播出。提供自动垫乐、音频检测（无效音频文件识别）、反相处理、定点播出、节目单实时备份、播出日志管理、多播工作站播出备份。

（2）专业电平管理。设定标准电平、电平精准控制、数字 / 模拟 PPM 显示。

（3）专业化功能。波形 / 频谱实时显示、倒计时提醒、多风格界面、节目单导入、输入 / 输出通道灵活配置。

（4）高质量录音。自动录音、不间断、无漏秒、设置采样率、设置比特率。

（5）快捷节目单制作调整。节目查询、预听、拖拽式编辑、排序、播出规则设定。

（6）人性化操作。磁性窗口、自动对齐、字体放大缩小、节目自动定位、图形化配置节目。

（7）音频支持。支持 wav、mp3、s48 格式音频的录制与播放。

数字音频安全播出系统的操作界面如图 5.23 所示，分别是主播模式、多播模式和转播模式。

（二）播出系统的高可信要求

广播作为国家重要的宣传媒体，肩负着宣传国家方针政策，丰富人民文化生活的责任，具有巨大的政治影响力和广泛的社会影响力，作为唯一的一种非视觉媒体，广播在突发事件、灾难应急中可以发挥其他媒体无法替代的作用，因此国家广电管理部门和广播电台对播出节目内容的安全、停播率有着极高的要求。2009 年 12 月，国家广播电影电视总局发布了《广播电视安全播出管理规定》，其中明确提出“广播电视安全播出工作应当坚持不间断、高质量、既经济、又安全的方针。安全播出，指在广播电视节目播出、传输过程中的节目完整、信号安全和技术安全。其中，节目完整是指安全播出责任单位完整并准确地播出、传输预定的广播电视节目；信号安全指承载广播电视节目的电、光信号不间断、高质量；技术安全指广播电视播出、传输、覆盖及相关活动参与人员的人身安全和广播电视设施安全。”2010 年 6 月和 2011 年 7 月科技司相继下发了实施细则的试行版和正式版。

从安全播出的要求与广播业务的特点可以看出，播出系统应具有持续播出的能力，不允许因为某些部件失效引发播出事故。这样的系统对正确性、可靠性、实时性等性质要求极高，一旦失效就会导致重大损失，产生较大危害，诸如人员伤亡，大范围的环境损害，或大量的经济损失，因此，被称为安全关键系统（Safety Critical System, SCS）。SCS 广泛存在于电力、电信、交通运输、航空航天、国防、医疗等领域。本文中“Safety”被翻译为“安全”或“可靠安全”，其本质含义是指系统不会因失效发生危险性的事故，而信息安全领域中的“Security”，我们译为“保密安全”以示区别。

在计算机和网络技术高速发展的背景下，广播电台开始广泛采用基于软件的播出系统，国内外多家厂商都开发了专业音频播出软件，电台播出系统对软件的依赖程度越来越高。然而，由于功能日益强大，软件系统也变得极其复杂，特别是并发、实时、分布式的程序。即使这些软件系统在投入使用前，经过了大量的测试和试用，但仍难保证在长时间的持续播出工作中无误地运行。由软件错误引起的停播、错播、劣播等播出事故时有发生，给听众、管理部门及电台本身都造成了巨大损失。

高可信软件在一些会干扰或损害系统完整性的不利条件下，必须能够继续正确地、安全地执行预期操作。导致出现不利条件的因素包括断网、断电等环节因素；用户错误操作、非法输入、使用不当等非预料中的系统使用；以及一些软件、数据、网络中的异常。高可信软件必须具备强大的健壮性以应对各种各样的不利条件。播出系统作为一种保障安全播出的关键系统，如何保障系统中软件的高可信性成为迫切需要解决的问题。

然而，目前播出系统的软件还不足以满足 SCS 的要求。SCS 不仅要求正常环境下的安全性，也要求非正常环境下系统也能进入安全状态。当前的软件测试技术也难以获取足够充分的数据来测试软件应对危险情况的能力。总体来说，软件开发过程中没有或很少使用形式化方法，缺乏系统化的高可信软件理论的有效支撑，软件功能和性能的确认与验证依靠传统的软件测试方法，自动化水平低下，难以保证 SCS 要求的系统长期、不间断正确运行。

鉴于播出系统的业务功能和关键技术特点，要想将高可信软件理论与软件工程的实践相结合，保障安全播出，不是一件轻松的工作。在需求规范、系统建模、检验算法设计、软件测试等方面，播出系统高可信软件都面临一些独特的挑战。课题组的此项研究具有重要的理论意义，以及一定的实际意义。

（三）探索播出系统软件的高可信开发方法

广播播出系统是一个安全关键系统，对核心软件的可靠性、安全性有极高要求。课题组结合形式化规约、通信顺序进程（Communicating Sequential Processes，CSP）等方法，使用形式化方法对播出系统的核心模块进行建模、验证和代码的测试，从错误避免和错误排除的角度保障播出系统的高可信性。

播出系统的核心功能是将节目单中的音频节目安全播出，目前该任务均由音频工作站上的播出软件来实现，我们称该软件为“播放器”。在播出系统中至少存在一个由多个节目组成的节目单，播放器则按照播出规则播放节目单中的音频内容。安全播出对播放器的主要安全性要求是不能发生静音事故，即在播放一个节目的时候，要确保其能正常播出，如果发生异常无法播出该节目，则使用垫乐机制（播放背景音乐）防止静音事故的发生。可将播放器核心功能需求总结为以下几点。

（1）节目单的管理。节目单可以看作一个动态的列表，节目单上允许的操作包括将节目添加到节目单中，从节目单中删除节目，更新节目单中的某个节目。在具体实现中，节目单以文件或数据库的方式被存储和访问。

（2）音频播放控制。在播放某个节目时使用播放器可以暂停或停止播放。

（3）异常处理。出现不符合正常功能操作需求的情况，播放器可以根据异常类型做出相应的处理。

上面用自然语言对播出软件的功能需求做了简要说明，这种非形式化的说明易读、易理解，它的问题是不精确和不完整，但即便是像传统软件工程中那样使用用例、流程图等方式详细描述需求，也依然会存在不精确性和二义性。根本原因在于，这样的非形式化规约无法得到计算机的有效支持，更无法应用数学工具进行推理和验证，因此规约中存在的种种问题会出现在整个项目开发过程中，导致大量的成本都花费在错误修复和测试维护中。

若不能准确理解系统要做什么，则不大可能会开发出正确的程序，因此这里首先基于Z语言对播出软件的功能需求进行建模，编制出一个完整、一致、精确、无歧义的播出系统软件规约，在软件开发的早期阶段就避免将错误带入软件开发过程。然而，形式化规约是基于高层次抽象模型对系统进行证明和验证，还不足以保证最终软件产品的高可信性。因此，课题组还对契约式设计方法进行研究，建立Z规约与实现代码的映射关系，将严密的前置条件、后置条件及类不变量等约束条件嵌入系统实现代码中，这样可以在软件运行时动态检查是否满足契约。这种方法为软件的自动化测试提供了基础。最后课题组尝试使用基于模型检测的测试方法对软件进行自动测试，以发现并发程序中的隐藏错误。

1. 播出系统软件的形式化规约

软件中的一个错误往往会导致其他程序出现另外的问题，甚至更多的错误，而软件内部关联复杂，程序员很难考虑周全。需求错误是最常见的错误之一，也是最难以解决和维护的。在开发的早期阶段，必须明确软件的安全性需求和约束，包括期望和非期望的需求，应当是完整的、无二义性的，与其他软件需求是一致的。这种系统需求需要用抽象但是易懂的形式进行描述。在传统的软件工程中，常使用自然语言和图对软件进行描述，优点是易读、易懂，但它通常具有不精确性和二义性的缺点，并且，在需求文档非常大的情况下，很难保持全局的一致性，例如，文档第127页的一个术语和它在35页的定义是否一致呢？用非形式化的方式来描述软件系统的规约，无法得到计算机的有效支持，靠人工难以解决一致性的问题，二义性和不精确性使软件的测试和验收变得困难。

基于形式化规约（又称为规格或规范），通过形式化、规范化的数学理论，来保证安全关键系统需求的精确性和抽象性。Nancy Leveson指出：形式化规约语言是某些定义良好的符合系统上字符串的集合，在符号系统中，还包括区分这些字符串的各种规则，形式化规约语言能够支持公式的形式证明。形式化规约的优点是，使软件系统的设计者能够利用严格的数学方法去推理和证明，也就是说，在做出规约之后，无须编程，就可以查出一些设计错误，例如不一致性与不完全性。

（1）播出系统软件的状态模式

以下课题组针对核心需求构造数学模型，因此不对实际系统中的部分属性强加不必要的限制。例如在音频节目的建模中，重点描述关于音频节目播放的各种操作，不需要考虑音频采样率、作者等具体确定的信息。

课题组把播放器处理的数据结构称为节目（Program），在规约中首先给出基本类型：

[*Program*]

Program 表示系统中的音频节目集合，其中的元素是系统中最关键的数据结构，是

播放器操作和处理的核心元素。为了方便描述播放器的特性，定义几个枚举类型：

$STATUS ::= Playing \mid Stopped \mid Paused$

$MODE ::= Normal \mid BGMusic$

$BOOL ::= True \mid False$

其中，枚举类型 *STATUS* 描述了播放器的几种状态，如果有节目正在播放，即处在 *Playing* 状态，没有节目播放时，播放器处于 *Stopped* 状态，*Paused* 暂停状态区别于 *Stopped*，即暂停后可以选择继续播放。*MODE* 代表了系统处在何种模式下，*Normal* 表示播放器处于正常播出状态，播放的是节目单中的音频，当系统出现异常或节目单中没有节目导致无法正常播放既定的音频时，需要使用垫乐（播放背景音乐），系统转为 *BGMusic*（Background Music）模式。枚举类型 *BOOL*，它的值包括 *True* 和 *False*。

```
__Player______________________________________
| list: seq Program
| isValid: Program ⇸ BOOL
| mode:MODE
| status:STATUS
|_____________________________
| ran list ⊆ dom isValid
|_____________________________________________
```

上面用垂直形式的 Z 模式 (Schema) 描述了播放器的状态模式 *Player*，它包括多个变量以及限制变量值的谓词。其中，*list* 是播放器的节目单，该变量被定义为一个序列，序列元素是系统中的音频，其形式被定义为：

$\text{seq}\,Program == \{f: \mathbb{N} \nrightarrow Program \mid dom\ f = 1..\#f\}$

考虑节目制播环节中常见的一种情况：某台每天早上 7 点开始播出节目《早间新闻》，这是一档固定节目，因此在制作节目单的时候，工作人员会提前把《早间新闻》节目添加到每天的节目单中。但是该节目每天对应的音频内容是不同的，为了保证新闻的时效性，工作人员往往要当天 6 点才能编辑上传完成，所以，系统中的 *program* 不一定都是可以播放的。因此，播放器模式中定义了 *isValid* 变量，它用函数表示节目所对应的音频资源是否可用，其形式被定义为：

$$Program \nrightarrow BOOL == \{R:Program \leftrightarrow BOOL \mid \forall p:Program;\ b_1, b_2:BOOL \bullet (p \mapsto b_1) \in R \wedge (p \mapsto b_2) \in R \Rightarrow b_1 = b_2\}$$

另一种情况是，节目所对应的音频无法播放。例如，文件系统上的音频资源被删除，或一个网络资源由于网络原因无法访问，该节目也不可用。

Player 模式中的 *mode* 变量和 *status* 变量分别表示播放器的播放模式和播放状态。该模式谓词部分注明了 ran *list* ⊆ dom *isValid*，等价于：

$\forall e:\mathrm{ran}\ list \cdot e \in \mathrm{dom}\ isValid$

说明节目单中的节目可用情况均具有确定性。

前面课题组对播放器系统的数据类型给出了抽象描述，系统状态用模式建立了模型，其谓词部分说明了播放器的状态不变式。如果模式是可用的，则系统必然存在一个初始状态，没有初始状态的系统一般来说是没有用处的。

PlayerInit

Player'

$list' = \langle\ \rangle$

$isValid' = \varnothing$

$mode' = Normal$

$status' = Stopped$

课题组给出了播放器的初始状态模式，使用模式修饰 (decorated schema) 对节目状态 *Player* 初始化进行描述，即初始化模式 *PlayerInit* 没有前状态。在初始状态下，节目单是一个空列表，也没有节目是否可用的信息，播放器处于 *Normal* 正常模式下，此时的播放状态是停止的，这样便可以证明一致性，从而确定 *PlayerInit* 确实是 *Player* 的初始状态。首先，初始化定理可描述为：

$\vdash \exists\ Player' \bullet PlayerInit$

该定理表明，一定存在一个后状态模式 *Player'*，使得系统满足 *PlayerInit* 的性质。证明初始化定理的过程比较简单，先进行预处理，展开该定理：

$\exists\ Player' \bullet PlayerInit$

$\Leftrightarrow \exists\ Player'$ [definition of *PlayerInit*]

$\bullet\ Player'$

$\land\ list' = \langle\ \rangle$

$\land\ isValid' = \varnothing$

$\land\ mode' = Normal$

$\land\ status' = Stopped$

$\Leftrightarrow \exists\ Player'$ [schema quantification]

$\bullet\ list' = \langle\ \rangle$

$\land\ isValid' = \varnothing$

$\land\ mode' = Normal$

$\land\ status' = Stopped$

$\Leftrightarrow \exists\ list':\mathrm{seq}\ Program;$ [definition of *Player'*]

$isValid' : Program \leftrightarrow BOOL;$

$mode' : MODE;$

$status' : STATUS$

$\bullet\ list' = \langle\rangle$

$\wedge\ isValid' = \varnothing$

$\wedge\ mode' = Normal$

$\wedge\ status' = Stopped$

$\wedge\ \mathrm{ran}\ list' \subseteq \mathrm{dom}\ isValid'$

$\Leftrightarrow \langle\rangle \in \mathrm{seq}\ Program$　　[one-point rule, *four times*]

$\wedge\ \{\} \in Program \leftrightarrow BOOL$

$\wedge\ Normal \in MODE$

$\wedge\ Stopped \in STATUS$

$\wedge\ \mathrm{ran}\ \langle\rangle \subseteq \mathrm{dom}\ \{\}$

由上面的证明过程可见，经过对 *PlayerInit*、*Player'* 模式展开，消除存在量词，以及四次应用点规则（The one-point rule），证明初始化定理的过程被简化为五个子目标的证明。其中，$\langle\rangle \in \mathrm{seq}\ Program$ 可用定律 $\langle\rangle \frown S = S$ 证明，$\varnothing \in Program \leftrightarrow BOOL$ 可用定律 $\varnothing \in S \leftrightarrow T$ 证明。显然，*Stopped* 和 *Normal* 分别是 *STATUS* 类型和 *MODE* 类型的枚举值。最后，因为 $\mathrm{ran}\ \langle\rangle = \varnothing$，由 $\varnothing \subseteq S$，可以证得 $\mathrm{ran}\ \langle\rangle \subseteq \mathrm{dom}\{\}$。

至此，初始化定理 $\vdash \exists\ Player' \bullet PlayerInit$ 得到证明。

（2）播出系统软件的操作模式

要说明播放器的有关操作，就要对其行为特征进行描述。操作模式与状态模式的不同在于，操作会让系统从前状态到后状态发生转移。课题组将播放器的操作分为节目单操作和播放控制操作两大类，分别进行规约的描述。因为篇幅所限，本书中只展示前者的规约生成过程。

在 *PlayerInit* 模式中，课题组已经定义了播放器初始状态下节目单是空的，没有节目就无法播出。在播出环节，加载节目单的方式有很多种，可以从数据库服务器中下载多个节目单，也可以手动添加本地的音频文件，或者从媒资系统搜索需要的节目再添加到播放器的节目单中。在一个节目进入播放器节目单之前，需要检查该节目是否可用，即检查节目对应的音频是否可以访问，是否符合播出格式要求，实际时长等信息与节目标注的是否一致等。当检查通过后，认为该节目可用，一个可用的节目才能通过播出系统的播放器正常播放。

AddProgram

$\Delta Player$

$pogram? : Program$

$valid? : BOOL$

$list' = list ⁀ \langle program? \rangle$

$isValid' = isValid \oplus \{ program? \mapsto valid? \}$

添加节目到节目单的操作被抽象为 *AddProgram* 模式。该操作输入为一个节目信息 *pogram?* 和该节目的可用性信息 *valid?* 。一些特殊的节目会多次出现在节目单中，例如广告、整点报时、标头，因此谓词部分未做 $program? \notin list$ 这样的限定。只要执行添加操作，节目单的后状态都是在原节目单基础上扩充新的节目，即 $list' = list ⁀ \langle program? \rangle$。$isValid'$ 也应当扩充节目的可用信息，但是如果该节目已经在节目单中了，那么 *isValid* 必然已经存在节目的可用信息，再次添加的时候需要更新原信息。由关系重载操作符 $\oplus$ 的定义可得：

$$isValid' = isValid \oplus \{ program? \mapsto valid? \} \Leftrightarrow$$

$$isValid' = program? \ntriangleleft isValid \cup \{program? \mapsto valid?\}$$

即将原可用信息删除后再将新的序偶 $program? \mapsto valid?$ 并入可用信息中。

DeleteProgram

$\Delta Player$

$program?:Program$

$status = Stopped$

$list' = squash(list \setminus \langle program? \rangle)$

课题组将删除节目的操作抽象为 *DeleteProgram* 模式。为了避免删除正在播出的节目，处于停止状态（*Stopped*）时方可执行删除操作。$squash(list \setminus \langle program? \rangle)$ 移除了节目单，删除节目后产生的序列域空白，压缩生成一个从 1 开始编号的序列。参考 *squash* 的泛型定义：

$[X]$

$squash: (\mathbb{N}_1 \nrightarrow X) \to \text{seq } X$

$\forall f : (\mathbb{N}_1 \nrightarrow X) \bullet$

$squash\ f = (\mu\ g : 1..\#f \rightarrowtail\!\!\!\twoheadrightarrow \text{dom } f \mid g^{\sim} ⨾ (\_+1) ⨾ g \subseteq (\_<\_)) ⨾ f$

Refresh 操作刷新节目和可用性的关系，刷新操作不能影响正在播出或暂停中的节目。规约描述如下：

Refresh

Δ *Player*

pogram? : *Program*

valid? : *BOOL*

---

status=*Stopped*

isValid'= *isValid* $\oplus$ {*program*?$\mapsto$*valid*?}

简单地说，操作模式的前置条件计算方法就是对给定的模式 S，删除它的声明部分的输出变量和后状态变量，同时在断言部分用存在量词对输出变量和后状态变量进行约束。以 *DeleteProgram* 操作模式为例，展开 *PreDeleteProgram* 模式。

PreDeleteProgram

list:seq *Program*

isValid:*Program* $\nrightarrow$ *BOOL*

mode:*MODE*

status:*STATUS*

program?:*Program*

$\exists$ *list*':seq *Program*;*isValid*':*Program* $\nrightarrow$ *BOOL*;*mode*':*MODE*;*status*':*STATUS*

• *status*=*Stopped*

$\wedge$ *list*'=*squash*(*list*\ 〈*program*?〉)

$\wedge$ *status*'=*status*

$\wedge$ *mode*'=*mode*

$\wedge$ *isValid*'=*isValid*

$\wedge$ ran *list*'$\subseteq$dom *isValid*'

对 *PreDeleteProgram* 的谓词部分应用点规则，替换后变量，消除存在量词，可得到：

isValid $\in$ *Program* $\nrightarrow$ *BOOL*

$\wedge$ *mode* $\in$ *MODE*

$\wedge$ *status* $\in$ *STATUS*

$\wedge$ *squash*(*list*\ 〈*program*?〉) $\in$ seq *Program*

$\wedge$ *status* = *Stopped*

$\wedge$ ran $squash(list \setminus \langle program? \rangle) \subseteq$ dom $isValid$

前三项的合取项是模式 *Player* 的状态不变式，在前置状态模式的声明中已存在。第四项展开得：

$program? \in program \wedge program? \in$ ran $list$

合取项的前者是前置状态模式的输入变量声明，上式可简化为：

$program? \in$ ran $list$

在第六项中，由于 ran $squash(X)=$ ran X，可得：

ran $squash(list \setminus \langle program? \rangle) \subseteq$ dom $isValid \Leftrightarrow$ ran $list \setminus \langle program? \rangle \subseteq$ dom $isValid$

由集合定律 $S \setminus T \subseteq S$，可得：

ran $list \setminus \langle program? \rangle \subseteq$ ran $list$

由集合定律 $S \subseteq T \wedge T \subseteq V \Rightarrow S \subseteq V$ 及状态不变式中的 ran $list \subseteq$ dom $isValid$，可得：

ran $list \setminus \langle program? \rangle \subseteq$ ran $list \wedge$ ran $list \subseteq$ dom $isValid$

$\Rightarrow$ ran $list \setminus \langle program? \rangle \subseteq$ dom $isValid$

第六项得到证明。因此，*PreDeleteProgram* 可简化为：

```
PreDeleteProgram
Player
program?:Program
————————————
program? ∈ ran list
status=Stopped
```

由 *PreDeleteProgram* 可知，要执行 *DeleteProgram*，必须满足要删除的节目必须在节目单中，并且当前状态是已停止。然而在 *DeleteProgram* 模式中并没有定义 $program? \in$ ran $list$，这说明课题组通过计算前置条件发现了操作模式中可能导致错误的一个源。也就是说，如果要删除一个节目单中不存在的节目，是不满足当前的系统状态模式与删除操作模式的。这时，可以再定义一个模式 *ExtraProgram*，描述系统如何处理这种错误。

```
ExtraProgram
Ξ Player
program?:Program
r!:Report
————————————
```

$program? \notin ran\ list$

$r! = Extra\_Program$

假设系统已经定义了合适的 *Report* 类型，就可以把一个完整的删除节目操作模式定义为：

$P\_DeleteProgram \triangleq DeletProgram \vee ExtraProgram$

在很多情况下，操作的前置条件比较容易通过观察得到，那么直接将这些约束条件写在操作模式中即可。通常对于复杂系统，在写操作模式的时候，需要更加关注的是操作会引发系统状态如何变化，之后再计算前置条件，这在规约的过程中是非常有用的。

按照以上的方法，课题组计算了播放器操作的前置条件，由于篇幅所限，本文不再赘述形式推理的过程，结果见表 5. 4。

表 5.4　播放器中的前置条件

操作模式	前置条件
AddProgram	true
DeleteProgram	$program? \in \mathrm{ran}\ list \wedge status=Stopped$
Refresh	$program? \in \mathrm{ran}\ list \wedge status=Stopped$
Start	$program? \in \mathrm{ran}\ list \wedge isValid\ program? = True$ $\wedge\ status \neq Playing$
Pause	$status=Playing$
Stop	$status \neq Stopped$

（3）播出系统软件的出错处理和完整描述

前面给出了部分播放器操作的规约，但是尚未定义这些操作模式对播放器状态改变的所有可能情况。例如，在上面内容中，课题组已经通过推理得出如果删除操作时 *program?* 不在节目单中，则系统状态不会发生改变，并会输出一条错误信息 *Extra_Program*。操作的完整描述是由该操作前置条件满足时的成功操作和不满足时的出错处理组成。出错处理需要覆盖操作模式的前置条件不满足的所有情况。通过推理计算，表 5. 4 给出了播放器各操作的前置条件，下面要以此为基础，扩充出错处理模式，以完成系统的完整规约。

课题组先形式化定义一个枚举类型的操作返回消息 *ReturnMsg*，它表示操作成功或失败时的输出信息。

$ReturnMsg ::= Okay \mid WrongStatus \mid ProgramNotExist \mid ProgramInvalid$

Success 描述任何一个操作的成功，即前置条件满足时的模式，它总是输出一个关

于操作成功执行的返回信息 *Okay*。

$$
\begin{array}{|l}
\textit{Success} \\
\hline
rtnMsg!: ReturnMsg \\
\hline
rtnMsg! = Okay
\end{array}
$$

部分前置条件不满足时，操作失败，系统输出相应的错误信息，但是不会改变状态，这类错误被定义为 *NormalError*。编写具体错误模式的时候，可以重用 *NormalError* 作为模式的变量。

$$
\begin{array}{|l}
\textit{NormalError} \\
\hline
\Xi Player \\
rtnMsg! : ReturnMSg
\end{array}
$$

对 *DeleteProgram* 和 *Refresh* 操作来说，前置条件是 $program? \in \mathrm{ran}\ list \land status=Stopped$。删除节目或更新节目的操作中如果节目不存在，会引发错误 *ProgramNotExistError*。

$$
\begin{array}{|l}
\textit{ProgramNotExistError} \\
\hline
NormalError \\
program?: Program \\
\hline
program? \notin \mathrm{ran}\ list \\
rtnMsg! = ProgramNotExist
\end{array}
$$

如果播放状态不是 *Stopped*，则 *DeleteProgram* 和 *Refresh* 操作不能执行，应返回错误信息 *WrongStatus*，用 *ListOPStatusError* 描述节目单操作时遇到的播放错误。

$$
\begin{array}{|l}
\textit{ListOPStatusError} \\
\hline
NormalError \\
\hline
status \neq Stopped \\
rtnMsg! = WrongStatus
\end{array}
$$

由表 5.4 的前置条件可知，*Start*、*Pause* 和 *Stop* 操作的前置条件对 *status* 也存在约束，如果前置条件中的 *status* 不成立，可定义相应的错误为：

$StartStatusError \triangleq [\ NormalError \mid status = Playing \land rtnMsg! = WrongStatus]$

$PauseStatusError \triangleq [\ NormalError \mid status \neq Playing \land rtnMsg! = WrongStatus]$

$StopStatusError \triangleq [\ NormalError \mid status = Stopped \land rtnMsg! = WrongStatus]$

前面提到，节目不可用的原因有很多，例如节目对应的音频尚未准备好、文件系统上的音频资源被误删、音频服务器宕机、网络故障导致网络资源无法访问等。无论何种实际原因，$isValid(program?)=False$ 表示要播放的节目不可用，*ProgramInvalidError*

输出 *ProgramInvalid* 的返回信息。

```
─ProgramInvalidError──────────────────
│ NormalError
│ program?:Program
├──────────────
│ isValid(program?) = False
│ rtnMsg! = ProgramInvalid
└──────────────────────────────────────
```

在普通的播放器设计中，如果播放源出现问题，用 *ProgramInvalidError* 来处理就足够了。但是在有安全播出要求的播出系统中，即便播放源不可用，也必须保证播出系统不能停播，不能出现静音。课题组设计的播放器在遇到播放源错误时，会自动转到垫乐模式，避免静音事故的发生。*HandleProgramInvalidError* 模式将后状态置为停止，并转换播放器模式为垫乐模式，即触发垫乐模块工作。因此，需要 *ProgramInvalidError* 模式和 *HandleProgramInvalidError* 模式的合取，共同完成播放错误的处理。

```
─HandleProgramInvalidError────────────
│ ΔPlayer
├──────────────
│ status' = Stopped ∧ mode' = BGMusic
└──────────────────────────────────────
```

最后，课题组可以定义处理各种状态的完整操作模式：

$T\_Start \triangleq Start \wedge Success$

$\qquad \vee ProgramNotExistError$

$\qquad \vee StartStatusError$

$\qquad \vee ProgramInvalidError \wedge HandleProgramInvalidError$

$T\_Stop \triangleq Stop \wedge Success \vee StopStatusError$

$T\_Pause \triangleq Pause \wedge Success \vee PauseStatusError$

$T\_AddProgram \triangleq AddProgram \wedge Success$

$T\_DeleteProgram \triangleq DeleteProgram \wedge Success$

$\qquad \vee ProgramNotExistError$

$\qquad \vee ListOPStatusError$

$T\_Refresh \triangleq Refresh \wedge Success \vee ProgramNotExistError \vee ListOPStatusError$

2. 构建符合形式化规约的实现代码

课题组用 Z 语言描述了播出系统的规约，并用类型检查器对内部一致性进行了检查，证明了初始状态和前置状态的正确性。通过这样的方式，课题组在软件需求阶段就能够尽早发现错误。如图 5.27 所示，在播出软件 Z 规约的指导下，课题组基于面向对象编程（Object Oriented Programming, OOP）的开发方式开发了播放器、节目单和节目等C#类。实际上，真实的软件代码所包含的属性和方法远比形式化规约中的多，图5.24中的类图只保留了Z规约中的重点内容，其他属性和方法并没有列出，这也反映出系统的规约是对实际系统的高度抽象，减了许多非关键的性质和操作，因此避错方法不能完全保证系统没有错误，还需要进行大量的测试以检测和消除系统错误。

对于类中的方法（函数），课题组基于 Code Contracts 将前面 Z 规约中的前置条件、后置条件及状态不变量嵌入实现代码中。以删除节目的操作 *DeleteProgram* 为例，如图 5.25 所示。

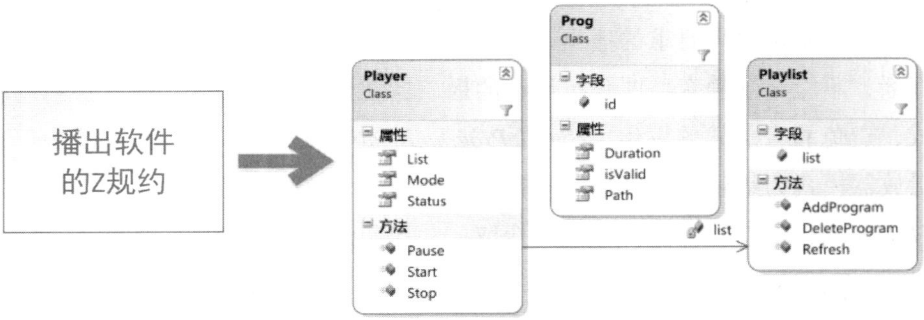

图 5.24　播出软件的 Z 规约转化为 C# 代码

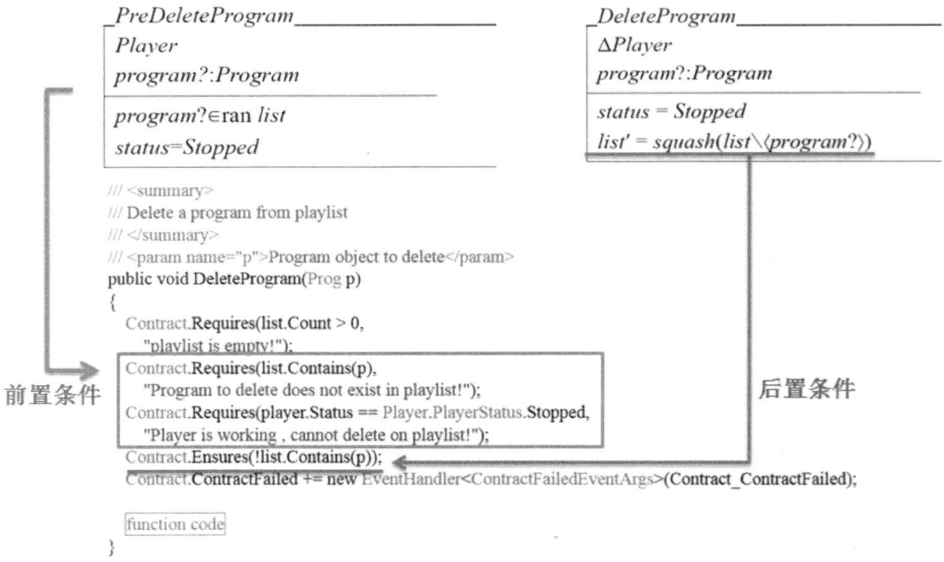

图 5.25　基于 Code Contracts 的方法

C# 方法 DeleteProgram() 的作用是从当前节目单中删除与参数 p 相等的节目对象。该方法的前置条件指明了要删除 p，首先节目单不能为空。由 Z 规约计算的删除操作前置条件可得：

$program? \in \mathrm{ran}\ list$

$status = Stopped$

即节目单必须包含 *p*，并且执行删除操作时，播放器必须处于停止状态（播放器的枚举类型 *PlayerStatus* 中定义了播放器的多个状态，*Stopped* 表示停止状态，*Playing* 则表示正在播放）。

由操作模式 *DeleteProgram* 可得后置条件为：

list'=squash(list\〈program?〉)

表示 *DeleteProgram* 方法执行完，播出系统必须保证 p 从 *list* 中删掉。

Code Contracts 提供了运行时的检查（Runtime Checking），当契约失败时，程序会触发 Contract.ContractFailed 事件。该事件会通知托管应用程序环境（如交互式解释器或 Web 浏览器主机）契约已失败。在课题组的测试框架中，课题组先将契约失败的原因、不满足的契约条件及契约中的自定义消息记录下来，然后再抛出该异常，在测试时如果发生会中断测试。

调用 *DeleteProgram* 方法的程序时为满足它的前置条件，避免出现违反契约的情况，会对上述几个前置条件进行检查，伪代码如下所示：

（1） **if** list is not empty **and** list contains p **and** player is stopped **then**

（2） Delete Program p from list

（3） **end if**

依照这种方式，课题组还编写了类中其他方法的实现代码。在实际使用当中，添加与删除的节目是用户选择出来的，为了支持自动测试，课题组使用随机选取的方式模拟用户操作，即在节目资源库中随机选择节目添加到节目单，在节目单的范围内随机删除节目对象。所有进入节目单的节目对象都被分配了一个唯一的 ID，因此不会产生二义性。

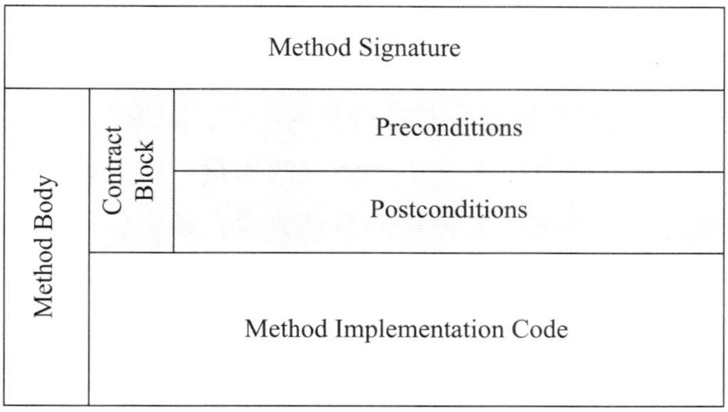

图 5.26　Method 中编写契约的位置

C# 是目前 .NET Framework 中的主流 OOP 语言。微软研究院的 Code Contracts 项目对契约式设计（Design by Contract, DbC）进行了研究和实现。.net 平台从 4.0 版本开始提供对 DbC 的支持，在命名空间 System.Diagnostics.Contracts 中包括了编写契约要使用的类。在 Visual Studio 中集成 DbC 环境需要下载安装一个 Code Contracts 库。图 5. 26

给出了一个函数体内嵌入契约的位置，所有的契约都必须写在方法体的顶部。

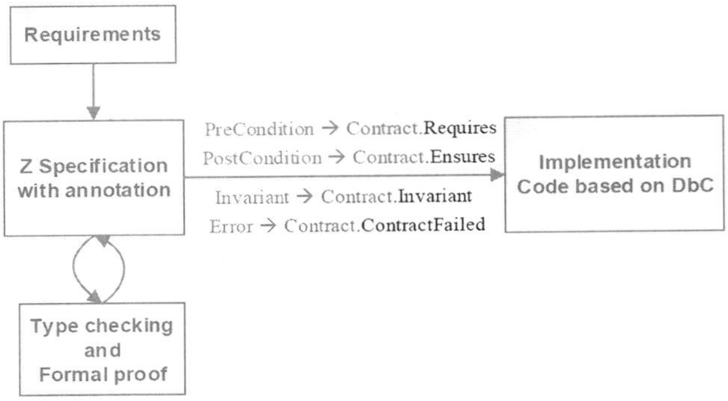

图 5.27　基于 Z 和 Code Contracts 的开发流程图

课题组结合形式化规约与契约式设计的思想，在图 5.27 中给出一个具体的开发流程：首先用 Z 语言对软件需求进行精确描述，编制系统的状态模式和操作模式，建立系统模型，并在每个 Z 的段落配有自然语言的注释，以提高规约的可读性；然后在 Fuzz、Z/EVES 等工具的协助下，对 Z 规约进行检查和定理证明，消除规约中的二义性和潜在错误；最后用 Z 规约来指导代码的实现，并将前置条件、后置条件、不变量及错误处理映射到 Code Contracts 中的相应方法中。这样，就可以支持 C# 代码集成正确、可信的契约，不仅在早期需求分析时可保证编制正确的软件规约，而且在代码实现时也保障了类和方法契约的正确性，可以最大程度地达到避错的目的。由于 Z 规约到 Code Contracts 的转换是手工进行的，而且 C# 中的契约条件（bool 类型）是与具体代码相关的，可以使用编译时的静态分析器进行契约检测。

另外，Code Contracts 还提供了一个运行时分析器，可以在软件运行时动态检查契约的满足情况。本文第四章提出的软件排错方法，在模型检测过程中起到作用的主要就是运行时分析器，它在代码运行时进行契约检查，如果不满足则抛出异常。这对软件测试有很大帮助，例如可以提高单元测试的质量，将冗余的输入过滤掉。它用契约形式的内部自我测试补充了各种外部测试方法，既可以用于单独的测试，也可以用于生产代码的测试。内部自测的好处是能够帮助开发者尽早检测到错误（Fault Detection），让错误检测更加容易和具体，便于开发者移除错误（Fault Removal）。

3. 并发程序测试与排错

在任何软件开发过程中，测试（Testing）都是必不可少的，在高可信软件的开发中更是如此。虽然前面章节中使用了形式化规约、契约式设计等技术进行了证明和验证，已尽可能地避免了错误的发生，然而，这还不足以保证最终软件产品的高可信性。在形式化验证过后，使用测试技术确实还能发现一些错误。

在软件开发过程中，课题组使用了单元测试、集成测试、系统测试等传统的软件测试技术，提高软件质量。如今的软件系统愈加复杂，其中包括大量的多进程、多线程并发执行，并发程序的执行序列存在很强的随机性，更加容易出错，线程交错执行的序列可能每次都不一样，只要其中一个序列出现问题，整个程序就是不正确的，这给软件排错(Fault Elimination)带来了很大困难。而且，测试用例的编写非常复杂和烦琐，且只能测试给定输入集，自动化水平低下。课题组在本章探索一种基于模型检测技术的测试方法，通过进程代数 CSP 建立测试并发模型，由模型检测工具自动生成测试用例，对并发软件进行测试。由于本文所依托的大型横向项目是为广播电台研发安全播出系统，系统的主要功能是基于 .NET 平台和 C# 语言实现的。因此，课题组在研究这种测试方法时，也充分考虑了对目标平台和编程语言的支持。

课题组试图研究一种更高效、更实用的基于模型检测的软件测试方法。在这种方法中，待测试系统（System Under Test, SUT）的代码中已植入契约。课题组首先基于通信顺序进程 CSP 为并发系统建立测试模型，用时序逻辑描述预期的软件性质，然后用模型检测技术来检查实际软件动态运行时，是否满足规约要求以及其他重要性质，例如死锁、活性等。测试模型验证时，如果契约不满足，说明代码违反了正确的规约，一方面代码契约运行时检查器会给出未满足规约的异常信息，另一方面模型检测算法会产生反例的执行路径，表明在什么样的环境和输入下会违反软件的规约。这种方法旨在自动检测并发事件序列上的约束，帮助开发者快速定位软件的具体错误，从而达到 SCS 的高可信保障技术中的错误排除要求。

课题组为了描述真实系统中复杂的并发操作，使用 CSP 建立测试模型，使用 PAT 作为模型检测工具。PAT 是一个灵活的通用模型检测工具，用于并发系统、实时系统的建模、模拟和验证。PAT 实现了各种模型检测技术以迎合死锁、可达性、线性时序逻辑等属性的检测要求。PAT 允许用户在模型中使用 C# 语言定义函数和用户自定义类型，也就是说在测试模型运行时，PAT 可以将 CSP 中的事件和实际 C# 代码连接，使 C# 的程序集成为测试模型的一部分。测试模型中的转移就是实际系统执行代码的结果。

播出软件提供了节目单数据访问接口，允许多个用户进程进行编辑、修改和播放。构建节目单并发操作的一个主要挑战是在多个用户进程同时编辑共享节目单时，必须维护节目单的一致性。确保节目单编辑的核心操作和算法的正确性成为关键。但是由于执行节目单编辑的多个进程来自不同的工作站，并且它们的行为高度动态、时序不定，且任意数量参与进程，每个进程可以产生任意数量的操作，这些操作会产生任意的并发关系。这为自动化测试和测试用例的生成带来了巨大困难。下面课题组以播出软件中操作节目单的多线程并发程序为例，应用基于模型检测的软件测试方法对其测试。

（1）建立多线程并发测试模型

我们用 CSP 建立多个进程，直接调用上面 SUT 中的接口方法进行测试，并没有出现异常和违反契约的情况。然而，课题组在 PAT 中使用 CSP 进行建模过程中发现，模型中定义了多个进程并发执行，所有的事件和转移都是在同一个真实线程中模拟的。软件实现时的一些接口，单线程调用时是没有资源竞争的，但是多个线程使用时就可能出现问题。也就是说，在 PAT 里无法通过多个线程执行 C# 程序代码，因此无法通过测试得出代码中存在的 bug，也就无从检测真实代码中是否存在死锁、是否违反契约等。

为了解决这个缺陷，课题组在 PAT 和 SUT 之间设计了一个含有两个子层的中间层。如图 5.28 所示，Interface 层首先定义指向 SUT 中的待测方法的委托，然后遵循 PAT 调用 C# 代码的规范，声明 public static 类型的测试接口与 SUT 的方法对应。Interface 中的测试接口与 SUT 方法的主要不同在于，Interface 中的测试接口需要接收 PAT 中的进程号 ProcessID，目的是能够识别进程 P(i) 和执行线程的对应关系。测试接口并不直接调用 SUT 方法，只是将事件消息传递给另一个中间层 EventPump(简称 EP)。

为了使用上述方法进行测试，课题组在 Interface 层定义了 EventPump 类型的列表和初始化线程的静态方法：

```
static List<EventPump> pumps = new List<EventPump>();
public static void InitThread(int processID){…}
```

pumps 中的每个元素都是一个 EventPump 对象，它维持着一个线程。InitThread 的作用就是启动 CSP 进程号为 processID 的进程对应的执行线程。

然后在 Interface 层定义三个静态方法：1）Add，即向节目单中添加一个随机节目 p，其输出节目单 $list' = list^\frown\langle p\rangle$；2）Delete，即首先从节目单中随机读取一个节目 p，然后删除该节目，输出节目单 $list'=squash(list\setminus\langle program?\rangle)$；3）Playback，即从节目单中随机读取一个节目并播出，开始播放后播出状态为 $status' = Playing$，播放停止后 $status' = Stopped$。这三个方法均通过委托的形式映射到播放器对象和节目单对象上的实例方法，并将委托加入到 EP 的事件队列中。需要注意的是，Interface 中的命名空间必须为 PAT.Lib。C# 部分的测试接口准备好之后，编译生成 DLL 程序集，系统即可在 PAT 中导入并调用 Interface 中的方法。

EP 的作用是将 PAT 中多个并发进程的事件（对 Interface 中测试接口的调用）调度到相应的 .net 托管线程上执行。在 EP 中，课题组为 CSP 中的每个进程 P(i) 分配一个 EP 实例 pump，该实例中包含一个事件消息队列，当 P(i) 的事件调用 C# 代码中的真实方法时，EP 会将该方法的委托加入到消息队列中。每个 EP 实例都会建立一个新的线程，并会持续不断地从消息队列中取出并执行委托方法。为了能够识别 P(i) 和线程的对应关系，需要在 CSP 调用 C# 方法时将进程参数 i 一并传入 EP 的接口。

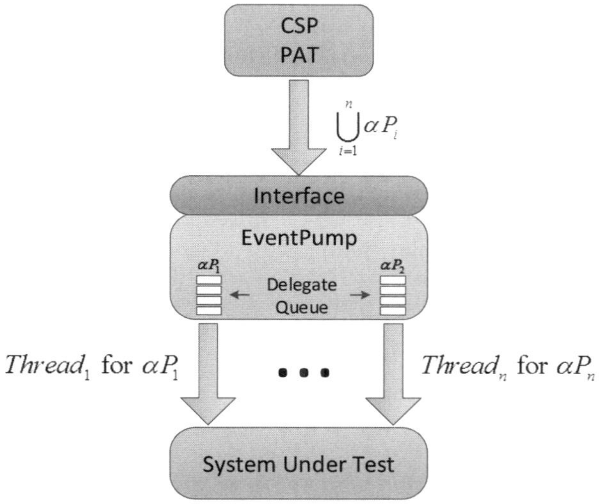

图 5.28　使用 EventPump 调度模拟器事件到多个线程执行

基于 PAT 直接测试 C# 代码，实质上它的模拟并发是以 C# 函数（Method）为单位构造了所有的迹。这里提出的方法，可以将这种并发的粒度细化到语句（Statement）级，实现被测试软件真正并发运行时的效果。然而语句级并发产生的顺序是由 .net 运行时决定，并未增加 PAT 模型检测的状态空间，不会降低模型检测算法的效率，因此本方法适用于基于模型检测的并发程序自动化测试。

在方法得到改进后，课题组开始在 PAT 中用 CSP 建立多线程并发操作的模型，用于模拟多个同时操作节目单的用户进程。模型包括 1 个播放器进程和 3 个节目单操作进程。CSP 中的进程序号对应到 EP 中的实际线程上，因此声明进程 ID 如下：

#define min_pid 0;

#define max_pid 2;

#define play_pid 3;

添加节目的进程 Add() 声明如下：

Add()=|||i:{min_pid..max_pid}@INIT{call(InitThread,i)}

->add.i{call(Add,i)}

->**Skip**;

Add() 表明进程 0、进程 1 及进程 2 均有添加节目的操作，该进程通过 call 关键字调用了 Interface 中的接口方法 Add，并将进程号通过参数 i 传递到代码中。INIT 事件调用了 Interface 中的 InitThread 进行线程的初始化。在模型检测过程中，事件可能会在多条转移路径上出现，因此，在验证开始后，InitThread 只有在第一次被调用时会分配新建线程，当该线程处于工作状态下，InitThread 就不再新建线程，这样可保证具有相同进程号的事件被调度到指定的同一个线程上执行。与 Add() 类似，课题组声明了从节目单中删除节目的 Delete() 进程和播放进程 Playback()：

Delete() = |||i:{min_pid..max_pid}@INIT{call(InitThread,i)}

->delete.i{call(Delete,i)}

->**Skip**;

Playback()=INIT{call(InitThread,play_pid)}

->playback{call(Playback,play_pid)}

->**Skip**;

最后，声明系统：

System()= Delete()|||Add()|||Playback();

（2）错误发现与移除

在验证环节中，课题组希望对 System() 的所有状态进行验证，即在所有可能的迹上实际运行 SUT 的代码。PAT 支持多种断言的验证，其中 deadlockfree 是用于验证系统无死锁的保留关键字，PAT 模型检测器可以通过深度优先或广度优先算法反复探索系统状态，直到发生死锁或所有的状态已遍历。因此课题组使用以下的断言对 System() 进行验证。

#assert system() deadlockfree;

需要说明的是，在本例中的 SUT 已通过了单元测试和功能测试，修正了在测试中发现的 bug。然而，使用本章提出的方法对代码严格约束，增加契约，并在模型检测器中自动生成多线程的测试用例，测试过程中仍然产生了多个 Contract 异常，诸如图 5.29 所示的就是一个前置条件失败的契约异常，说明 SUT 运行在多进程 / 多线程环境中存在潜在的 bug。

可以在 VS(Visual Studio)中设置调试启动项为 PAT，在 PAT 启动后运行模拟或验证，这样就可以利用 VS 强大的 Debug 功能，例如在关键代码处设置断点，单步调试，从而观察在 CSP 模型下的实际程序执行情况。另外，为了记录程序各线程的执行顺序，课题组记录了详细的日志用于分析。

通过分析，课题组发现编辑站和播出站等多个进程共同访问的节目单，实际上属于临界资源。测试发现的 bug 就是由多个进程同时访问共享节目单，并修改节目单的内容导致的。因此，课题组对 SUT 代码进行修改，加入互斥锁，使得删除操作处

图 5.29　前置条件失败抛出契约异常

于临界区，并且使进入临界区的线程必须检查当前播放器的状态，如果是停止状态，才可以删除。修改代码之后，重新运行 PAT 的模型检测，验证断言，测试结果如图 5.30 所示，验证了 2 187 个状态，状态间转移 10 207 个，共消耗时间约 935 秒。在 PAT 遍历了整个状态空间的过程中，没有发生契约异常，各线程工作正常。测试结果说明，经过修正，播出系统在执行并发的节目单操作和音频播出操作时不会出现死锁，同时，没有出现契约异常，我们的代码实现是符合软件规约的。

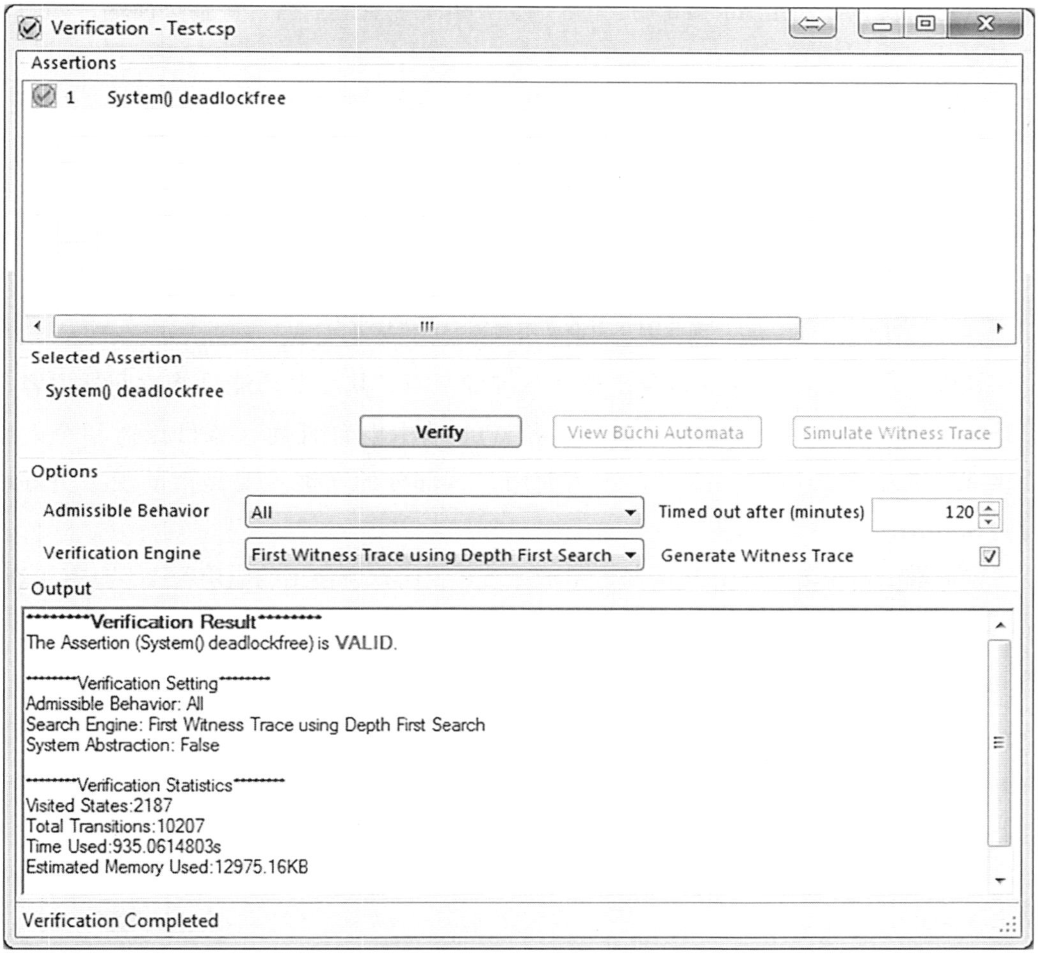

图 5.30　测试结果

八、互联网电台客户端

（一）概述

传统的广播电台要想将自己从一个传统的模式升级成一个全新的兼顾传统电台和网络电台直播的融合媒体，就离不开互联网电台系统。本系统为传统的广播电台提供音频直播、节目发布管理、节目点播、听众统计等众多视频相关的专业模块，为传统的广播电台提供一套从基本需求出发的全方位互联网电台解决方案。

这部分主要介绍两个内容：研制基于手机等移动终端的 App 电台终端以及基于 Web 的电台客户端，将播出系统播出的节目扩展到 Internet 上；研发支持用户直接对节目进行点评，和主持人实时交流的交互技术，创新广播业务模式。

本系统基于互联网而运行，所以经过对传统广播电台的需求评估，课题组分五个部分进行研发，分别是 Android 端、IOS 端、Web 端、管理后台、主播桌面端，如图 5.31 所示。

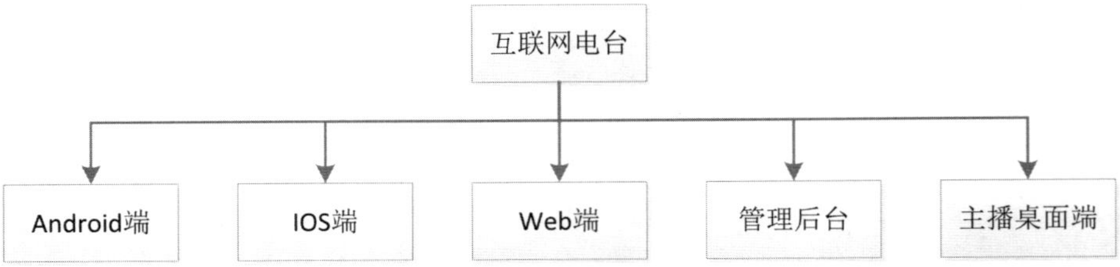

图 5.31　互联网电台客户端模块划分

其中，互联网电台管理后台是整个系统的基石，其主要功能是修改网站内容、管理网站用户等。Android 端、IOS 端和 Web 端由电台直播、节目点播和个人中心组成。主播桌面端提供给电台主播使用，这部分的功能主要是帮助主播更好地与听众互动。

Web 端、App 端（Android 系统和 IOS 系统）是听众所使用的应用程序，具有美观、易用的操作界面，兼容多种主流终端设备。这部分的功能主要包括以下几部分。

（1）界面导航。具有明确的导航栏和页面主体资源。

（2）个人信息。有新用户注册、用户登录，个人资料管理、个性化设置等功能。

（3）分类浏览。有节目、类型、主播、电台的分类功能页面。

（4）节目单控制。有节目单突出显示、节目单切换、按日历选择节目单等功能。

（5）播放器控制。含直播音频流播放功能，基础播放控制功能（播放、暂停、停止等）。

（6）搜索 / 下载。包括电台、主播、节目等内容的快速查找和节目音频下载功能。

（7）在线交流。用户可以以多种方式与节目主持人进行在线交流，例如发送评论、私信，参与投票、抽奖等。

（8）听歌识曲。可通过录制短音频，识别音乐并返回音乐的元数据。

（9）电台 EPG 识别。通过录制电台节目的短音频，结合音频指纹计算，识别节目信息，获取节目单。

手机 App 电台客户端的运行界面如图 5. 32 所示。

图 5.32 App 电台运行界面

Web 电台的运行界面如图 5. 33 所示。

成熟的系统必须具备强大的后台管理系统，因此课题组开发了互联网后台管理系统，完成了如下功能：系统管理、用户管理、节目管理、推广管理、直播节目管理、在线交流管理、互动管理、系统通知等。该系统以 Web 形式发布，互联网客户端上的频道、直播流等数据内容都可以通过该后台系统管理设置。后台管理系统的使用界面如图 5. 34 所示。

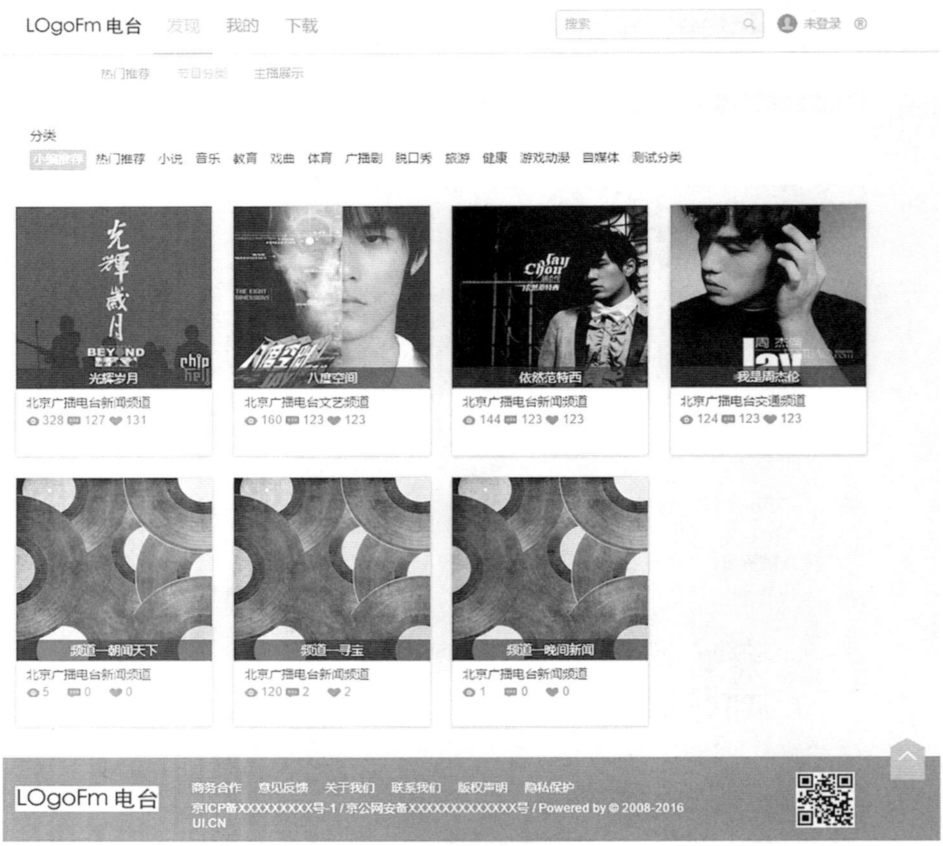

图 5.33　Web 电台运行界面

图 5.34　后台管理系统运行界面

课题组还开发了一个 Windows 桌面应用程序——主播客户端，该软件用于主播在播出节目时，与听众实时交流互动，进行细致的管理操作。

（二）融合互联网的客户端开发技术

1. 体系架构

本系统的运行环境为 Linux 系统下 Nginx+MySQL+PHP 的网站服务器架构。

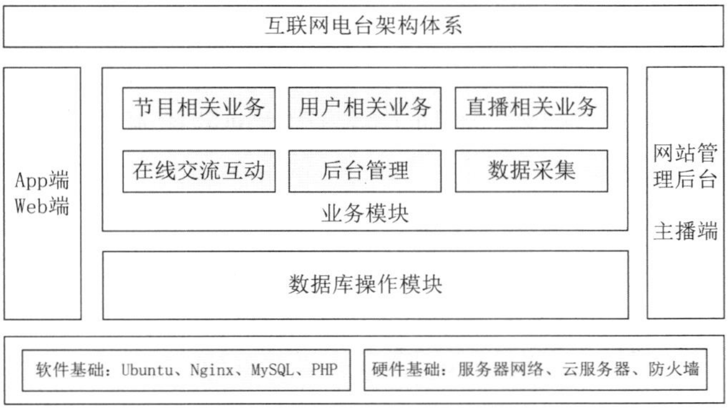

图 5.35 互联网电台策构体系

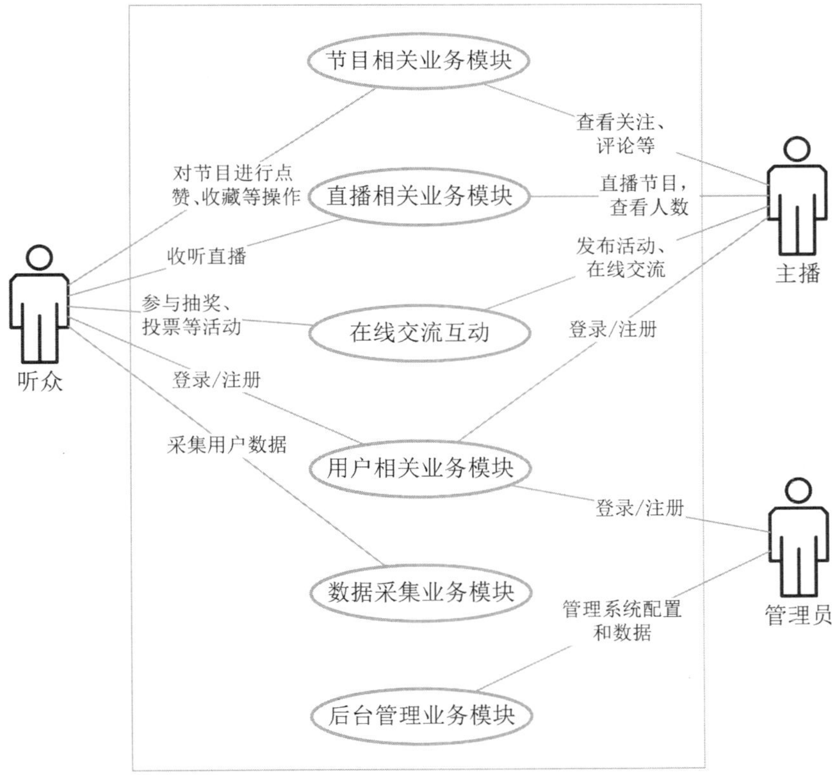

图 5.36 互联网电台客户端系统边界

系统样式与业务逻辑的实现采用的是类似经典的 MVC 框架结构，这种结构包含三大块，分别是模块层、视图层和控制层。模块层（Model）主要作用是对数据库中的数据进行增删改查以及对部分数据进行相关的逻辑处理，即图 5.35 中的数据库操作模块。视图层（View）主要起到数据结果显示和用户交互的作用，在本系统中视图层主要体现在 App 端、Web 端、主播端和网站管理后台端。控制层（Controller）主要功能是接收由视图层传输的数据，为视图层提供其所需的数据以及对数据进行一定的业务逻辑处理。在本系统中控制层大体上可以分为六个业务模块，分别是节目相关业务模块、用户相关业务模块、直播相关业务模块、在线交流互动相关业务模块、后台管理相关业务模块和数据采集相关业务模块。层与层之间的沟通均是通过接口或方法调用实现，这样层与层之间的逻辑分离开来，增加了层与层之间的透明度，方便团队协同开发，利于提升工作效率。

如图 5. 36 所示，系统中各个业务模块之间相互独立。

2. 技术选型

图 5. 37 为互联网电台系统的技术选型。

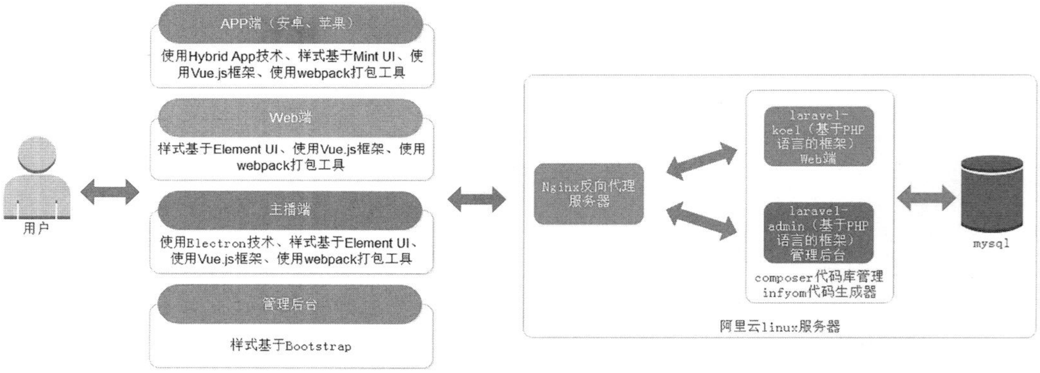

图 5.37　联网电台系统技术选型

（1）App 端（Android、IOS）。采用 Hybrid 技术进行开发，该技术的优点在于跨平台性特别好，同时页面使用 HTML+CSS+JS 的技术进行开发，使用该技术路线能够有效提升开发效率。前端采用 Mint UI 框架与 Vue.js 搭配，更好地提升了开发速度。

（2）Web 端。采用 Element UI 搭配 Vue.js 的技术路线进行开发。

（3）主播端。以 Electron 技术为基础，Element UI 搭配 Vue.js 制作页面样式，具有很好的跨平台性，方便移植。

（4）管理后台。采用 Laravel-admin 组件进行开发，其中前端基于 Bootstrap 框架，后端使用 Laravel 框架。

（5）服务器端。运行环境采用 Linux、PHP、Nginx、MySQL，整个后台逻辑的实现都是建立在 Laravel 框架基础之上。

参考文献

[1] 王妍，李霞．互动新闻的前世、今生与未来：媒介变迁与互动新闻演进研究 [J]. 现代传播，2019（9）：65–69.

[2] 曹立宏．“视频智能创作与分析平台”项目结题报告 [R]. 北京：中国传媒大学，2019.

[3] 袁信，王永滨．基于在线社交网络的信息传播模型研究 [J]. 中国传媒大学学报，2020（6）.

[4] NICHOLS D M. Implicit rating and filtering[J]. Proceedings of the Fifth Delos Workshop on Filtering & Collaborative Filtering, 1998：31–36.

[5] 广播电视音像资料叙词表，GY/T 58–2010.

[6] 广播电视音像资料编目规范 第 2 部分：广播资料，GY/T 202.2–2007.

[7] 张霞，霍惠兰．晚高峰时段广播新闻节目的编排 [J]. 新闻传播，2014（5）.

[8] RICCI F, ROKACH L, SHAPIRA B, et al. Recommender systems handbook[M]. Springer, 2011.

[9] ADOMAVICIUS G, TUZHILIN A. Toward the next generation of recommender systems: a survey of the state–of–the–art and possible extensions[J]. Knowledge and Data Engineering, IEEE Transactions on, 2005, 17（6）: 734–749.

[10] MANOUSELIS N, COSTOPOULOU C. Experimental analysis of design choices in multiattribute utility collaborative filtering[J]. International Journal of Pattern Recognition and Artificial Intelligence, 2007, 21（2）: 311–331.

[11] 孙冬婷，何涛，张福海．推荐系统中的冷启动问题研究综述 [J]. 计算机与现代化，2012（5）:59–63.

[12] SARWAR B, KARYPIS G, KONSTAN J, et al. Item–based collaborative filtering recommendation algorithms[C]//Proceedings of the 10th international conference on World Wide Web. ACM, 2001: 285–295.

[13] 兰巨龙，胡宇翔，张震，等．未来网络体系与核心技术 [M]. 北京：人民邮电出版社，2017.

[14] 蔡骐 ，吴晓珍．媒介融合趋势下的电视台网融合之道 [J]. 中国广播电视学刊，2008（2），55–56.

[15] 谢新洲，等．县级融媒体中心建设理论与实践 [M]. 北京：电子工业出版社，2019.

[16] 党东耀．西部省级媒体媒介融合模式及机制研究 [M]. 北京：人民日报出版社，2019.

[17] 中共中央宣传部、国家广播电视总局于 2019 年 1 月 15 日发布的《县级融媒体中心建设规范》。

[18] 吴震乐．基于词向量的本体映射系统的研究与实现 [D]. 北京：中国传媒大学，2014.

[19] 2013 年 4 月 10 日出版的《第 21 届中国数字广播电视与网络发展年会暨第 12 届全国互联网与音视频广播发展研讨会论文集》中的李幼平的《用好管好互联网的泛在广播》。

[20] 段志应．面向个性化电台的数据采集分析系统研究与实现 [D]. 北京：中国传媒大学，2016.

[21] 王晓伟，薛雅敏．“融” 出来的长兴模式 [EB/OL].（2019–03–28）[2019–04–12]. http://media.people.com.cn/n1/2019/0328/c426163–31001072.html.

[22] 胡锦辉．县级融媒体中心的探究——以蓝田县融媒体中心建设为例 [J]. 今媒体，2019（10）.

[23] 林玉明．县级融媒体中心建设模式之思考——以浙江省安吉新闻集团为例 [J]. 中国广播，2019（8）.

[24] 高爽．南都全媒体：创造属于南都的蓝海 [N]. 南方都市报，2011–01–24（6）.

[25] BERGSTRA J A,PONSE A,SMOLKA S A. Handbook of processing algebra[M]. Elsevier Science,2001.

[26] SONG M,JING Y, Granular neural networks: the development of granular input spaces and parameters spaces through a hierarchical allocation of information granularity[J].Information Sciences, 2020,517:148–166.

[27] 吴锋，马建森．裂变与拓新：2019 中国媒体融合发展回顾与前瞻 [J]. 中国出版 ,2020（2）:3–9.

[28] 雷辉．多主体协同共建的行动者网络构建研究 [M]. 北京：人民出版社，2017.

[29] 洪志国，王永滨，石民勇．基于 Markov 过程的渲染集群可用性分析 [J]. 通信学报 ,2011,32（4）:166–174.

[30] 王炳飞 . IP 网络视频服务系统访问模式分析和性能优化 [D]. 北京：中国科学技术大学，2010.

[31] 秦运龙 , 孙广玲 , 张新鹏 . 利用运动矢量进行视频篡改检测 [J]. 计算机研究与发展，2009, 46（z1）: 227−233 .

[32] 陶丹, 陈后金 . 一种压缩域中基于镜头的关键帧提取改进算法 [J]. 计算机应用研究，2009, 26（9）.3539−3541.

[33] YAO A C. Protocols for secure computations[C]//Proceedings of the 23rd Annual Symposium on Foundations of Computer Science. 1982: 160−164.

[34] 王珉，王永滨，李樱 . 一种基于自适应情景模式匹配的终端信息服务算法 [J]. 中国传媒大学学报，2016（6）.

[35] 陈健 . 基于 Petri 网的自动化立体仓库调度系统的建模及优化研究 [D]. 保定：河北大学 ,2012.

[36] 曾庆田 . 基于库所指标分解的 Petri 网活性与公平性分析 [J]. 小型微型计算机系统 ,2005（2）:226−229.

[37] 孙屹 , 丁艳 , 张冬 . 带弧标识的时钟同步 Petri 网 [J]. 微型机与应用 ,2005（3）:55−58.

[38] 郑长友 , 刘晓明 , 姚奕 , 等 . 基于 Petri 网的面向测试的工作流系统建模方法 [J]. 电子科技大学学报 ,2014,43（1）:119−124.

[39] ECKLEDER, ANDREAS，FREYTAG, et al. Woped atool for teaching, analyzing and visualizing workflow nets[J]. Petri Net Newsletter. 2008,75: 3−8.

[40] 李敏军 . SVG 在 WebGIS 中的研究与应用 [D]. 成都：电子科技大学 ,2006.

[41] SVG 中国（Chinasvg.COM）.SVG——SVG 的诞生与其主要特点 [EB/OL].（2007−01−12）[2019−01−02].http://blog.sina.com.cn/s/blog_4b81e1e40100060y.htm.

[42] mihupet. 禅道 bug 等级说明 [EB/OL].（2017−10−23）[2019−03−02].https://blog.csdn.net/mihupet/java/article/details/78318136.

[43] 邵金平 .Petri 网中 S 不变量和 T 不变量的算法 [J]. 山东农业大学学报（自然科学版）,2008（3）.

[44] 牟行军 , 宋文 .Petri 网的活性与安全性的理论研究 [J]. 西华大学学报（自然科学版）,2006,25（3）:86−89.

[45] 唐培和 .Petri 网死锁的分析与检测 [J]. 计算机系统应用 ,2004（11）:44−47.

[46] 肖作斌 , 孙鹏 , 张智慧 , 等 . 基于 Petri 网的工作流过程建模和时间性能分析 [J]. 电子科技 ,2015,28（10）:44−48.

[47] 林闯 . 随机 Petri 网和系统性能评价 [M]. 北京 : 清华大学出版社 ,2005.

[48] 崔士鑫 . 充分发挥“中央厨房”功能促进全媒体“一体化”建设 [J]. 军事记者，

2019（6）:4-6.
[49] 张富涛 . 新媒体新闻编辑特点浅析 [J]. 采写编 ,2017（1）:52-53.
[50] 余竹敏 . 长江云融媒体平台新闻指挥调度系统的构架与设计 [J]. 广播与电视技术 ,2020,47（11）:41-45.
[51] 孙宇 . 探讨媒体“中央厨房”的新闻生产实践 [J]. 采写编 ,2020（3）:12-14.
[52] 曾志恒 . 中央厨房的差异化发展模式——中国青年报“融媒小厨”研究 [D]. 合肥：安徽大学 ,2019.
[53] 小样杂谈 . 赶紧更换最新的 5G 手机，只有用 5G 手机，才能体验真正的 4G 速度！[EB/OL].（2019-12-09）[2019-12-12].https://www.sohu.com/a/359182183_100201795.

图书在版编目（CIP）数据

融媒体服务模式与技术 / 王永滨, 洪志国, 曹轶臻著. -- 北京：中国传媒大学出版社, 2021.9
ISBN 978-7-5657-2990-4

Ⅰ.①融… Ⅱ.①王… ②洪… ③曹… Ⅲ.①传播媒介—研究 Ⅳ.①G206.2

中国版本图书馆CIP数据核字(2021)第156269号

融媒体服务模式与技术
RONGMEITI FUWU MOSHI YU JISHU

著　者	王永滨　洪志国　曹轶臻
策划编辑	阳金洲
责任编辑	曾婧娴
特约编辑	裴向敏
封面设计	风得信设计·阿东
责任印制	李志鹏

出版发行	中国传媒大学出版社		
社　址	北京市朝阳区定福庄东街1号	**邮　编**	100024
电　话	86-10-65450532　65450528	**传　真**	65779405
网　址	http://cucp.cuc.edu.cn		
经　销	全国新华书店		

印　刷	北京中科印刷有限公司
开　本	787mm × 1092mm　1/16
印　张	12.5
字　数	264千字
版　次	2021年9月第1版
印　次	2021年9月第1次印刷

书　号	ISBN 978-7-5657-2990-4 / G · 2990	**定　价**	68.00元

本社法律顾问：北京李伟斌律师事务所　郭建平